中國哲學論集

（增訂三版）

王邦雄著

臺灣學生書局印行

自序

在中國哲學的園地裏，辛勤耕耘了十多年，用心最多的是先秦諸子的思想。由是開課講學，與演說著述的題材，就集中在先秦儒墨道法各家。然做爲一個當代的中國人，對清末民初西潮東漸以來的時代處境，與本土文化的未來出路，總會有深切的關懷。以是之故，先秦各家義理的詮釋，自然會透顯出當代中國的意義。

這數年來發表的文字，專家哲學的著述，有「韓非子的哲學」、「老子的哲學」，哲理散文的結集，有「大塊噫氣」、「材與不材之間」，對現代化過程的反省，有「文化復興與現代化」，原典的疏解，有「論語義理疏解」、「孟子義理疏解」（與曾昭旭、楊祖漢合著），其他獨立成篇的學術論文與講辭，也有九篇之數，就以「中國哲學論集」爲名，由學生書局出版發行。

這本中國哲學的論文結集，第一篇「當代新儒家面對的問題及其開展」，由先秦原始儒家、宋明新儒家的文化傳統，探討當代新儒家面對的時代問題，及其精神的開展，旨在論述唐君毅、牟宗三兩位哲學大師在當代思想文化界的代表性地位，與其重振民族文化生命的決定性影響力。第二篇「論荀子的心性關係及其價值根源」，嘗試由道家思想的新線索，來理解荀子的學術性格，並由其心性關係的解析，逼出荀子思想的根源問題，再由禮義之統的推極，做爲其根源性的解釋。第三篇「莊子其人其書及其思想」，對莊子內篇的思想，做一系統性的整體建構而外，並辯破司馬遷以來對莊學的誤解，轉而提出莊子私淑孔門顏回一脈的新觀點，用以解釋何以天下篇正面肯定儒學的原因。以上三篇，是以學術論文的型態出現，分析論述較爲嚴格完整。

第四篇「從儒法之爭說韓非哲學的現代意義」，就儒法兩家之理論基礎與其價值取向的比較，說明法家思想對當今民主法治的體制，較能有落實建構的作用，而民主的票選代議，要有積極的價值，應在儒家的性善說去植根立基。第五篇「從老子思想看當代人生」，由道家「無」的智慧及其作用的保存，來化解心知執著與生命擔負所牽引出來的困苦，由放開一切而成全一切，由「無爲而無不爲」的實現原理，來實現人間的自然美好。並點出道家思想的虛用觀照，不能做爲人生正面的依靠。第六篇「莊子哲學的生命精神」，是從「逍遙遊」的自我超拔，「齊物論」的物我同體，與「大宗師」的天人合一，說莊子哲學的生命精神，並由「庖丁解牛」、「罔兩問景」、「死生夢覺」等寓言，對當代人生發出批判性的反省。第七篇「談天說命」，是對「命」的觀念作一解析，命有天命（理命）與氣命之分，有共命與殊命之別，並由「命運」與「運命」的不同心態，說吾人對「命」的觀點應如何導向健康的道路？再列述孔子知命，墨子非命，孟子立命，莊子安命等諸家之說，最後以莊子「神巫季咸」的寓言作結，說明人皆有「未始出吾宗」的深厚生命與無限可能。以上四篇，是演講詞的錄音整理，平易可讀，並還歸當代的感受作一詮釋印證。講詞當然不如論文的嚴格與完整，然對理論基礎的抉發，對思想精神的體會，皆有超出舊作之處，可視爲作者在學問研究的新開展。

第八篇「宗教與人生」，是發表在中國佛教月刊系列專論的集成，將儒道佛三教，歸爲體現的宗教，將回教、基督教，歸爲啓示的宗教。前者是由生命修養的極成而開宗，後者由上帝先知的啓示而立教，此正與弗洛姆人文宗教與極權宗教的說法相發明，由是可以解釋不同宗教進路所引生之文化性格的歧異。此外再由法律、道德與宗教的功能比較，證成宗教慈悲、莊嚴與神聖的超越精神。第九篇「由中山先生的進化人性觀，說三民主義的王道思想」，筆者試圖將中山先生的學術思想，與中國文化傳統通貫接續起來，以免三民主義被孤立在歷史長流之外，而成爲無根的存在。進化人性觀是中山先生學術思想的理論根基，由西方近代學術進化論與細胞學，證立其「生元有知說」，而價值歸屬則落在本土儒學傳統的王道思想，因爲人性有知識力與道德力的兩重進化力，故世界大同與民主政治的王道思想，才成爲可能。以上兩篇，皆關涉到中西學術思想的會通問題，惟前者屬泛論性質，故形式結構較鬆散，後者則爲專題研究的論文，故義理論證較嚴格。

上述九篇的序列編排，是先儒後道，並由專文論述而講詞整理，由古今統貫再中西會通。治學不易，論著尤難，全書校讀之餘，總覺各篇義理未妥或不盡之處仍多，此一困境，恐怕是身爲學術工作者不得不面對的永恆遺憾吧！以是之故，任何著作出版，僅代表研究歷程的成果發現，而當期勉自己在未來的歲月中，能有隨時修正的進展。在這一心情之下，自己才有勇氣把一篇篇不算嚴格也未臻成熟的文字，推出刊行。個人盼望，本書的流通，會有助於當代中國人對自家文化傳統的體會與認識。

王邦雄

民國七十二年六月
於華岡哲學系

增訂版序

《中國哲學論集》出版刊行迄今，忽忽已過二十年，似乎到了功成身退的時候。今承蒙書局的雅意邀約，再出增訂新版，除了刪除非學術性的〈談天說命〉與〈宗教與人生〉等兩篇散論之外，並擴增近作六篇。對這二十年來的學思進程，在讀者心中所留下的空白，略做塡補，以縮短跟師友間的時空差距。

實則，《中國哲學論集》與《儒道之間》，先後出書，因著《緣與命》與《再論緣與命》的暢銷熱潮，也引來讀者的青睞。在教書相長的學人歲月間，又持續出版了《人人身上一部經典》與《生命的實理與心靈的虛用》二書，皆屬學術論文集，這是筆者在《韓非子的哲學》與《老子的哲學》兩部系統論著之外，近三十年的研究成果。

擴增的六篇近作，〈論孔孟儒學的安身立命之道〉，發表於新加坡舉行的「儒學與新世紀的人類社會」國際學術會議；〈「中學爲用」在當代新儒學的分位問題〉，發表在濟南舉行的「牟宗三與當代新儒學」國際學術會議；〈論身心靈三層次的生命安立之道〉，發表於台北舉行的「兩岸科技發展與人文重建」學術研討會；〈由老莊道家析論荀子的思想性格〉，發表於台北舉行的「中國近代文化的解構與重建」學術研討會；〈老子「以天下觀天下」的無爲治道〉，發表於漢城舉行的「中國學『國家』觀念」學術研討會；〈老莊道家論齊物兩行之道〉，發表於貴陽舉行的「兩岸一體多元架構」學術研討會。此新著六篇，與舊本七篇，在義理脈絡間亦可貫串統合，重心皆在孔孟荀儒學，與老莊道家，只是更深切的回應時代的變局而已。

中國哲學是我們自家歷史傳統的文化心靈，也是全球人類文明進程的智慧寶藏，在當前兩岸情勢的擺盪抗衡，與國內政局的角力對決間，逼出了所謂「去中國化」的詭異氛圍。實則，中國文化不必然是對岸的專利，也不是國民黨的特權，而是兩岸人民共同傳承的文化資產。臺灣雖地處邊陲，半世紀以來卻志在中原，我們對祖宗文化擁有繼承權、發言權與代表權。何況，在兩岸長期的隔絕中，臺灣學術文化界少了馬列主義的框架，在中國哲學的理解詮釋，與中國文化的傳承體現上，比諸大陸學人會有更開闊的伸展空間，與更真切的體會深度，這是我們的優越，也是我們的責任。

當前兩岸對峙，與政黨紛爭，當該回歸政治體制與外交對話，來取得合法合理的解決，而不應以切斷自家的文化傳統，與走離自家的文化根土，做爲抗爭的籌碼，那不僅是非理性的反應，對臺灣人民而言，也會造成深層的傷害。因爲，失落了做爲世界觀與人生觀的文化心靈，我們的新生代，勢必流落在西洋風與東洋風的十字街頭，而徬徨無依，說是世界公民，實則是沒有認同沒有歸屬的文化漂泊；無家可歸的臺灣人，也就逃離不了街頭亂相與人文失序的困境。

「中國」不應是我們的忌諱，而當是我們的榮耀，故本書增訂版，仍以「榮耀」刊行。

王邦雄
民國九三年二月
序於淡江中文系

中國哲學論集　目錄

當代新儒家面對的問題及其開展

一、前言——何謂當代新儒家

清末民初，誠然是數千年來一大變局。此所謂當代，一者處在我國政治社會的急劇轉型期，二者又面對來自西方之異文化的沖擊，社會解體，價值迷失，是以在哲學思潮上，出現了自由主義、激進主義與保守主義之衆聲爭流的混亂局面。

我國政制，自商周以來，有三大轉型期：一是商周之際，周公封建親戚，以藩屏周室，此由氏族社會的部落政治，轉成宗法社會的封建政治；二是周秦之際，春秋戰國的分崩離析，歸爲秦王朝的大一統，始皇劃天下爲郡縣，此由貴族封建政治，轉爲君主專制政治；三是清末民初之際，孫中山先生領導革命，結束了二千年的君主專制之局，此由君主專制政治，轉向民主立憲政治（註一）。

在我國學術思想史上，有兩度輸入並消化異文化的時期：一是南北朝以至隋唐的數百年間，印度佛教東來，中國以道儒兩家的本土心靈，接引並消化了印度佛學，開出在中土長成的天台、華嚴與禪宗等大乘佛學；二是清中葉鴉片戰爭以來，西力東漸，列強交侵，科技器物、政經制度與宗教信仰，有如狂飇突起，叩關直入中國，一百多年來，仍在風潮激盪中。

我們所面對的當代，在政制上是結束君主專制，而逐步邁上民主憲政的大道，在文化上則是承受西方文化的全面挑戰，正作一調適整合的迴應。

實則，政治社會的轉型與異文化的沖擊，是二而一的，就因爲鴉片戰爭，打開了中國的門戶，西潮才洶湧而入；而政治社會的轉型，正所以對應西方異文化的沖擊。問題是，政治社會的轉型，若無思想文化的疏導暢通，終究是無根無本，難竟全功的。

試看，民國肇造，而有洪憲帝制、張勳復辟，與曹錕賄選等反民主的勢力出現，並轉成軍閥割據之局，民主體制大受挫折。對日抗戰勝利，而國共破裂，卒有中共無產階級專政的倒退逆轉。凡此政制上的困頓轉折，正反映這一階段學術思潮的錯亂，與文化理想的失落。

當代思想界的代表性人物，大略分立三大壁壘：保守主義有國粹派、保皇黨與保教派等，此有劉師培、章太炎、康有爲、嚴復等人；自由主義是西化派，此有胡適之、吳稚暉等人，激進主義則轉向俄化派，有陳獨秀、李大釗等人。在這三大壁壘的對抗之外，政治體制上能有積極建構，而兼取中西之長的，是中山先生的三民主義，文化思想上能暢通自家儒學傳統，並進一步求以會通西學的，則是當代新儒家的文化慧命。當代新儒家不是自由主義者，更不是激進主義者，相對於自由主義的西化派，與激進主義的俄化派而言，他們是保守主義的傳統派；然而他們並未有國粹派、保皇黨與保教派的排外意識與封閉心態，而是挺立道德理性與文化理想，求以返本開新、暢通民族文化大流的理想主義者。

當代新儒家的代表人物，前有熊十力、梁漱溟、張君勱等三位先生，後有唐君毅、牟宗三、徐復觀等三位先生。此中熊、梁兩位先生，一者猶藉佛以顯儒，而未直接透入西學以突顯儒家義理（註二），此較近宋明儒排佛歸儒的心態，而缺少當代消化西學的使命自覺；二者張、唐、牟、徐四位先生，又聯合發表一篇宣言，向全世界宣告對中國文化所持的立場（註三）。此張灝先生論之曰：

> 「自一九四九年後，這四位先生是中國文化傳統最為積極與最具詮釋力的發言人，所以此篇宣言足以代表保守思想趨勢的重要大綱，這種保守思想依然十分活躍於當代海外中國的思想界，一般即稱之曰『新儒家』。」（註四）

本文所謂當代新儒家，即以四位先生為代表，其思想觀點亦以此篇宣言做為共同的依據，四位先生中又以唐、牟兩位先生為主力，故重大立論多引自兩位先生的著作。

二、儒家傳統的三個分期及其處境

當代新儒家，是相對於宋明新儒家而言；宋明新儒家，則是相對於先秦原始儒家而言。

概括言之，儒家傳統可分爲三期：一爲先秦原始儒家，二爲宋明新儒家，三爲當代新儒家。實則，就儒學之義理綱維而言，本無新舊之分，儒學創自孔孟，宋明儒承續光大，當代儒者又與發繼起，以求返本開新。是所謂之新，是就儒家在不同的世代中，對應時代處境的新挑戰，所激起的新迴應與所開展的新生命而言。

㈠ 先秦原始儒家

孔子儒學，就思想史的意義來說，是爲已漸崩壞的周文禮樂，開發人心的內在根源，故曰：「周監乎二代，郁郁夫文哉，吾從周。」又云：「人而不仁，如禮何；人而不仁，如樂何！」挺立了人心之仁，才能救禮壞樂崩的危機。而「殷因於夏禮，所損益可知也；周因於殷禮，所損益可知也」，孔子自道吾從周，正是繼承三代以來的文化傳統，「其或繼周者，雖百世可知也」，孔子也下開了中國之所以爲中國的文化理想。人心有仁，內聖外王的道德事業，才有超越的根據與內在的源頭，由是彰顯了人之所以爲人的道德理性。就因爲仁心是普遍眞實的存在，所以人人皆高貴，「禮不下庶人」的階級歧視，就不當存在，由是反對「道之以政，齊之以刑」之政令刑施的治道，而主張「道之以德，齊之以禮」之德化禮治的治道。此由仁心義理，發爲詩書禮樂的人文活動，故曰：「興於詩，立於禮，成於樂。」如是，表現人性尊嚴的道德實踐，也就有了文化創建的意義。

孔子之後，孟子說性善，重人之所以爲人的道德理性，當客觀秩序已全面解體之時，孟子把天下事定在每一個人的良知本心上，「以不忍人之心，行不忍人之政」；荀子說性惡，重中國之所以爲中國的文化理想，當禮壞樂崩之世，荀子再把天下帶回到「百王之無變，足以爲道貫」的禮義道統，去「體常而盡變」，由明統類而一制度。

先秦諸子共同面對的存在處境，是周文崩壞，社會解體，故諸子百家的理想歸趨，就在尋求一統天下的可能之路，這就是所謂的外王的問題。惟孔子儒家，外王依附監乎二代的周文禮樂，問題在如何開發內聖的人格修養，來貞定外王的道德事業。孔子云：「君君，臣臣；父父，子子。」依周文禮制，君臣上下的關係，本是父子兄弟的關係，卿大夫的家，諸侯的國與天子的天下，其本就在王室的血緣親情，只要親情和諧，卽可家齊、國治、天下平。故政治問題，可化歸爲倫理問題，此已把政治活動，提升到道德價值的層次，這就是所謂的「人文化成」。

(二) 宋明新儒家

儒家的理想落實下來，成就了漢儒通經致用與復古更化的外王事業，使儒家的禮俗傳統，卒告定型成制。這一禮俗傳統，經魏晉清談，南北朝佛學輸入而漸衰，三玄的智解妙悟，反成爲引進佛學的媒介橋樑，到了隋唐，思想界盡是佛學的天下（註五）。然佛教根本上是出世的，求解脫煩惱，以證入涅槃彼岸，是超人文的，甚至可以是反人文的，且佛學也不是自中國文化的根本滋長出來的，故宋儒一者面對唐末五代世道人心的墮落，此人已不人，二者又面對東漢以來文化理想的衰微，此則國亦不國。是對宋儒說來，擔負的文化使命，不在外王，而在內聖。

宋儒排拒佛老，斥爲異端，必得直透先秦儒學的本源，以顯發人性的道德主體，深植中國的文化大本，一者立人道之本，二者通天道之極，是以宗教的生命擔負，來弘揚儒學的。此唐先生云：

「以理來貫通天與人，太極與人極，而人道人文，遂皆一一有形而上的究極的意義。……所以其中涵有一宗教性。惟從此宗教性上看，才知宋明理學，是中國文化經了佛學之超人文的思想刺激後，進一步的儒家精神的發展。」（註六）

另牟先生亦云：

「（禪宗）五宗均頂盛于唐末五代。此時社會大亂，而佛教大盛，可見佛教對世道人心並無多大關係。換句話說，佛教對救治世道人心的墮落衰敗，簡直是無關宏旨的。宋初儒學，就把握這點來闢佛。佛教不能建國治世，不能起治國平天下的作用，表示它的核心教義必有所不足。」（註七）

佛教不能起治國平天下的作用，儒家卻可以有宗教性的功能，此宋儒判教，闢佛歸儒的眞用心，就在佛家挺立不住道德理性，也顯發不出文化理想之故。

(三) 當代新儒家

通過道之三玄清談與佛之般若觀空之後，是有助於宋明儒「形而上」的解悟力之養成。惟立人道之本，而通天道之極，此一開展，不是漢儒通經致用的外王之學，而是直探孔孟心傳的內聖之教，學術與政治社會卒告斷裂，而未能綜合貫通在一起（註八）。宋亡於元，明亡於清，可能是宋明儒重在主體內聖的修養，而開不出客觀外王的學問所致。晚明諸大儒如顧炎武、黃宗羲、王船山等，就有由內聖之教轉開外王之學的自覺，對秦漢以降家天下的政體，以及隨之而來的家法制度，已有根本痛切的反省，惜乎他們的用心理想，因滿清的歪曲，而暢通不下來，在乾嘉考據之風下，湧現不出眞實的義理，文化理想爲之乾枯窒息。

鴉片戰後，一連串的外交挫敗與喪權辱國，始有師夷之長技以制夷的變法自強，此中有曾、左、李、胡的洋務運動，康、梁的維新運動，皆接不上顧、黃、王諸大儒之文化生命的大流，僅在器物、制度上學步英日，而未有夷夏之辨的民族自覺。此外，另有洪秀全的太平天國，高擧了民族主義的薪火，卻假借西方耶穌教義，歪曲錯落，到處焚燒孔廟佛寺，終爲曾國藩所代表之維護禮教的文化主義所擊潰。孫中山先生的國民革命，雖標榜洪秀全的民族主義，他本身也是一基督徒，然他不以耶穌教義做爲政治的指導原則，而把他的民族主義，歸依到中國文化傳統的王道政治，與民族固有的知能道德上(註九)，故他的民族主義已涵攝傳統文化的精神於其中。此正順應了反抗西方強權，維護本土文化之民族文化的根本自覺，所以他領導的革命運動，獨獲成功。

此後，政治體制上有復辟帝制，文化思想上有國教保皇，二者滙歸一體，遂有五四新文化運動的相對而起，一方面標擧科學與民主，一方面又反老傳統舊文化，喊出「打倒孔家店」的口號，這樣一來，民主科學自絕於本土文化的大流，因而是無根的。且既言新文化運動，不僅科技利器要洋務，政經制度要維新，竟連整個文化的根本精神都要西化了，且西化不是爲了制夷，倒反過來成了打倒本土傳統的工具，此在感情上很難爲中國人所接受。試想，洋務運動的師夷之長技以制夷，已讓中國人在感情上深覺委屈矛盾，是以逼出了義和團扶清滅洋的無明反動(註一〇)。五四階段更往前推進一步，不僅以西學爲用，且直以西學爲體了。此容或有吸收西學改造社會的文化意義，卻悖離了反抗西方的民族感情。就因爲五四的偏激誤導，西化派一轉而爲俄化派，中國人可以勇於面對爲了救亡圖存不得不師法西方的客觀情勢，然在主觀感情上的難堪曲折中，卻不願接受認同於西方的卑屈事實，由是就把自身逼向那「反西方的西方」的馬列主義思想，不幸導致當代中國另一場的大悲劇。

當代新儒家所面對的處境，正是鴉片戰後中國民族生命與文化生命兩受屈辱又同告斷落的時代，以爲「中國文化與中國民族，必須兩足同時站立起來」，才是「中國從西方之侵略中站立起來的根本方向」(註一一)，也就是說，要通向民族生命與文化生命合一的大生命。

這個大生命，就是儒學傳統所撐開而展現於歷史文化的大流，一者挺立人之所以爲人的道德理性，二者彰顯中國之所以爲中國的文化理想，前者爲人禽之辨，後者爲夷夏之辨。本著此一源頭根本，再對應時代處境，轉出并貞定科學民主的外王事業。是以，當代新儒家的主要問題是，承續儒家內聖之教，開當代外王之學。

三、當代新儒家面對的問題及其開展

當代新儒家面對的處境，是中國文化與社會，在西方文化的沖擊下，已造成社會結構、經濟型態與政治制度的極大變動，甚至瀕臨解體的危機。傳統的世界觀破碎了，我們有所謂的形上迷失，舊有的價值觀崩潰了，我們有所謂的價值迷失，由思想的偏激誤導，而有政治的混亂與人生的迷惘，是所謂的存在迷失：總括起來，就是意義的迷失，道德自我的迷失，失落了我們可以安身立命的價值世界，也就失落了生命存在的方向與意義(註一二)。

是當代新儒家的主要問題，是重建并安立我們崩潰解體的世界觀與價值觀，并由是開出并貞定我們政治與人生的方向，此二者又是不可斷裂爲二，單獨處理的。這一可以開出并貞定政治與人生方向的世界觀與價值觀，必得給科學與民主應有的價值分位，并成立其所以可能的知識條件。然科學的經驗實證觀點，與科學主義的淺薄理智與現實功利，正是否定或鄙棄形上世界與道德價值的利器，故重建并安立我們的世界觀與價值觀，一者要批判科學實證論的思考模式，二者要疏導民主與科學的基本精神，由道德主體轉出知性主體與政治主體，并開出科學與民主的客觀架構。也就是說，要由內聖以通外王，外王的民主科學，此一客觀學問來自西方，然要由中國內聖之教的源頭根本開出。這就是當代新儒家最主要的問題，也是儒學第三期最重大的開展。

(一) 批判五四的民主空頭與科學一層說

當代中國的思想文化問題，五四是一個重大的轉關。五四新文化運動倡導科學與民主，標示當代中國奮鬥的方向，衡之於今天，仍是深具卓識的；而五四對傳統文化的批判，打擊復古守舊的頑固勢力，對中國現代化是有掃除廓清的啓蒙作用：從這一方面說，五四是有積極正面的貢獻。從另一方面反省，五四「新青年」激情浪漫的表現，破壞力太強，後遺症也太大了，說中國文化傳統與民主科學不相容，而大喊打倒孔家店，固是狂妄無知，就是對民主科學的本身，其理解也嫌空泛膚淺。是以，科學民主猶未見其成，整個傳統的世界觀與價值觀，卻在他們筆鋒的縱橫與思想的交錯下，崩頹陷落了。他們的自由主義，與民主的眞精神尚有距離，反成爲人們放縱與墮落的護身符；他們的實證主義，也非科學的眞生命所在，徒然把一切生命與文化壓縮成平面的物化存在。此牟宗三先生評之曰：

「幾十年來，講民主科學的人，一直不了解科學與民主的基本精神，亦不了解其在

西方首先出現之文化背景與歷史條件，而只是橫剖面地截取來，以為詬詆中國文化之工具。」（註一三）

在他們的共同宣言裏，也說：

「陳獨秀等，一方面標舉科學與民主之口號，一方面亦要反對中國之舊文化，而要打倒孔家店。這樣，則民主純成為英美的舶來品，因而在中國文化中是無根的。」（註一四）

說科學與民主，卻反中國文化，先動搖了自己的命根，已不能相應於民主建國的健康意識。殊不知任何文化，總要在自己文化的本根中，才能孕育出來的，決不是一個現成擺著的東西，可以隨意的從外移植過來的。此牟先生言之曰：

「如生命不能清醒凝聚，則科學不能出現，民主政治亦不能出現。」（註一五）

在科學實證的思考模式之下，恒把人類歷史文化，化同於自然界的化石（註一六），一者研究中國傳統學問，輒號之曰「整理國故」，沒有同情，也缺乏敬意，僅「視之如字紙簍之物，只待整理一番，以便歸檔存案的」（註一七），此一如西方漢學家所謂的「敦煌學」，僅落在「文物材料之考證」，「幷不是直接注目於中國這個活的民族之文化生命，文化精神之來源與發展之路向的」（註一八）。是以新儒家極力主張：

「只有從中國之思想或哲學下手，才能照明中國文化歷史中之精神生命。」（註一九）

因爲在方法的限制下，對中國文化傳統可以產生極大的誤解：

「以為中國文化中莫有宗教性的超越感情，中國之倫理道德思想都是一些外表的行為規範的條文，缺乏內心之精神生活的根據。」（註二〇）

二者，此一思考方式，會讓時代思潮墮入科學主義的唯物論中，此牟宗三先生有一段極爲透闢的批判：

「此唯一的理智，……只認物而不認其他。而理智所表現的科學方法，也就只用來處理這個物，把握這個物。而到處用，即到處是物，用之於人，人亦是物，用之於孔子，孔子也是物，用之於歷史文化，歷史文化也是物。他們以為天下無有不可以科學方法處理的，凡不可以科學方法處理的，他們以為都是不科學的，都不是學問的對象，都在輕視中。依此，理智一元論卽轉為科學一層論，此卽為淺薄的乾枯的近視理智主義。……總之則歸於現實主義，功利主義，自然主義，而成為精神之否定。」（註二一）

在泛科學主義之下，義理之學流爲瑣碎的考據；在乾枯的理智主義之下，窒息了生生不已的文化生命；在科學一層論之下，意義與價值宣告失落，只有平鋪的物，而沒有立體的人，只知物，不知人，只說死的事實，不說活的理想，馬列主義者就站出來講荒誕的義理，發虛幻的理想，由是迫使當代的中國，由學術思想的反動而墮入魔道刧運當中。

由上述可知，新儒家基本上是肯定科學與民主的時代進路，僅反對空頭泛講的自由民主，與以科學爲唯一眞理判準的科學一層論，此一立場在張君勱先生與丁文江的科玄之爭，已充分的表現出來，新儒家只是反對西化派的「反傳統」。他們雖是保守主義的傳統派，然并非保皇保敎的死守傳統，而是開發傳統轉出中國的當代。

(二) 當代新儒家的返本開新

1. 民族與文化的一體合流

民族生命，要由民族文化來撐開，才有其健動不已的內在活力。若文化生命一挺立不住，則民族生命必將若存若亡。故牟先生言之曰：

「就中國說如不能本儒家的智慧，以暢通中國文化生命之道路，則其民族生命是無法健康地站立起來的。」（註二二）

又云：

「我們却是一無憑依，只是想以生命頂上去，如何能本著儒聖的智慧與道路，來消融這一切，以暢通中國的文化生命。」（註二三）

此唐先生亦言之曰：

「大家必須在文化生命上，作一個『仰不愧於天，俯不怍於人』的中國人。」

又云：

「要先認同於自己個人心中之中國民族，與中國文化生命。」（註二四）

當代新儒家最根本的立足點，是民族文化的自覺，由文化生命的暢通，來蓬勃民族生命的生機。民族文化的主流大體，就在儒家的生命智慧。我們今天就當本著儒家的生命智慧，以對應或消融西方當代的文化沖擊。此牟先生言之曰：

「我們處在這個時代，若想以自己的生命，承當中國文化發展的道路，則對於西方文化不能不正視，對於科學問題不能不正視，對於政體問題不能不正視，對於宗教問題不能不正視。這不是炫博，作學究，乃是文化生命的承當問題。我是真正在迫切之感中，步步把生命貫注到這些方面上，期望暢通中國的文化生命的。」（註二五）

這一段話，無異是當代新儒家的思想總綱。今天講中國文化，首在正視西方文化，當代西方文化的精采優越，就在科學技術與民主政體。而科學與民主的背後，卻是西方的宗教傳統。宗教其本，科學民主其末，本立而道生，科學民主由是而開出，亦由是而定住，西化派學者最大的淺薄誤斷，就是只要西方的德先生（民主）與賽先生（科學），而不要他們的莫姑娘（道德宗教）。沒有宗教的根本，科學卽成科學一層論，民主卽成空頭的民主，科學一層論卽逼向唯物論，空頭的民主亦可轉爲無產階級專政，馬列主義由是取代了西方宗教上帝的地位，入主中國。此當是當代中國由五四浪漫，沉落爲馬列狂潮的根本原因。當代新儒家由正視西方文化，言正視科學民主的問題，再言正視其根本的宗教問題，其眞正用心就在此。

2. 正視西方文化的宗教精神

科學民主，是外王的學問，是客觀知識與制度架構的問題，這是中國文化傳統所未有，故與佛學入中土的情勢，顯有不同，佛家的教義究在出世，般若觀空與道家的虛靜明照的涵養進路貼切相應，人人皆可成佛與儒家的人人皆可爲堯舜的超越精神也會通無隔，是佛家的主要問題，是在生命修證的內聖，此正是儒道兩家共有的根本性格，是以通過儒道的內聖傳統，即可引進消化了印度的佛學佛教。

反觀當代，中國卻沒有科學民主的外王傳統，可以相應無隔的引進西方近代的科學與民主，加上西學入中土，是船堅礮利打進來的，其背後是資本主義的商業利益，與帝國主義的殖民野心，此與印度佛學之由有道高僧傳入的純淨不同，故有太多現實上的牽扯糾結。

再說，西方的內聖之教，是天主基督的傳統，其上帝啓示的眞理觀，原罪的人性論，以天國爲究極理想，與祈禱感恩的救贖之路，在在皆與儒道兩家肯定現世的人文傳統扞隔不合，凡此構成了當代中國消化西學的艱難困阻。

由是而言，當代中國消化西學的問題：一在科學與民主的外王，如何可能引進的問題；二在引進科學與民主，若拒斥其宗教內聖，則可能成爲馬列的機械唯物論，與無產階級專政的物化鬪爭，此即由西化而俄化了，若爲了科學與民主的外王，也「全盤西化」的迎進基督宗教的內聖，是則中國文化的主流命脈，又將如何緜延護住的問題。是當代新儒家面對的問題，一者要避開五四階段「不願信西方之宗教，亦不重中國文化中之宗教精神」(註二六)；而有科學一層論與空頭的民主的歧出與錯落，二者要對抗馬列主義的唯物機械與物化窒息，這兩方面是二而一的問題。根本的解決之道，就在暢通民族文化的大生命，使科學與民主的外王，能有內聖或宗教的精神源頭，作一健全的開出與展現，也就是說，由本土文化傳統的內聖，開當代的新外王。

3. 科學與民主是共法

由傳統內聖開當代外王，新儒家首先必得闡明中國文化並非與民主科學不相容。一者中國文化一向重視利用厚生，傳說中的聖王都是器物的發明者，惟正德與利用厚生之間，少了理論科學作爲媒介橋樑，國計民生由是缺乏客觀的保障，故發展科技以免除匱乏飢寒，正是道德理性的自覺之下，所當有的內在要求(註二七)；二者中國歷史傳統帝王家恆有史官秉筆直書的諡號，且直以民意代表天命等，惟僅能對君王構成道德的限制，氣節之士雖以身殉，仍無救於政治上的昏亂敗亡，故轉出民主政治，對統治權力作有效客觀的限制，當是儒家堯舜禪讓湯武革命的政治理想，所應進一步推出者(註二八)。儒學傳統與民主科學既非不相容，且是其道德理性所當涵蘊開出的，則輕言「打倒孔家店」，僅反映出西化派學者的意氣用事而已！

其次，任何民族文化必有其安身立命的形上世界，此在中國是心性之學的儒學傳統，故心性之學，是中國學術文化的核心所在。宋明新儒家排拒佛學，就在佛家的心性之學，與儒家的心性之學，有本質上的不同，此熊十力先生「新唯識論」的大義在此。佛家心性：般若智觀空，照破一切假相而顯一無相爲相的實相；菩提爲觀空觀因緣所修持的圓覺，自非本有者；而眞如乃寂靜之智心所照所證或所緣之境，是「所」而非「能」；此非儒家生生健動的德性心，也非道德的創造之性，不能開展人文化成的文化理想(註二九)。佛家雖云不毁世間而證菩提，也發大悲心以普渡衆生，然世間不毁並沒積極創建的意義，普渡衆生的入世亦志在登涅槃彼岸的出世，不是眞能肯定此生此世的人文價值(註三〇)。故唐末五代佛學禪宗最盛，卻救不了五代殘唐的亂世衰敗(註三一)，宋儒講平治天下，講文化理想，必得先行判敎分辨儒佛，把文化思想的精神導向，轉回自家的儒學傳統。

西方的基督宗教，落在個人的宗教信仰言，當然是個人生命中事，是沒有人可以干預的；然落在民族文化言，宗教是沒有國界之分與種色之別的，救主耶穌的國在天上，而不在人間，是救人之靈魂，而非救人之民族文化(註三二)，此中實不能講中國文化的創建。宗教的普遍性，是定不住，也呈現不出民族文化的特殊性的。故當代新儒家講中國文化，一如宋明新儒家，首在判敎，以求定住中國之所以爲中國的文化理想。此牟先生言之曰：

「又有人說，文化無分於中西，人同此心，心同此理。……但是文化並不就是這個心，這個理之自己，乃是此心此理的表現。……但表現此心此理却有分殊。……亦猶上帝本身並不是文化，而人表現上帝，或依照上帝之意旨而為精神之表現的，才有文化可言。但是一說到表現，就有氣質的不同。……光想那個心理之同，光想那

個『無』氣質的神，這個人是無文化意識的。」（註三三）

此唐先生亦論之曰：

「信仰佛教與基督教，是為解答上述之國家民族學術、教育、文化、政治之問題，以及中華子孫之如何能自尊自重，有所自信自守之問題，則全不能直接相應。」（註三四）

今天諸多學者，誤以爲「全盤西化」的論調，說的是指科學與民主而言。實則，「民主與科學是共法，從這裏說全盤西化是沒有意義的」（註三五），「西方文化之獨特處而成其爲西方者，扼要言之，當就基督教說，西化不西化亦當從這裏說」（註三六）。足見「全盤西化」論者，也沒有眞正的認識西方文化的內聖根本，本在其基督宗教，科學與民主沒有什麼特殊色彩，不過是外王枝葉而已！試看，西化派「只崇拜科學民主，在哲學上相信實用主義、唯物主義、自然主義的人，故其解釋中國之學術文化，亦儘量從缺乏宗教性方面看」（註三七），這樣的西化當然是偏頗而會變質的。

新儒家一方面說，「我們之重新講外王，這樣才眞能充實儒家學術而構成其第三期發展之特徵」（註三八），另一方面又說，「必須較五四更進一步，即自覺的肯定宗教之價值」，問題在，「在儒家思想的信仰中，同可發現一宗教性的安身立命之所」(註三九)。因為儒家的心性之學，「一方使天由上徹下以內在於人，一方亦使人由下升上而上通於天」(註四〇)，是為其天人合德的人文教。總括言之，講民主科學的外王，當從宗教精神的內聖講；而講內聖，則當從自家文化傳統的儒學講，以為立國之根本。這就是我們所謂的「返本開新」。

4. 返儒學之本開當代之新

返本者，返傳統儒學之本，對自家文化能自作主宰；開新者，開科學民主之新，使西學中國化而為中國所用。如是，中國的現代化，就是出自傳統文化內在自覺的要求，民主科學是共法，就不會引生中國傳統儒學與當代科學民主不能相容的對立誤解，也可以拋開西化移殖的感情難堪。問題是，傳統儒學的德性心，本在超越的貞定生命的方向，開發存在的價值，故有其人文宗教的功能，又如何能同時的落在經驗認知，開出相對而客觀的科學知識與民主制度呢？

當代新儒家是通過德國唯心論的大哲康德與黑格爾的哲學體系，來突顯對揚中國儒家的心性之學。此牟先生言曰：

「哲學自康德始，順布臘的傳統，進一步提出實踐理性優越於理論理性，把握住善的意志及意志之自由，此可謂大有關於道德的實踐。下屆費希特、謝林、黑格爾，皆重視精神生活之發展，大有造於德國國家之建立，甚能表示哲學之在歷史文化所起的作用，故至黑格爾遂正面建立歷史哲學及法律哲學。此與希臘傳統之為『觀論的』稍不同，而已進於道德的實踐之精神及其歷史文化之客觀的意義。此可謂康德所開啓，而充其極於黑格爾。」(註四一)

唐、牟兩位先生，藉黑格爾與康德的哲學，來彰顯儒學德性心的超越性，與歷史文化的精神開展。惟康德之自由意志只是理論的預設，未如儒家的良知是當下眞實的呈現，康德之善的意志只是一當然之理，未如儒家之善端是當然之理又是實然的存在。黑格爾的絕對精神，是一抽象普遍的理性，具體特殊的存在被抹掉了，個別眞實的生命不免失落，不如儒家的心性之學，主觀的說是心，客觀的說是性，絕對的說是天，來得通體圓滿。此當代新儒家，與熊十力、梁漱溟、章太炎等之通過佛學以彰顯儒家，在精神意趣上大有不同。因爲吾人今天面對的是如何消化西學的問題，而不是處在消化佛學的時代，故講論大乘佛學，與整個時代問題不相應，僅能疏導傳統崩解之後形上迷失意義迷失的精神危機，卻不能直開當代民主科學的知識架構。

生命的眞實存在，既在道德主體的自我，道德主體是超越的，故不會被物象與欲求所拉引，對生命的方向能有道德的貞定。問題在，突顯了道德主體，生命已自安自足，無待外求；如是，心就不必下來與物平對，把自然現象當作客觀認知的對象，而成就科學知識，把社會行爲當作客觀認知的對象，而開出民主政治。此在中國傳統，客觀禮法是由荀韓的認知心理智心所開出(註四二)。

是科學與民主，雖是「中國人自覺的成爲道德實踐之主體之本身所要求的」(註四三)，然而，德性心如何轉開知識，成就制度呢？此新儒家云：

「要使中國人不僅由其心性之學，以自覺其自我之為一『道德實踐的主體』，同時當求在政治上，能自覺為一『政治的主體』，在自然界、知識界成為『認識的主體』及『實用技術的活動之主體』。」又云：「當其自覺求成為認識之主體時，即須暫忘其為道德之主體，及實用活動之主體。」(註四四)

西方之科學研究，是爲知而知的獨立領域，超實用技術動機之上者，在道德上是價值之中立，此時道德的主體退歸於認識主體之後，成爲認識主體的支持者。在認識過程完成之後，再下價值判斷，以決定道德的實踐，並引發實用的活動(註四五)。再說，既肯定人人平等的爲一政治的主體，則依人人之公意而制定憲法，以作爲共同行使政治權利的運行軌道，使政治走上民主憲政之路，實爲自然順成之事(註四六)。

此一說法，實有進於宋明儒。因宋明儒惟樹立了道德主體的尊嚴，此心此性通天心天理，卻閉塞了道德主體向外通的門路，而趨於此主體自身之寂寞與乾枯。此明末大儒顧炎武、黃宗羲、王船山已痛切覺醒，然一入清代，向外通卻僅止於典籍文物，內既失宋明儒對道德主體的覺悟，外亦不能正德以利用厚生，遂產生中國文化精神之更大閉塞(註四七)。

由德性主體，轉出知性主體，牟先生謂之良知的自我坎陷。良知不自居於超越的地位，而自我要求，落實到經驗界，與物平列對看。如是，道德主體暫忘其爲道德主體，僅顯其知性主體之用，由客觀認知，轉開科學的知識，與民主的制度。此之謂由理性的作用表現，發爲理性的架構表現，作用表現是由主體修養直接通透出來的；是道德主體的自我貞定，架構表現則是由制度建構與方法程序，而取得客觀的保障。此時，人的道德主體，仍在科學之上，作爲價值判斷的主宰，這是科學的人文主義的必然歸趨(註四八)；且挺立了人的道德主體，民主政治大多數的決定，才眞能定住其價值意義。

5. 以民主的形式與文化的民族主義反共

在民主與科學之間，牟先生有一段話，甚爲重要：

「科學知識是新外王中的一個材質條件，但是必得套在民主政治下，這個新外王中的材質條件，才能充分實現。否則，缺乏民主政治的形式條件，而孤離的講中性的科學，亦不足稱為真正的現代化。一般人只從科技的基層面去了解現代化，殊不知現代化之所以為現代化的關鍵不在科學，而是民主政治；民主政治所涵攝的自由、平等、人權運動，才是現代化本質意義之所在。共產黨亦可講科學，然而他的極權專制却是最落伍的，我們在此要爭取先聲。幾十年來，共產黨人罵人反動、不革命；事實上，這些批評都是虛妄的倒打一耙。我們在此要把頭抬起來，要肯定我們這裏才是理想所在，才是進步，才是現代化，這裏才是真革命，一革百革，不像你那邊革了又革，不斷的革，而結果是毫無結果。」（註四九）

新儒家批判五四，說西化不西化，不當在科學民主說，而當在基督宗教說，因爲科學民主是共法，基督宗教的傳統，才是西方之所以爲西方的原因。新儒家批判中共，說現代化不現代化，不當在科學說，而當在民主說，因爲科學是現代化的材質，民主才是現代化的形式。爲了超越五四之科學一層論與空頭的民主，新儒家倡言要正視西方文化的宗教精神；而正視西方文化的宗教精神，依新儒家的判教，我們應走的唯一之路，就是返歸自家文化傳統的儒學儒教。暢通文化生命的本源大流，由道德主體，轉出認識的主體與政治的主體，下開科學民主，這是儒家第三期新外王的開展。

爲了對治當前中共四個現代化的說詞，新儒家一者提出以民主的形式來定住科學的材質之說，做爲現代化的判準；二者以中國的人文傳統來對抗中共的馬列主義。中共當初假借民族主義起家，如今卻否定了民族的文化傳統，今天我們就要以民族與文化合流一體的「文化的民族主義」，來對抗中共只講民族不講文化的假民族主義。我們講民主，中共不能講民主，我們講孔孟，中共不能講孔孟，這樣的反共，才是站在民族文化的本根上反共，這樣的反共，才能引發莊嚴眞實的道德理性與文化理想，才是沛然莫之能禦的反共力量。否則，不過是以西方反西方，而中國的民族與文化仍逃不開流落天涯的命運。

四、結　論

面對政治社會轉型與異文化沖擊的當代，在政治體制上能有積極建構，兼取中西之長的是孫中山先生的三民主義，在文化思想上能挺立自家傳統，又融會西方學術的則是當代新儒家的文化慧命。

當代新儒家，在當代思潮流派中，被列在保守主義的傳統派，保守主義不浪漫，也不激進，卻是最剛健最切實，既博厚又悠久的。對所謂的「保守」，唐先生云：

> 「此保守之根源，乃在人之當下，對於生命所依所根之過去、歷史、及本原所在，有一強度兼深度之自覺。……由是而我之生命存在之意義與價值，即與數千載之中華民族、歷史文化、古今聖賢，如血肉的不可分。我生命之悠久，於是乎在；我生命之博厚，於是乎有；而我乃為一縱貫古今，頂天立地之大人真我。」（註五〇）

牟先生亦云：

「若無剛健之生命，通透之智慧，深遠之義理，是不足語於保守的。真正的保守，就是切實而落於實踐的創新。這兩者是不對立的。若保守只是外在的習氣，則趨新卽是刺激反應之放縱，這才是對立的。保守不成為保守，而趨新之勝利亦無益於國家。此卽是中國三、四十年來之悲劇。」（註五一）

所謂保守，卽是返本，卽是暢通民族文化生命的本源，由是始可言創新，開新外王。此一奮鬪，是上通千古，下開萬世的，是可大可久的，此一保守，是開新的保守，而不是封閉的保守，故當代新儒家的心態進路，實大不同於國粹派保皇黨。在民族文化的本源暢通上，新儒家是保守派，在消化西學的開展外王上，新儒家則是創新派，也就是吾人所謂的「返本開新」，是最保守，也最前進。

或有人譏刺新儒家是「本位主義」者，牟先生自我表白的說：

「本位主義有什麼不對，每一個民族事實上都是本位主義，英國人以英國為本位，美國人以美國為本位，何以獨不許我們中國人以中國為本位呢？」（註五二）

唐先生也說：

「我們自己所屬之民族等等，都永不能真正化為一外在客觀的東西。此乃我們生命之所依所根以存在者，即我們性命之所在，而不只是心理學家、社會學家、歷史學家、文化人類學家，所研究、觀察、了解之一客觀外在的對象。」（註五三）

文化是要通過生命來表現，文化是有特殊性的，在這一抱負理解之下，我們講中國文化才是有生命的，講消化西學才是有根有本的。從某一義來說，立身當代關心文化的中國人，都應是新儒家。新儒家就是面對西方文化的沖擊，由暢通民族文化的本源大流，以消化西方當代新潮的奮鬪。做爲一個當代的中國人，都不能自外於這個民族文化的大流，都不能不參與這一返本開新的行列。當代新儒家不是少數幾位學人的學派，而是每一個中國人所應擔負的使命。

在全球性的人文理想崩落與東西方的對抗情勢中，新儒家以爲：一往直前的西方文化，應學習中國文化的「當下即是，放下一切的懷抱」與「圓而神的智慧」，也應學習中國文化的「溫潤而惻怛或悲憫之情」、「歷史文化的意識」與「天下一家的情懷」（註五四）；如是，或可有中西文化眞正的會通互補，而扭轉匡正西方文化在當代所衍生的流弊病態。

綜觀中國當代的思想流派，雖有自由主義、激進主義與保守主義之衆壑爭流的局面，然眞正能切應時代問題，又能爲傳統文化開展蓬勃生機與創發活力的，只有新儒家。當代新儒家，在臺港兩地，正以其文化理想，帶動青年學生與海內外學人，在文學、藝術、音樂、舞蹈等文化活動當中，形成返本開新的熱潮。我們寄望新儒家所引發的這一分民族文化的自覺，能突破這一百多年來的沈鬱與困頓，使我民族與文化走上新生的機運，與無盡的創發前程。

附註

註一：請參看蕭公權先生「中國政治思想史之起點與分期」，見「迹園文存(一)」頁一一二，環宇出版社，臺北，五九年十一月廿九日初版。

註二：張灝「新儒家與當代中國的思想危機」頁三八〇云：「西方思想對熊十力並無多大衝擊，他的哲學訓練主要自儒家和大乘佛學經典的研究。」另頁三七四云：「新儒家初期的梁漱溟和熊十力，在早年尚未轉向儒家之時，他們亦想透過佛學的研究來解決存在的問題。」林鎮國譯，收在「近代中國思想人物論——保守主義」，時報出版公司，臺北，六十九年六月二十日初版。艾愷「梁漱溟——以聖賢自許的儒學殿軍」頁二九一云：「對梁漱溟來說，一九二一年是轉捩點。……明言放棄佛家思想，改宗儒家。」林鎮國節譯，收在前引書。

註三：「中國文化與世界」，副題是「我們對中國學術研究及中國文化與世界文化前途之共同認識」，四十七年由四位先生共同簽署發表在「民主評論」及「再生」兩雜誌的元月號上。全文今收錄在唐君毅先生「說中華民族之花果飄零」，三民書局，臺北，六十三年三月初版。

註四：「新儒家與當代中國的思想危機」頁三六八。

註五：唐君毅先生「中國人文精神之發展」頁三二云：「魏晉一切觀照欣賞優游的藝術精神，都不能使人生自己有最後的安身立命之地。……正因其善於隨所遇而欣賞之，則其欣賞之事，亦隨所遇之去而俱去。於是人生無常之感，在所必生。死生之問題，在所必有。而此種欣賞之精神，在遇著人生無常或死生問題時，又一無辦法。佛學之所以入中國，則正是要解決生死之問題。」學生書局，臺北，六十三年五月臺初版。

註　六：「中國人文精神之發展」頁三四。

註　七：「關於宗教的態度與立場—酬答澹思先生」，收在「生命的學問」頁八六，三民書局，臺北，五九年九月初版。

註　八：參看牟宗三先生「反共救國中的文化意識」，收在「道德的理想主義」頁二三八至二三九，東海大學，臺中，五十九年七月再版。

註　九：參看唐君毅先生「海外中國知識分子對當前時代之態度」，收在「說中華民族之花果飄零」頁七二至七四。

註一〇：唐君毅先生「百年來中國民族之政治意識發展之理則」云：「此種師夷以制夷，而謀中國自強運動中所包含之政治意識，在中國歷史文化上看，是從所未有。這意識中，包含一種無限精神上的委屈，亦包含一幾無法統一的內在矛盾。……故當中國人之此矛盾之意識，終於分解時，則順師夷之意而極之者，遂為數十年來崇拜西方文化學術，而鄙棄中國文化之潮流，而欲制夷又不欲師夷之技術以抗夷者，則為義和團。」收在「中國人文精神之發展」頁一六九。

註一一：唐君毅先生「說中華民族之花果飄零」頁七三。

註一二：參看張灝「新儒家與當代中國思想的危機」，見「近代中國思想人物論—保守主義」頁三七三至三七五。

註一三：「生命的學問」頁五十。

註一四：「說中華民族之花果飄零」頁一六八。

註一五：「論五十年來的中國思想」、「生命的學問」頁三四。

註一六：參見「中國文化與世界」，「說中華民族之花果飄零」頁一三四。

註一七：「中國文化與世界」，「說中華民族之花果飄零」頁一三一。

註一八：「中國文化與世界」，「說中華民族之花果飄零」頁一三〇。

註一九：「中國文化與世界」，「說中華民族之花果飄零」頁一三六。

註二〇：「中國文化與世界」，「說中華民族之花果飄零」頁一四〇。

註二一：「反共救國中的文化意識」，「道德的理想主義」頁二四三。

註二二：「關於宗教的態度與立場—酬答澹思先生」，「生命的學問」頁九六。

註二三：同前註。
註二四：「海外中國知識分子對當前時代之態度」，「說中華民族之花果飄零」頁一〇三。
註二五：「關於宗教的態度與立場—酬答濬思先生」，「生命的學問」頁九五。
註二六：「中國文化與世界」，「說中華民族之花果飄零」頁一四一。
註二七：參看「中國文化與世界」，「說中華民族之花果飄零」頁一五八至一五九。
註二八：參見「中國文化與世界」，「說中華民族之花果飄零」頁一六三至一六四。
註二九：牟宗三先生「現時中國之宗教趨勢」，「生命的學問」頁一一五至一一六。
註三〇：牟宗三先生「生命的學問」頁一五四云：「佛教徒根本無歷史文化意識，亦根本不能正視人文世界。」
註三一：同註七。
註三二：參看唐君毅先生「說中華民族之花果飄零」頁四八至四九。
註三三：「關於文化與中國文化」，「道德的理想主義」頁二四七至二四八。
註三四：「花果飄零及靈根自植」，「說中華民族之花果飄零」頁四八。
註三五：牟宗三先生「略論道統、學統、政統」，「生命的學問」頁六二至六三。
註三六：前引書頁六九。
註三七：「中國文化與世界」，「說中華民族之花果飄零」頁一四一。
註三八：牟宗三先生「人文主義的基本精神」，「道德的理想主義」頁一五七。
註三九：唐君毅先生「宗教信仰與現代中國文化」，「中國人文精神之發展」頁三四三。
註四〇：「中國文化與世界」，「說中華民族之花果飄零」頁一四三。
註四一：「理性的理想主義」，「道德的理想主義」頁二〇。
註四二：荀韓的心，是由老子來。老子的虛靜心，是超越的觀照，荀韓的虛靜心，則是經驗的考量。荀子由虛靜的客觀而定度量分界，韓非由虛靜的客觀而計量利害，荀子生禮義，韓非立國法。
註四三：「中國文化與世界」，「說中華民族之花果飄零」頁一五八。
註四四：「中國文化與世界」，「說中華民族之花果飄零」頁一五八及一六〇。

註四五：參見「中國文化與世界」，「說中華民族之花果飄零」頁一六一。
註四六：「中國文化與世界」，「說中華民族之花果飄零」頁一六五。
註四七：「中國文化與世界」，「說中華民族之花果飄零」頁一六〇。
註四八：參見唐君毅先生「中國人文精神之發展」頁九一。
註四九：牟宗三先生「從儒家的當前使命說中國文化的現代意義」，見「中國文化論文集(二)」頁一五，東海大學出版社，臺中，六十九年二月初版。
註五〇：「說中華民族之花果飄零」頁一六。
註五一：「現時中國之宗教趨勢」，見「生命的學問」頁一一〇。
註五二：「中國文化論集(二)」頁二八。
註五三：「說中華民族之花果飄零」頁八。
註五四：「中國文化與世界」，「說中華民族之花果飄零」頁一七八至一八七。

論荀子的心性關係及其價值根源

一、前　言

荀子的思想，從先秦儒學的傳承看，是由孔孟的絕對精神，主體精神，轉向客觀精神的發展(註一)。孔子立身春秋時代，面對周文疲弊的困局，挺立了主體精神，並通向絕對精神，以維繫整個時代的客觀精神。就思想的發生意義來說，是對治禮文的僵化滯落，由開發仁心的價值根源，並通過義的價值判斷，與智的學思損益，以重振禮樂教化的生機活力。孔子智及仁守，仁智雙彰，顯通體是德慧的生命。孟子立身戰國時代，禮壞樂崩，客觀精神不彰，價值規範解體，把天下的是非權衡，往內收在吾心之中，仁心是善端，義、禮、智具成內在，是本心良知的內容，是以仁義並稱，禮智的客觀意義，爲之不顯。到了荀子，以其樸直篤實的氣質性向，加上處理時代問題的現實要求，儒學的重心轉向客觀化的建構。心不是仁心實理，開不出義道來，其虛靜智用，用以認知構作客觀的禮義法度，義的是非被迫往外推，歸屬於外在的禮，是以禮義並稱，孔孟心性天的價值根源，完全失落。性天轉成事實義，是被治的對象，而心又不是仁的實理，僅是智的虛用，由是禮義的根源，遂成荀子思想的大問題。

本文的用心，即試圖從荀子心性關係的解析，探討其價值根源如何安立的問題。並解釋何以荀子的思想，對儒學傳統來說是歧出，對儒法流變說來是另一錯落的起點？

二、由自然人性的觀點到性惡說的證成

荀子的儒學，有一獨特的立足點，就在對抗老子的道家思想。他的大用心，在從自然的天地出發，去建構禮義之道的人文世界。老子以爲，凡自然皆美好，而人爲皆造作，故政治人生的歸趣，在取消人爲，而回歸自然。荀子的價值取向，與老子適成一對反，他認爲凡自然皆沒有善，一切的善必從人爲來，故政治人生的道路，在引導衆人走離自然天地，而歸向人文禮義（註二）。性惡篇開宗明義即云：「人之性惡，其善者僞也。」性是自然，僞是人爲，人性自然沒有價值可言，人爲禮義才是價值的實現。「人之性惡」，是對道家思想的反抗，「其善者僞也」，道德事業都由人文創建而來，則是儒家一貫的立場。

㈠ 自然人性的觀點

荀子對人性的觀點，從正名篇的一句話，可見其端倪：

「性者，天之就也；情者，性之質也；欲者，情之應也。」

此雖言「性」是「天」生成的，然性的本質是情，而情的感應是欲，天性情欲一路等同貫串下來，「天」未有超越的價值意義。再看所謂的「天」：

「天行有常，不為堯存，不為桀亡，應之以治則吉，應之以亂則凶。」（天論篇）

天行常道，卻無關善惡價值，人間的吉凶完全由人爲的回應而定，而：

「禮義之謂治，非禮義之謂亂。」（不苟篇）

是應之以禮義則平治，應之以非禮義則混亂。足見天行有常，是取事實義，是人爲禮義所要對治的自然現象，如是，天生成的性，也是被治的對象，也沒有價值。在天性情欲的貫串之外，再看性僞的對顯：

「性者本始材朴也，僞者文理隆盛也。無性，則僞之無所加，無僞，則性不能自美。」（禮論篇）

天生成的性，是人存在本始即有的材質，此材質是素樸的，是自然的，與禮義人爲的文理隆盛相對，是取自道家的自然觀點。在此一素樸的自然觀點之下，而云：

「生之所以然謂之性。生之和所生，精合感應，不事而自然，謂之性。」（正名篇）

「生之所以然」，不就超越義的實現之理言，而就描述義的形構之理言（註三）。精合感應是氣，而氣的感應和合所生成的性，也就是氣質之性，而不是做爲一切價值根源的義理之性。

由是而言，「生之所以然謂之性」，一如告子的「生之謂性」（孟子告子上），「所以然」是形構的所以然，不是實現的所以然。由這一觀點言之，荀子的人性觀，是自然人性的觀點，人性是無善無惡，可善可惡的，此一本始材朴，不事而自然的「性」，切近孔子所說的「文質彬彬，然後君子」（論語雍也篇）的「質」，質與文相對，本始材朴與文理隆盛亦相對，而文理隆盛可以化成本始材朴之美，正與以「文」化「質」，可以化成彬彬之美等同。

㈡ **人性所以是惡的證成**

人性既是事實義素樸義的自然，則人性是中性，與善惡不相干。荀子對人性的理解原則，既與告子持有相同的觀點，何以對人性的論斷，卻一主性惡說，一主性無善無不善之說。此可能是由於告子是道家性格，不必有羣倫建制之故。而荀子是儒家，生命不能安放在自然天地，而要投入到人我依存的羣體社會中，去盡倫盡制。如是，順著人性的情欲求，會有爭奪、殘賊、淫亂的病痛發生。荀子云：

「今人之性，生而有好利焉，順是，故爭奪生而辭讓亡焉；生而有疾惡焉，順是，故殘賊生而忠信亡焉；生而有耳目之欲，有好聲色焉，順是，故淫亂生而禮義文理亡焉。然則，從人之性，順人之情，必出於爭奪，合於犯分亂理而歸於暴，故必將有師法之化，禮義之道，然後出於辭讓，合於文理而歸於治。用此觀之，人之性惡明矣，其善者偽也。」（性惡篇）

此言性是生而有，且專就好利、疾惡之情，與耳目官能的聲色之欲而言。生而有是生理，由生理而有官能，由官能而有欲求，欲求再牽引出好惡之情。生理官能欲求，是非理性的存在，順是而趨，不加節制，必導致爭亂殘賊的後果。故云：

「人生而有欲，欲而不得，則不能無求，求而無度量分界，則不能不爭。爭則亂，亂則窮。」（禮論篇）

生理官能欲求是生而有，是不可去的，故不得滿足即會盲目的追求，在衆人競逐之下，也就是所謂的「順是」，必會因爭而亂，因亂而窮，窮是窮途末路，生路斷絕的意思。大家活不下去，當然是惡。荀子就由此追問「惡」的根源。窮來自亂，亂來自爭，爭來自欲求，欲求來自性情，所以獲致性惡的結論。實則，再追問一步，性情來自天，天亦惡。此一逆推溯源的結果，天性情欲一路下來，遂由中性轉成負面的存在。

吾人試將荀子與孟子的人性觀，作一對照。孟子亦正視耳目官能的有限，然孟子直以爲是命限，而不說是性。兩家的不同在：孟子的心是德性心，是道德的主體，良知會自然呈現，也會自覺挺立，面對官能欲求，可以不順是，逆覺上來就可以自作主宰，不被物欲牽引而去。此是主觀面的反省，走的是主體修養的進路。而荀子的心，是虛靜智用，翻越不上來，僅能「順是」。故走向客觀面的反省，從「無度量分界」做平面的思考。

綜合上述，從天生而有的性情欲求，是分析不出爭亂窮來的，性情欲求的自然人性，與爭亂窮的惡，不是分析的關係，而是綜合的關係，故惡不是本質的，而是發生的，這才是荀子說性惡而人性依舊可化的原因。

(三) 性惡說的批判與反省

再深一層言之，性情欲求一路「順是」下來，並不是必然會導致爭亂窮的後果。一者「欲雖不可去，求可節也」（正名篇），二者「制禮義以分之，以養人之欲，給人之求」（禮論篇），足見爭亂窮的發生，關鍵不在欲求的存在，而在無度量的分界，可以節制養給。而度量分界就是禮義之道，是起於心慮知能的作用，是生於聖人之僞。故云：

「凡禮義者，是生於聖人之僞，非故生於人之性也。」（性惡篇）

「心慮而能為之動，謂之僞。」（正名篇）

由是而言，無度量分界，是心的失職，爭亂窮的責任，不是性情欲求所能擔負，而當由心的知能負責。故從客觀面的反省，應是心惡說，而不能是性惡說。要是此一反省有意義的話，所謂的性惡說，要另求善解。此吾人可從荀子的思想中的心性關係，再作探討。吾人先看荀子如何說「心」：

「心居中，虛以治五官，夫是之謂天君。」（天論篇）

心是天而生，儘管有治五官的虛用，然從「性者，天之就也」看，心亦是性。又云：

「然而塗之人也，皆有可以知仁義法正之質，皆有可以能仁義法正之具。」（性惡篇）

「人生而有知，……心生而有知。」(解蔽篇)

「凡以知，人之性也。」(解蔽篇)

塗之人皆有可以知仁義法正之質，皆有可以能仁義法正之具，質是材質，具是形具，皆就生而有的自然人性說，而知能的主體是心，是心的知能作用，也是性。

如是，荀子「天」生而有的「性」之下，可分成兩面說：一是情、欲、求的性，一是心知能的性。情欲求的一面，是被治的，心知能的一面，是能治的。心可以知而不知，可以能而未能，可以生禮義而不生，可以有度量分界而未有，故爭亂窮的惡，當由能治的「心」擔負全責，而心是性，故性惡說亦可成立。

其次，荀子強調性僞之分，云：

「不可學，不可事，而在人者，謂之性；可學而能，可事而成之在人者，謂之僞。是性僞之分也。」(性惡篇)

性不同於僞，而僞出於心的知慮能動，心是能治的主體，性是被治的對象，如是，心不是性。故心有兩種性格：一爲心是性，一爲心不是性(註四)。

心的兩種性格得以成立，不僅性惡說可有較爲切當的解釋，且「化性」與「起僞」孰先孰後的問題，也可得解答。荀子云：

「聖人化性而起僞，僞起而生禮義，禮義生而制法度。」（性惡篇）

此云聖人化性而起僞，「化性」與「起僞」之間，在理論上當有先後的關係，是化性在先而起僞在後，僞起而後生禮義，禮義生而後制法度。若所謂的「化性」，是解作以禮義來對治人性自然的話，則當起僞在先，化性在後，因爲僞未起，禮義未生，法度未制，又何能化性，給性情欲求以度量分界？

故所謂的「化性」，當另有一說，才能消解這一先後倒置的難題。

㈣ 化性而起僞的先後問題

荀子思想中的「化性」，依個人的理會當有二說：一心天生而有知能的作用，由此說心是性。然可以知可以能，卻不必知不必能。此即心會因認知起偏執而生蔽塞之故。荀子云：

「人何以知道？曰：心。心何以知？曰：虛壹而靜。心未嘗不臧也，然而有所謂虛；心未嘗不滿（兩）也，然而有所謂壹；心未嘗不動也，然而有所謂靜。」（解蔽篇）

以心知「道」，故心是認知心。何以能知，以其虛壹而靜的作用。此虛靜心，不同於老子對物作一超越的觀照，而是對物作一平面的認知。而認知必執取，執取即不虛靜，不虛靜即失去其客觀認知的功能。這是荀子虛靜以認知的困難。又云：

「暗其天君，亂其天官，棄其天養，逆其天政，背其天情，以喪天功，夫是之謂大凶；聖人清其天君，正其天官，備其天養，順其天政，養其天情，以全其天功。」（天論篇）

心是天君，可明可暗，而天功的喪失與存全，端看天君是明是暗而定。天君一明，是爲朗朗乾坤，天君一暗，則天昏地暗。明其天君，就是「虛壹而靜」的大清明心。心的知能作用，要有「虛壹而靜」的修養，才能因虛而能藏，因壹而能同時兼知，因靜而能明察。然其所以能知的作用，卻會引生其自我蔽塞的弊端，心會因物藏而不虛，因同時兼知而不壹，因動而不靜，故「虛壹而靜」的修養，要在每一認知的當下隨時進行，也就是要在藏中虛，在兩中壹，在動中靜，以保持其自身的清明狀態，而後有客觀的認知。

心是性，心之「虛壹而靜」的修養，就是化性，由化性而具備了認知的先在條件（註五），才能由起僞而生禮義制法度，故理論上，化性在先，起僞在後。

在主觀面的清明修養之外，化性還有第二層客觀面禮義規制的意思（註六）。化性就是給自然之性以人文秩序，性情欲求是非理性的，僞起所生的禮義，就是度量分界，可以節制盲目的欲求，將非理性的爭逐，納入理性的規制中，使其不爭不亂不窮。這是由化性而起僞，再由起僞而化性的雙重意思。

此節說明荀子由自然人性的觀點，轉成性惡說的理由，並由心是性與心不是性的兩種性格，詮釋化性而起僞的先後問題，並對「化性」的雙重意義，提出一個可能的解釋。

三、化性起僞所以可能的根源探討

荀子心、性、天的觀念，可能來自老子哲學的自然觀點，性天是自然，而心是虛靜，此顯然已悖離孔孟的儒學傳統，而切近老子「道法自然」與「虛靜觀照」的理解。問題在，對老子說來，自然是價值觀念，天道是形而上的，是價值的根源，「道生之，德畜之」，「萬物莫不尊道而貴德」（老子五十一章），道德是生養萬物的實現原理，也是價值的存有，且「萬物並作，吾以觀復」（老子十六章），觀是直觀，不經由心知概念與官覺印象，是超越的照明，是虛靈的妙用。反觀，荀子的性天，一方面是自然義，此與孔孟不同；另一方面，自然是現象的自然，取事實義，而不是價值義，此又與老子有別。荀子的心，是虛壹而靜，此與孔孟的仁心實理不同；而其虛靜智用，不是縱貫的觀照（觀照是橫講的辭語，其實是縱貫的意思），而是橫攝的認知，此亦與老子有別。由是而言，荀子不是孔孟，也不是老莊，此所以獨開荀子一家之言。吾人求以分判荀子的學派性格，不能從性天自然與心虛智用看，而當從另一端的禮義之道與禮義之統去判定，此則遠離老子道家，而切近孔孟儒學。由是而言，荀子仍是儒家，而不是道家。

然這兩個觀點，可能是衝突而不相容的，孔孟做爲禮義之道與禮義之統的根源，是在心、性、天的價值自覺，而荀子爲了反抗道家，將性天之自然降爲事實義，而把價值完全歸之於人文之僞，由是迫使其禮義之道與禮義之統，成爲無根失本的空論。

吾人要問，此一評斷，對荀子而言是否是相應的理解，此一衝突，有無消解的可能？

(一) 禮義之道生於聖人之僞

依荀子的反省，人的生命存在，完全在自然天生的全面籠罩中，所謂「天職既立，天功既成，形具而神生」（天論篇），耳目形能是天官，好惡哀樂是天情，就是心的虛用能治也是天君。荀子試圖在「天有其時，地有其財」的存在處境中，去開發「人有其治」的「能參之路（天論篇）」。也就是在天生而有的自然天地中，去拓展人爲而成的價值世界，在自然之性中，生起人文之僞，以禮義之道突顯人的地位。這是荀子思想最根本的用心所在。故云：

「道者，非天之道，非地之道，人之所以道，君子之所道也。」（儒效篇）

就荀子言，天地沒有道，天地自然是人存在的立足點，是非價值的，故聖人亦不求知天。道就價值言，只有一個道，是人道，是人爲之道。「人之所以道」的「以」，作「爲」講，「僞起而生禮義」，人爲之道，就是禮義之道。而「禮義之謂治」，又「凡古今天下之所謂善者，正理平治也」（性惡篇），故又是君子所當行的善道。人爲不必盡合禮義，人爲亦不必皆善，然禮義之善必出於人爲，故再以「君子之所道」的禮義之善，來規定「人之所以道」的人爲。

道是禮義人爲之道，然「道」從何來？此可分兩面說。就主觀面說：

「人何以知道？曰：心。心何以知？曰：虛壹而靜。」（解蔽篇）

此言心是知性主體，可以認知「道」，故主觀而言心當有「虛壹而靜」的修養。再就客觀面說：

「聖人積思慮，習僞故，以生禮義，而起法度。然則禮義法度者，是生於聖人之僞，非故生於人之性也。」（性惡篇）

此言禮義法度，生於聖人之僞，對一般人而言，聖人之僞的禮義法度，是客觀的存在，可爲人人所師法。而所謂的「僞」，另段云：

「性之好惡喜怒哀樂謂之情；情然而心為之擇，謂之慮；心慮而能為之動，謂之偽；慮積焉，能習焉，而後成，謂之偽。所以知之在人者，謂之智，知有所合謂之智；所以能之在人者，謂之能，能有所合謂之能。」（正名篇）

依上節的解析，天生而有的性，包括兩方面：一爲情欲求，一爲心知能。情然是性，心的慮擇是僞。心慮是知，能動是能，心的知能是性，慮積能習是僞。是禮義法度是生於心之知能作用的積習之僞。問題在，知要有所合，能要有所合，而心是虛用，不是實理，故所合在外。如是，積習之僞又要回過頭來，合於外在的禮義法度，才是善，才是道。此既云禮義法度生於聖人之僞，又云僞的積習要合於外在的禮義法度：顯然已陷於循環論證的困境。

由是而言，荀子「道」從何來的問題，可由主客兩面說。就主觀面言，是「虛壹而靜」的心，有知「道」的功能，此爲主觀的依據；就客觀面言，生於聖人之僞的禮義，可爲衆人所師法，此爲客觀的依據。主觀面的依據，是心有知能的作用，然心虛智用，僅能知禮義，而不能生禮義，僅能知「道」，而不能生「道」，故是無本的；客觀面的依據，是禮義生於聖人之僞，然聖人之僞，出自心的積習而成，心虛用無本，僅能往外求合，而不能自我貞定，由是禮義之僞也告落空。主客兩面的依據，都發生困難，如是，荀子的禮義之道，得另求可以安立其自己的價值根源。

㈡ 禮義的根源在禮義之統

起僞化性是就平面言，文理隆盛的禮義之僞，加在本始材朴的自然之性上，使質朴有文采，此正如孔子的「文質彬彬，然後君子」。問題在，孔子的禮義，有內在的仁心做爲價值的源頭，荀子的禮義，卻無仁心實理的超越根據。心的虛用是橫攝的認知，是不能生禮義，而僅能知禮義，虛壹而靜的修養，也僅能具備了「知」的先在條件，使認知的活動不「蔽於一曲而闇於大理」（解蔽篇）而已。故荀子說聖人生禮義，有其困難，故在禮義之道外，再推極禮義之統。

荀子將孔孟儒學心性天與老子天道自然的超越意義，往下拉平，成爲非價值的存在，故性天是事實義，而自然是現象，沒有無不遮覆的天，也沒有無不乘載的地，天地變成光禿禿的，僅是人存在的立足點。一切的存在都是平面的，就是心也僅能在心物相對中作一橫攝的認知，而不能有縱貫的決斷。由是，禮義之道的根源，不能從天地自然來，不能從心性來，而歸之於人道之極的禮義本身（註七）。故曰：

「立隆以為極，而天下莫之能損益也。」（禮論篇）

「禮者，法之大分，類之綱紀也。學至乎禮而止矣，夫是之謂道德之極。」（勸學篇）

立禮義，並推尊禮義，以爲人道之極，以爲道德之極，極是極則典範的意思，是法度的大本，也是通類的綱目，是一切人爲建構的依據。所以說天下沒有人可以減損增益，是爲學知道的終極旨標。如是而言，禮不僅是客觀的存在，也是衡定人文價值的標準。有法度有通類，何謂通類？云：

「知者明通而類，愚則端慤而法。」（不苟篇）

「有法者以法行，無法者以類舉。」（王制篇）

「聖人者，以己度者也。故以人度人，以情度情，以類度類，以說度功，以道觀盡，古今一也。類不悖，雖久同理。」（非相篇）

此言法是明文條列，類是法條的歸類明通，以類度類，以道觀盡，就是明通。類同理同，以理通人我，通古今，所以說以人度人，古今一也。又云：

「百王之道，後王是也。君子審後王之道，而論於百王之前，若端拱而議，推禮義之統，分是非之分，總天下之要，治海內之衆，若使一人。」（不苟篇）

「百王之無變，足以爲道貫，一廢一起，應之以貫，理貫不亂。不知貫，不知應變，貫之大體，未嘗亡也。」（天論篇）

知類明通，是就一代之禮義法度，一代之道而言。百王之道，應世之變，容或有變革損益，然自有其無變的道貫。無變的是理，故道貫古今，就是理貫古今。禮義之道，貫通古今的，就是禮義之統。荀子由法行而類通，再由知類以明統，統就是貫之大體，就是理之大體。又云：

「夫道者，體常而盡變。」（解蔽篇）

「舉統類而應之。」（儒效篇）

道是禮義之道，道貫是禮義之統，也就是道統。體常就是舉統類，由知類以明統就是體其常，盡變就是應之以貫，以常道應世變。歷百代而無變的理貫道統，就是文化傳統的常道，不管世變如何，總是常存而不衰。秉承常道大體，推尊禮義之統，可以應百王後世之變。故由禮義之統而生禮義之道，由禮義生而制法度，如是度量分界的法度，就可以對治性情欲求的「順是」，而有節制的功能。故禮義之統，就是禮義之道的根源。云：

「辨莫大於分，分莫大於禮，禮莫大於聖王。」（非相篇）

價值的根源，客觀的依據在禮義之統，主觀的依據在聖王。實則，禮義之統，就在聖王的身上，故說法後王。聖王僞起而生禮義，起僞是虛壹而靜以體常，心知慮擇以盡變，也就是擧禮義之統而治海內之衆。

對荀子而言，性天是現象的自然，心是虛用而不是實理，由是失落了價值的根源。然而，儘管他的天地是扁平的，荀子卻在自然的天地上，以心的智用起僞，搭建起立體的人文世界。禮義之統，是客觀的眞實存在，也是人文價值的根源。我們不能逼問，荀子的禮義之統從何而來，因爲這是站在荀子的系統之外發問，荀子不必回答這個問題。荀子只有一個世界，那就是人文人爲的世界，人的存在就在歷史文化的傳統中，對百王治道而言，禮義之統具有形而上的意義。它本身是常道，聖王就體此常，以盡百世之變。禮義之道，由禮義之統來，所以禮義之統，就是使一切人文價值所以成爲可能的超越依據。此牟先生曾推極的說：

「此道卽禮義之統也。一切天生者皆落於此統中而得其道。得其道卽得其成全也。成全萬物之道亦卽萬事之所以為萬事之道。離却此道，萬事自身無所謂道。天職、天功、天情、天官、天君、天養、天政，皆天生之『有』也。然天生之有，雖有自身之特性，而不可以為道。道者成全此諸『有』者也。諸有落於此道中而成其為諸有。不落於此道中，雖天生其有，終歸於無有。無有卽毀滅。……故除禮憲之為道外，無他道也。道成就一切有，成就一切有卽成全有之生生矣。故有之生生不息亦因道之提挈而始然。是乃以人為之禮義之統而化成天，而治正天也。故曰人文化成。故全宇宙攝於人之『行為系統』中，推其極，人之道亦卽天之道也。」（註八）

禮義之統，可以成全萬事之有，實現萬事之有的價值，推其極，此人之道，就是天之道，就是使一切天生者得其道的實現原理。

四、結　論

從孔孟到荀子，正面說是儒學精神轉向客觀化的表現，負面說是儒學價值根源的失落。孔孟心性天的道德義理，轉成道家的自然虛靜義，吾人就由此說荀子是孔孟儒學傳統的歧出發展。實則，荀子的歧出，正是荀子的精采，心性天轉成道家的自然虛靜義，是荀子對道家思想的反抗。貶抑天地自然為現象被治的自然，正是推尊禮義人文之道的價值。並推極人道為天道，禮義之統遂成荀子禮義人文世界的價值根源。在天地草莽間，拓展出人文世界的價值天地。或許由此一角度看荀子，較能看到荀子的大用心眞生命的所在。

由荀而韓，由於荀子價值根源不能安立於內，而依附於外，故禮義的價值，是為了對治性天的自然，本身定不住，成了工具價值，轉向功利主義，是為儒法流變的錯落起點（註九）。惟荀子尙有禮義之統的常道，可以定住，雖盡變而有常；到了韓非，講功利實效，又否定傳統，「不期循古，不法常行」（五蠹篇），雖有法而無法，不免墮爲權術之治了。故其本身既是儒學傳統的歧出，又是法家錯落的起點。

附註

註一：此三個用語，根據牟宗三先生「荀學大略」的用法。

註二：王制篇云：「水火有氣而無生，草木有生而無知，禽獸有知而無義，人有氣有生有知，且亦有義，故最為天下之貴也。」此言人之所以有別於自然之天地萬物者。唐君毅先生在中國哲學原論原道篇卷一頁四三七有云：「人之尊，乃對一切自然之天地萬物而見。」

註三：參見牟宗三先生「心體與性體」第一册頁八七至八九的分判。

註四：參見何淑靜先生台大哲研所碩士論文「論荀子道德實踐理論之根據問題」頁四七至六七。

註五：解蔽篇云：「未得道而求道者，謂之虛壹而靜。」

註六：儒效篇云：「性也者，吾所不能為也，然而可化也。」此是「化性」之客觀面的意義。

註七：禮論篇云：「禮者，人道之極也。」

註八：「荀學大略」，見「名家與荀子」頁二二〇。

註九：參見牟宗三先生「荀學大略」，「名家與荀子」頁二一四至二一五。

莊子其人其書及其思想

一、莊子其人其書

道家人物，據史記記載，其學向以「自隱無名爲務」，由「辟世之士」的隱者，到「莫知其所終」的老子，孔夫子尚有「鳥獸不可與同羣」的憮然，與「其猶龍邪」的慨歎。而莊子的生平，也是茫昧難知猶未揭開的謎，老莊申韓列傳云：

「莊子者，蒙人也，名周。周嘗為蒙漆園吏，與梁惠王齊宣王同時。其學無所不闚；然其要本歸於老子之言。故其著書十餘萬言，大抵率寓言也。作漁父、盜跖、胠篋，以詆訿孔子之徒，以明老子之術。畏累虛，亢桑子之屬，皆空語無事實，然善屬書離辭，指事類情，用剽剝儒墨。雖當世宿學，不能自解免也。其言恍洋自恣以適己，故自王公大人不能器之。楚威王聞莊周賢，使使厚幣迎之，許以為相。莊周笑謂楚使者曰：『千金重利，卿相重位也，子獨不見郊祭之犧牛乎！養食之數歲，衣以文繡，以入太廟。當是之時，雖欲為孤豚，豈可得乎！子亟去，無汚我，我寧游戲汚瀆之中自快，無為有國者所羈，終身不仕，以快吾志焉！』」

太史公簡短數筆，雖嫌粗陋，然已大略勾繪出莊子的學術性格，與生命形相。當代學人錢穆先生，據散見莊子外雜篇有關其生平事蹟的故事記載，加以打破舖排，對其人有更具體而生動的描述（註一）。此篇傳記散文，堪稱獨步千古，把兩千年前的歷史人物，跨過時空的藩籬，寫活在吾人的面前。他說：

「莊周真是一位曠代的大哲人，同時也是一位絕世的大文豪。你只要讀過他的書，他自會說動你的心。他的名字，兩千年來常在人心中。他笑罵盡了上下古今舉世的人，但人們越給他笑罵，越會喜歡他。但也只有他的思想和文章，只有他的笑和罵，真是千古如一日，常留在天壤間」。

據錢穆先生的考定，這位笑罵人間千古如一日，而又常留天壤間的大哲人大文豪，其生年當在周顯王元年至十年間，卒年在周赧王二十六年至三十六年間（註二）。另胡適之先生云：

「我們知道他曾和惠施往來，又知他死在惠施之後。大概他死時當在西曆紀元前二七五年左右，正當惠施公孫龍兩人之間。」（註三）

至於確切年代，已無可考定了。

惟史記所云：「作漁父、盜跖、胠篋，以詆訿孔子之徒，以明老子之術。」由此一說詞，足見太史公對莊子書的把握，則出了問題。吾人要問：其一，漁父、盜跖、胠篋三篇，可否擧爲莊子思想的代表！其二，莊子立言，是否以詆訿孔子之徒，明老子之術爲依歸？此則屬於莊子其書的眞僞問題，更確切的說，應是內、外、雜篇成書年代的先後問題。

莊子書，漢書藝文志著錄爲五十二篇，今本則僅見三十三篇，係郭象所刪定。計內篇七，外篇十五，雜篇十一。一般而言，內七篇文采哲理並佳，大致可信，代表莊子之思想者，當以內七篇爲主。此胡適之先生云：

「其中內篇七篇，大致都可信。但也有後人加入的話。外篇和雜篇便更靠不住了。即如胠篋篇說田成子十二世有齊國，自田成子到齊亡時，僅得十二世。（此依竹書紀年，若依史記則但有十世耳）可見此篇決不是莊子自己做的。至於讓王、盜跖、漁父諸篇，文筆極劣，全是假託。這二十六篇之中，至少有十分之九是假造的。大抵秋水、庚桑楚、寓言三篇，最多可靠的材料。天下篇是一篇絶妙的後序，却決不是莊

子自作的。其餘的許多篇，大概都是後人雜湊和假造的了。」（註四）

王船山以為「外篇非莊子之書，蓋為莊子之學者，欲引伸之，而見之弗逮，求肖而不能也。以內篇觀之，則灼然辨矣」。又云：「故其可與內篇相發明者，十之二三，而淺薄虛囂之說，雜出而厭觀；蓋非出一人之手，乃學莊者雜輯以成書。其間若駢拇、馬蹄、胠篋、天道、繕性、至樂諸篇，尤為悁劣」（註五）。

並綜論雜篇云：「雜云者，博引而泛記之謂。故自庚桑楚、寓言、天下而外，每段自為一義，而不相屬，非若內篇之首尾一致，雖重詞廣喩，而脈絡相因也。外篇文義雖相屬，而多浮蔓卑陋之說；雜篇言雖不純，而微至之語，較能發內篇未發之旨。」又云：「若讓王以下四篇（作者按：另三篇為盜跖、說劍、漁父），自蘇子瞻以來，人辨其為贋作。觀其文詞，粗鄙狠戾，眞所謂『息以喉而出言若哇』者。」

吾人以為，胡適之先生後人湊合假造之說，實不如船山所云出自後學之手者，較見眞相。以內篇的文采筆力與生命精神為基底，衡之於外雜篇，確屬不類，足見非出自莊子手筆也。此唐君毅先生亦云：

「今觀外雜篇與內篇大不同者，則就文章體裁而論，外篇多直接論說義理，雜篇多雜記故事，以說義理，而不相連屬。內篇則既非直接論說義理，而是藉故事以說義理；然自有次序，以連屬成篇。自文章內容而論，則外篇之論理析義，設問答問，多不見逐步深入之層次，又恒偏尚一義，逕情發揮，不見節度；而於其所偏向之義之說明，亦恒不足以答人之疑難。外篇著者益多意在求文之暢達，故多浮泛之語，不能深閎。王船山謂『外篇文義雖相屬，而多浮蔓、卑陋之說』是也。雜篇則時有精義，王船山所謂有「微至之語，較能發內篇未發之旨」是也，然多含意未伸，其理不暢。至於就所論之道以觀，則外雜篇之言，吾意蓋恒是就莊子內篇所言之道，更合之於老聃、愼到等所言之道，而更將此道加以客觀化而恢張廣說。遂不如內篇所言者之切近於吾人之生命與心知」。（註六）

綜合以上三家之說，可知研讀莊子，無論出於文學欣賞或哲學體悟，均以內篇爲主，外雜篇惟天下、庚桑楚、寓言、秋水、知北遊等寥寥數篇可資參證而已；其中尤以天下與寓言兩篇，述及莊子之著書體例與哲學精神，爲研究莊學者所必讀。至若太史公將成於道家後起門徒之手的外雜篇諸多衍釋老子與附會莊子的歧出之言，與內七篇混同爲一以舉證立說，則何怪乎有「其要本歸於老子之言」，與「剽剝儒墨」、「詆訿孔子之徒」的誤解。太史公生當道家思想與現實政治結合的漢家時代，在黃老治術的氛圍下，言莊子以明老子之「術」者，實不足爲奇！然此亦緣自司馬談「論六家要旨」的家學傳承。惟此當爲吾人研讀莊子，必得加以簡別而還出其本來面目者。也就是說，吾人當以內七篇來衡定外雜篇對道家哲學的把握是否貼切，而不應反以外雜篇來歪曲或打混了莊子內七篇的思想。

二、如何研讀莊子書

莊子是一位曠代的大哲人，也是一位絕世的大文豪，而每一位大文豪的生命躍動，必由一顆大哲人的心靈孕育給逼顯了出來，而不僅是他有一支生花妙筆，與上天下地的想像力而已！他的人生哲理，他的心靈世界，是透過文學式的描繪而宣洩出來的。吾人應在他超拔奔放的文學外衣中，尋求其內在嚴肅的哲人心靈。

歷來學莊者，一者爲外雜篇「剽剝儒墨」之說所誤；二者爲「以天下爲沉濁，不可與莊語」的表達方式所蔽：故不能直透一代大文豪的哲人心靈。是以胡適先生竟有以莊周爲生物進化論者與出世主義思想的附會之說（註七），而一代大師熊十力先生亦認定「莊生頗有厭世意味」，「莊氏最無氣力」的貶抑之詞（註八）。

如何研讀莊子書？依個人之見，可分三方面加以伸說：

其一：在研讀莊子書的篇章序列中，當以天下、寓言兩篇全書之序例爲先。此爲莊子後學述及莊子「謬悠之說，荒唐之言，無端崖之辭」之獨特的表達方式，並展露其「弘大而辟，深閎而肆」之「稠適而上遂」的生命精神。對莊子哲學的了解與其基本立場的把握，是爲決定性的開端。故這兩篇可以說是打開莊學之門的鎖鑰。除此而外，再順著內七篇的次第精讀下來。若無暇兼及，至少前三篇之逍遙遊、齊物論與養生主乃在必讀之列。內篇之後，再選外篇之秋水、知北遊、達生、天地，與雜篇之庚桑楚、徐無鬼等諸篇略讀之，以與內篇比照，作爲輔助參證的資料。若再精選，則秋水、庚桑楚足矣。吾人並非有意抹去外雜篇的學術地位，而是將它們所代表的思想年代往後移，一者莊子本身的思想較爲純粹，二者也爲道家後學的思想流變，留個明確的餘地。即以天下篇而論，一般咸認爲莊子的後序，惟外雜篇附入，仍依例殿於全書之後，是以一直被列於雜篇之中。依個人之見，以莊子內篇所顯發之性格，是不可能如此的評述各家的思想，尤其把自家的學說客觀化的舖陳開來，成爲自我論析的對象，更屬不可思議。是以，吾人以爲，代表莊子思想者爲內七篇，天下、寓言乃莊子門徒對莊學的直承契悟，秋水、庚桑楚諸篇對莊學亦有相應的把握與引伸，故亦列爲必讀或可讀之篇章，其他各篇則可視爲道家後學轉出的思想，可另成一系統加以研究（註九）。否則，內篇與外雜篇統合並論，在思想體系上反而顯得扞格不一，難以凸出莊子自成一家之言的學術性格。

其二依寓言篇所言，莊子乃「寓言十九，重言十七，巵言日出，和以天倪」，天下篇並謂「以巵言爲曼衍，以重言爲眞，以寓言爲廣」。莊子一方面「獨與天地精神往來」，一方面又「不敖倪於萬物」，一方面「不譴是非，以與世俗處」，一方面又「以天下爲沉濁，不可與莊語」，故透過寓言、重言與巵言的表達方式，把他的心靈世界與生命精神，更委婉而如實的給烘托呈露了出來。所謂的「寓言」，就如同詩經以此喻彼的「比」體，所謂的「重言」，就如同詩經以此引彼的「興」體，所謂的「巵言」，就如同詩經直言其事的「賦」體。「比」是藉著草木蟲魚的生命情態，曲予表達人間世大小不同的心胸意境；「興」是借重前人的言論行誼，來伸說當前現境的哲理；「賦」則是什麼，就說什麼，出乎自然，無所遮攔。

莊子書中寓言占了十分之九，故太史公謂：「著書十餘萬言，大抵率寓言也。」重言占了十分之七，此一比例乍看之下，似不合理，實則重言亦屬假託，仍歸於寓言之列。而不分寓言重言，都是自然之眞音，不加人爲造作。就因爲是一片天眞之言，若不說個鯤鵬蜩鳩，仲尼顏回的，恐無以消除他人心上自我防衛的壁壘。如是，又何能無已忘我的「同於大通」呢？故重言反顯其眞，寓言廣得其意，如斯之巵言亦大可曼衍無窮了。外物篇云：「言者所以在意，得意而忘言。」問題是，吾人如何突破其言的障隔，而得其眞意？否則，必以莊子爲滿紙荒唐言，貶爲神話荒誕之謬說了(註一〇)。

其三莊子的思想，不僅承接了老子之言，且已綜攝了儒學精神，故其學術性格當在儒道之間。吾人細讀天下篇，觀其氣勢雄渾，見解精闢，雖不是出自莊子的手筆，必是得莊子眞傳之後學高徒所寫。以天下篇對古之道術的通貫周全，相當可以契合莊子齊物論之心胸懷抱。古之道術的流傳有三：一爲其明而在數度者，舊法世傳之史，尙多有之；二爲其於詩書禮樂者，鄒魯之士，搢紳先生，多能明之；三爲其數散於天下，而設於中國者，百家之學，時或稱而道之。此將儒家列於道術爲天下裂的百家之先，而道家人物的關尹，老聃與莊子則落爲天下多得一察焉以自好的一曲之士。且所謂的內聖外王之道，亦首見於莊子天下篇，並對神明聖王上下內外，由天人至人神人的「配神明，醇天地」，聖人君子的「育萬物，和天下」，與百官「以衣食爲主」的「澤及百姓」各層次，均予整體的大貫串大肯定。是以某些學者以爲道家思想既剽剝儒墨，詆訿孔子之徒，怎能如是推崇儒家？當代學者嚴靈峯先生，曾就天下篇評述各家思想，與荀、韓各篇作一詳盡的比較，云：「荀卿和韓非兩個師生，對於先秦各派諸子的述說和評論，與莊子天下篇的敍論，在大體上是沒有多大出入的。」（註一二）再就天下篇所用辭語加以研究，云：「不但證明其晚出，並可證明天下篇文字與荀子更加接近。」由是「斷定非莊周所自作」，而「可能係荀卿晚年的作品」，即鬆動一點說，「倘非荀卿自作，必係其門人或後學得自荀卿的傳授而寫作的。」此說言天下篇晚出，非莊子自作，其論證大致可以成立；然若僅依據荀韓兩書之評論各家即謂舍荀韓師生而外，沒有第三家可能寫出如是立論透闢的精妙之作，或以兩造用詞之相近即斷定爲同一人之作，則是推論上的大跨越。吾人試問，評述各家何以必然是屬於荀子及其後學的專利？兩家用詞相近，也只能證明其年代相近，怎能斷爲同一人之作？就是同一人之作的論證不誤的話，也不能判定天下篇即出自荀學門徒之手，吾人若作一相反的推斷，謂荀子非十二子、解蔽與天論各篇爲天下篇的作者所寫，又有何不可？是以嚴靈峯先生此說，大有商榷餘地。問題就出在整個推證過程中，竟完全忽略了莊荀兩家思想的學術性格，而僅落在用語上的浮面比對。即以「天」而論，荀子之天，實近於老子「道」之自然義，惟取消其超越的形上性格；莊子不言道而轉言天，並落在內在生命人格的體證上，反逼近儒家。這是吾國哲學史上很耐人尋味的問題。蓋荀子的思想，深受道家影響，而又極端反道家者，如道家以自然爲善，荀子則以天生之自然，必有待後起人爲的加入，始能成就其善(註一二)。反之，莊子的思想，可能私淑儒門顏回一脈，引進儒家精神修養的工夫，轉而爲儒道建一橋樑者(註一三)。是以天下篇作者推崇儒家，乃十分順理成章之事。若以荀學之「老子有見於詘，無見於信（伸）」（天論）與「莊子蔽於天而不知人」（解蔽）的觀點，又如何可能於天下篇給與老子「古之博大眞人」，莊子「其於宗也，可謂稠適而上遂」之如斯相知同情的評價？最直接的莫過於將荀子各篇與天下篇並列比觀，略加鑑賞品味，一者樸質無華，一者挺拔飄逸，任誰亦知非出自同一人的手筆，就是時屆晚年亦不可能在風格上有如斯全然不同的蛻變。且一般筆調的轉變，皆由絢爛歸於平淡，若由平淡反趨絢爛，則不免顚倒反常。故吾人研讀莊子書，若不能抓住道家的莊子，有其另一半的儒家內涵，則卽使內七篇可堪代表莊子之思想者，亦將掉落於如同外雜篇之既無氣力而又詆毁儒學之責難中矣。

依個人之見，莊子思想乃綜合儒家思想的精神，以扭轉老子哲學的流弊，故決不止是憨山大師所云乃老子的注疏而已。老子之道，乃既超越而又內在的形上實有，就其「獨立而不改」的超越性而言，道是無，是不可知不可名的，就其「周行而不殆」的內在性而言，道是有，人可由無知無欲，致虛守靜的心之玄鑒，去觀照道紀玄德，是謂自知與知常之明。故雖「大象無形」、「道隱無名」，吾人卽用以顯體，亦可「字之曰道，强爲之名曰大」，再以「大曰逝，逝曰遠，遠曰反」，以救其落於名相所可能有之滯陷。惟此一無知無欲，致虛守靜的主體修證，於老子書僅一筆滑過（註一四），其全書重心畢竟落在政治智慧的展現上。如是，其超越的自然，即未能必然的透過人心的自覺，與生命的投入，而轉成價值的自然。此一見素抱樸的內在美善若呈顯不出，則「非以明民，將以愚之」，果眞成爲愚民之說，而「聖人無常心，以百姓心爲心」，亦轉成空論。如是，生命的內涵，可能成爲被決定的貧乏，而人生的歷程，亦將墜於無可奈何的淒涼。是以，莊子雖承接了老子所開出的形上之道的價值根源，與政治人生回歸自然無爲的理想歸趣，惟並未在形上系統與政治哲學有其進一步的發揮（註一五），而專注在生命價值的深切反省，與不斷奔騰上揚的人格修養，一者救老子哲學可能落於貧弱虛空的危機，二者挺起人的價值主體性，將天道之美善，使內在於人的生命人格之中。此乃莊子綜攝儒學的精義，所開出的一套生命錘鍊的修養工夫。是以，內七篇對生命的親切體驗，與精神人格的修證，似乎直承論語而來，比諸孟荀，反而更顯得樸質深切。

綜上所述，研讀莊子書，首當避開其文字上的煙霧，而由其寓言、重言、巵言之特殊的表達方式，透入其內在的心靈意境之中；其次以精讀內七篇爲主，外雜篇可先讀天下、寓言，再略讀秋水、庚桑楚等以爲參證；其三把握莊子另一半之儒家性格，始不致將內篇思想與外雜篇「詆訿孔子之徒」之說，混合不分。如此讀莊子書，不僅可得其門而入，且讀來才能眞切有味。

三、莊子哲學思想及其生命精神

近代學人受了西方哲學的洗禮，研究吾國諸子百家的思想，竟將西方哲學本體論、宇宙論、知識論與倫理學等傳統分類的模式，全盤移植在中國哲學的身上，不免抹殺了中國哲人的獨特風貌。吾人試觀有關老莊哲學的專門論著，莫不掉落此一外來的窠臼中（註一六），一點也顯發不出中國哲學的特質。是以，本文乃由精神修養的工夫入手，去展示其生命人格的超越境界。

（一）由小而大，由大而化（註一七）——生命的超拔提升

逍遙遊是莊子哲學的總綱。首先，莊子是透過大鵬怒飛的寓言，來展露他的逍遙無待之遊。曰：

「北冥有魚，其名為鯤。鯤之大，不知其幾千里也；化而為鳥，其名曰鵬，鵬之背，不知其幾千里也。怒而飛，其翼若垂天之雲。是鳥也，海運則將徙於南冥。南冥者，天池也」一。

這一段寓言，用語精簡，寓意卻極爲深遠，全篇的題旨，幾乎盡藏其中。那玄遠的北海，是孕育生命之場。鯤本是未生之魚子，反謂之爲幾千里之大。注解家不解以至小爲至大的用心，遂誤斷「便是滑稽的開端」(註一八)。

事實上，將極小的魚子，故稱爲絕大之魚，乃意在說明人的生命，本來是極其渺小脆弱，一如動物般的存在，然經由人格修養與心靈淨化的自我錘鍊，是可以有由魚子之「小」而成就其鯤之「大」的成長壯大，再由鯤之「大」而化爲鵬之「大」的飛越昇揚(註一九)。牠奮起而飛，兩翼張翕之間，有如雲垂天旁。鵬之大是生命主體的大，海運則是宇宙自然之氣的客體之大，大鵬投入海上長風之中，平飛而前，旋轉而上，直飛南冥。南冥就是主客契合爲一，已成同體之大的天池。

此中揭示的生命洞見有三：一爲就形軀而言，人一如魚子般的小，然透過人之自覺的精神修養，是可以成就其生命人格之大。二爲只有成就人的生命主體之大，才能與宇宙客體之大的海運結合爲一，而開顯主客冥合之同體之大的天池理想境。三爲若人之自身長不大，就是大宇長宙的孕育亦不足以使其大；反之，人的生命之大，若不與自然之氣滙歸爲一，僅是獨體之大，而不足以成就其終極同體之大。故不以人之大，對抗宇宙自然之大。

問題在，大鵬飛往南冥，追尋天池的理想境，是否歸向消極避世呢？依吾人了解，天池並非世外的桃源。宇宙自然之氣，本就瀰漫流布在吾人的周遭，只要人改變自己，從形軀官能的制限與心知情識的困結中脫拔出來，得一精神的大解放大自由，心胸開闊了，視野也擴大了，當下北冥就是南冥，紛擾狹隘的人間世，頓成「無何有之鄉，廣莫之野」的美麗新世界。所以若問天池何在，就在人間世。其中轉關當在人的生命主體，能否由小而大的成長，由大而化的飛越。若人的心胸打開了，精神昇揚了，平面的人間世界就顯豁而成海闊天空廣大無垠之立體的價值世界。又那裏是「這個世界小小小」的畫地自限呢！

逍遙遊中有三句話，非常顯眼，是全篇的核心所在：

「至人無己，神人無功，聖人無名。」

至人神人聖人，是莊子的理想人格，問題是這三句話是講工夫，還是描述境界呢？吾人以爲，這是既講工夫又描述境界的語句(註二〇)。就敍事句言，「無」作動詞用，「無己」即是通往「至人」之境界的工夫；就表態句言，「無己」是謂語，用以描述「至人」境界。也就是說，透過無己無功無名的修養工夫，才能開顯出至人神人聖人的超越境界；而至人神人聖人的超越境界，就由不爲一己之形軀官能與世俗之功名利祿所拘限所羈絆的那分超曠自得，始得豁顯而出。就工夫言，生命主體所無掉的「己」，指的是人的形軀官能，與其牽引而出之心知的定著與情識的糾結；就境界言，無己無功無名，就是「天地與我並生，萬物與我爲一」之境的呈現，人之大，與自然之大，已契合爲一，了無主客物我的對待，是爲無待的逍遙。由是而言，道家哲學的境界，是由工夫開顯出來的，沒有工夫，就沒有境界。

吾人再就「逍遙遊」的篇名試加解析：「逍」就是消解，乃其「無己」的工夫，消解掉形軀官能的拘限，與心知情識的負累，人就能超離形軀之小，而伸展其精神之大；「遙」就是高蹈遠引，即其「無己」的境界，人的生命老是牽扯糾結，飛揚無路，就是逃不開功名利祿的枷鎖，擺脫不了生理欲求的束縛。那一天，自我解放了，精神就衝開時空的藩籬，飛越於絕對自由的新天地。由是而言，逍是工夫，遙是境界，憨山大師解逍遙爲「廣大自在之意」（註二一）。只要消解形軀官能與心知情識的定執糾結，世界就是無何有之鄉的廣莫之野，人的心志精神一獲自由解放，當下生命就能自在自得。世界廣大，人心自得，然後人間可遊，人間世就是天池。故南冥的生命孕育之場，魚子之小，已長成鯤之大，再化而爲鵬之大，遂得與宇宙自然之氣同流，當下北冥就是南冥，而非在人間世之外，另有一個天池的理想世界。是以堯讓天下，許由不受，僅願如鷦鷯巢於深林一枝，實不如堯治天下之民，窅然喪其天下的自在逍遙。

此吾人可證之以孟子之說。孟子云：「可欲之謂善，有諸己之謂信，充實之謂美，充實而有光輝之謂大，大而化之之謂聖，聖而不可知之之謂神」（盡心下）。由生理欲求而言，人的生命固是小，然人有其價值的自覺，凡事問個可不可應該不應該的，此爲人超離形軀官能之小的起點，透過有之於己的修養工夫，而有充實的道德之「美」，以至於有其人格光輝的生命之「大」，這就是由小而大的成長壯大。惟此生命之大的形相，可能形成他人的壓迫感，使人窒息在他有如巨人般的陰影下。故將此「望之儼然」的大之形相化除，使人有「即之也溫」的親切自在，才能跨入聖人之境，這就是由大而化的飛越昇揚。而在人的修養歷程中，當以心知言，以心養氣，此氣爲人的自然生命力，惟有人的德性心，與此自然生命力結合，才能形成沛然莫之能禦的道德力量，成就生命人格之大。這也就是莊子人之大與自然之氣的契合無間，當下北冥就是南冥天池的終極理想境。足見孟莊之年代等同，二者之生命精神亦極爲相近，同樣的挺立了儒道兩家的生命主體，將天道的絕對精神，根植於人心之主體精神的顯揚上。孟莊之有進於孔老者，卽在此。

大鵬怒飛這段寓言，是逍遙遊全篇的意蘊所在。故歷代學者的歧見亦集結此處。此一論辯主要在大鵬怒飛是否卽爲莊子的自喻，是否可堪代表莊子哲學的最高理境？由此引發的論題有三：一大鵬怒飛是有待，還是無待？二逍遙是至足，還是自足？三是大鵬逍遙，還是蜩鳩？在小大之間，到底是小不如大，還是大不如小，或者是小大如一？

莊子旣云「是鳥也，海運則將徙於南冥」，足見大鵬仍有待於海運之起，始能展翅高飛，奔向南冥；而莊子哲學的最高理境，卻是無待的。如是而言，大鵬怒飛似乎不是究極之說了。據吾人前此之解析，逍遙無待之遊，乃指主客冥合天人一體的境界而說，若剋就其工夫之進程言，仍是有待的。惟此一有待，乃有待於內，不同於「列子御風而行」之「猶有所待」的有待於外，以列子未有生命主體的精神修養，只能爲外在的風或吹起或飄落所決定，所以十有五日卽隨風折回。大鵬怒飛，旣由小而大，由大而化，其主體之大遂得以與客體之大，結合而成同體之大，是以自然之氣流行的海上長風，已不在其生命之外，而直與其生命融成一體。故莊子曰：「若夫乘天地之正，而御六氣之辯，以遊無窮者，彼且惡乎待哉？」此體現天地自然之性，以遊萬物變化之塗，而開出的無窮境界乃是主客一如的無待。是以張默生先生以爲大鵬怒飛非莊子的自喻(註二二)，未在工夫有待與境界無待上作一探究區分，故其說殊難成立。

其他，大鵬蜩鳩到底何者逍遊，與逍遊究是自足或至足等等問題，可以說出自郭象的莊子注。

在莊子的筆下，大鵬怒飛的聲勢之壯，竟是「水擊三千里，搏扶搖而上者九萬里」，地面上的蜩與學鳩不禁自我解嘲的說道：「我決起而飛，搶榆枋，時則不至，而控於地而已矣，奚以之九萬里而南爲？」郭象注曰：「苟足於其性，則雖大鵬無以自貴於小鳥，小鳥無羨於天池，而榮願有餘矣。故小大雖殊，其逍遙一也。」(註二三)所謂「苟足於其性」，此「性」是德性，還是才性？此「足」是自足，還是至足？又：「之二蟲，又何知？」郭注云：「二蟲謂鵬蜩也。」按上下文，此無知的二蟲當指小而不知大的蜩與學鳩無疑(註二四)。郭象此注之誤，並非昧於文理，出乎無心，而是有意自成己說，遂歪曲了莊子原意。此中原因就在魏晉時代的政治風暴下，德性不得伸張，故專講才性，而才性又是天生氣稟不同而無可轉化的，故不能要求「我騰躍而上，不過數仞而下，翺翔蓬蒿之間」即自以爲至的蜩鳩斥鴳，一如大鵬的「絕雲氣，負青天，然後圖南，且適南冥也」的高曠大化。此鵬鳩之大小，乃爲自然的軀體官能所決定，故只要各安其性，各足其分，不必自貴，亦無所欣羨，其逍遙一也。故對鵬鳩而言，實不可能興起自足或至足之生命價值的反省。然寓言的主角是鯤鵬蜩鳩，而象徵隱喻的卻是人的精神生命。人有心，有一價值的自覺，人性可以無限的向上開展。人本是大地的爬蟲，然透過人類的理性光照與精神涵養，人終於站了起來，成爲萬物之靈，而聖賢哲人，更是德配天地，道貫古今，成爲人間的巨人，故吾人不能僅安於現狀的「自足」，而應希聖希賢的求其「至足」。若如郭象所云「小大如一」，必流爲取消價值的頹廢之說而後已，無怪乎道德要敗於名士了。

王船山論性，雖「重氣質而尚情才」，(註二五)然小大之間，卻反而以爲大不如小。曰：「困於大者，其患倍於困小。」以「不能小者，勢使之然也；……不能大者，情使之然也。」而「勢之困尤甚於情，以情有烱明，而勢善迷」。故小者尚可大，而大者卻能大不能小(註二六)，必造成人我之間情才之表現的互相阻滯，而有礙於生命活動的充盡流行(註二七)。此亦不免落於鳥獸蟲魚形軀之執着限定而言。事實上此一大小，乃生命價值的大小，精神心胸的大小，而非形軀的大小，名位的大小。故莊子的逍遙遊，首在標出小大之辯，而非取消混同，曰：「小知不及大知，小年不及大年。」一小鳩在樹叢間跳躍，又怎知大鵬怒飛的遠大懷抱？一般世俗，汲汲於一己之名利，又怎知孔夫子、耶穌、與釋迦的人格世界？以鵬鳩無心之自覺而言，其安於自然生命的自足，也可說是逍遙。惟對人而言，自足就是自甘卑陋，而滯陷於渺小之境；惟有逃離形軀官能的定限，與突破心知情識的困結，在精神生命上去求其至足，才是眞正的無待逍遙。

以是之故，「知效一官，行比一鄉，德合一君而徵一國者」的求取功名於外，其生命情態亦若蜩鳩斥鴳的不知大鵬，與朝菌蟪蛄的不及大椿，尙且爲困守於內，不爲外境之非譽所動的宋榮子所笑；而列子「御風而行」的猶有所待，其「泠然善也」的輕妙，畢竟落在形軀的修鍊，是以爲外在的自然之氣所決定，此亦不同於至人神人聖人的「乘天地之正，而御六氣之辯」，乃無掉列子去之未盡的形軀束縛，並斬斷「知效一官」者與「定乎內外之分」的宋榮子所不能去的功名枷鎖，當下開顯了一個廣濶無垠的新天地，精神生命遂得全然的自由奔放，昇揚飛越其間，是爲人間可遊，是爲逍遙至境。此一生命價值的評估與追尋，當爲莊子哲學的第一義，亦爲莊子從老學走出來，而轉向儒家精神修養之路的明證。此唐君毅先生云：「則莊子逍遙遊之旨，在成就一人之生活之理想，或人生之理想，亦可知矣。」(註二八)

(二) 喪我因是，眞君明照——物我的同體肯定

逍遙遊「大鵬怒飛」的寓言，固開展了莊子哲學的生命精神，展示了由小而大，由大而化，由有待到無待之生命超拔提升的歷程；而莊子哲學的內在結構，卻在齊物論「萬竅怒呺」的寓言中，始揭露了出來。

章太炎先生云：「內篇以逍遙齊物開端。淺言之，逍遙者，自由之義。齊物者，平等之旨。」(註二九)此一平等觀，由何證立？先生又云：「必也一切皆空，才得眞自由。……必也思想斷滅，然後是非之見泯也。莊子以爲至乎其極，必也泯絕是非，方可謂之平等耳。」是

先生以爲由泯是非的齊「物論」，以得無是非的「齊物」之論。吾人以爲眞自由不必一切皆空，眞平等也不必是非泯絕，惟齊物論到底所齊的是天地萬物，還是儒墨的是非，百家的辯議？一直是歷代學者論辯不休的問題。章太炎先生此說，所齊者兼及「物」與「物論」，乃其高明之見，惟由泯是非的「物論」之齊，以求無是非的萬有衆「物」之齊，則爲大誤。由此證立莊子的平等觀，必悖離了莊子由小而大，由大而化的生命精神，而滯落在思想斷滅，一切皆空之境，顯然不能成立。蓋從平面而言，物不可齊，物論亦不必齊，若強不齊以爲齊，正是「以不平平，其平也不平」（列禦寇）的斬頭平等，必致傷生失眞而後已！以物我之分，來自形軀的定限；是非之別，來自心知的執取。若能離形去知，在眞君凸顯之觀照下，則「物」與「物論」，皆可不齊而齊之矣。此說在「萬竅怒呺」之寓言所揭露的宇宙觀中，才能找到其存有的基礎。曰：

「南郭子綦隱几而坐，仰天而噓，嗒焉似喪其耦。顏成子游立侍乎前，曰：『何居乎？形固可使如槁木，心固可使如死灰乎？今之隱几者，非昔之隱几者也。』子綦曰：『偃，不亦善乎，而問之也。今者吾喪我，女知之乎？女聞人籟而未聞地籟，女聞地籟而未聞天籟夫！』子游曰：『敢問其方！』子綦曰：『夫大塊噫氣，其名為風，是唯無作，作則萬竅怒呺。而獨不聞之翏翏乎？……泠風則小和，飄風則大和，厲風濟，則衆竅為虛，而獨不見之調調之刁刁乎？』子游曰：『地籟則衆竅是已，人籟則比竹是已。敢問天籟？』子綦曰：「夫吹萬不同，而使其自己也。咸其自取，怒者其誰邪！」

這一段師生對白，寫來極其傳神，而莊子齊物的理論根基，亦由是而立。今就其文字脈絡，試詳加疏解如下：

南郭子綦憑几而坐，仰天吁了口氣，當下已解開了形軀的拘限。弟子顏成子游侍立一側，見狀問道：

「這是何等道理？今天老師的氣象神情與往日大不相同，就好像換了另一個人似的。請問：一個人的形體固然可以使它像槁木一般的生機全無，而一個人的心也可以使它像死灰一般的一念不起嗎？」子綦回答說：

「偃，你這個問題，問得精到極了。今天，我已解開了形軀對我生命的拘限了，你知道嗎？問題就出在，你僅看到了我的軀體乾枯，卻看不到我的心靈虛靜，你以我的形體有如槁木，卽直斷我的心亦如死灰了。事實上，你只聽到了人籟，而聽不到地籟，再深一層說，你就是聽到了地籟，也沒聽到天籟啊！」

齊物論一開始，莊子就告訴天下人，形體對生命所構成的負累，是可以透開自身的修養，而加以排除拋開的。然而，形狀可如槁木，心靈卻不可轉成死灰。在一片虛靜之中，卻充滿了無盡感通涵容的生機(註三〇)。

子游不解，請問其說。子綦答道：

「在塊然至大的無物之中，時或噫出名之為風的自然之氣。除非此風不起，一起則大地萬竅皆會發出不同的吁噏聲響。你沒聽到正流布四處的長風之聲嗎？……清風徐來則小聲應和，疾風驟起則大聲唱和。暴風一止，則萬竅仍歸于原有的虛靜死寂了。你沒看見樹梢頭還在搖擺不定嗎？」

子游兀自不解，再追問下去：

「地籟就是萬竅的怒呺，人籟則是簫管的吹奏，那麼請問天籟又是什麼？」

子綦答之曰：

「宇宙長風吹向大地，是透過萬種不同的竅穴，而有萬種不同的迴應聲響。這些聲響都是從萬竅自身發出來的，那麼，你有沒有想到，鼓風而起使萬竅齊鳴的到底又是誰呢！」

此乃莊子哲學的重大關結處，陳壽昌輯之「南華眞經正義」云：

「言竅之鳴，風使之；風之怒，又誰使之邪？可知冥冥中之主宰，莫非天也。故不更言天籟之何屬也，此不答之答也」。

又云：

「此蓋以風聲形物論也，聲由風生，倏起倏滅，論由心造，何是何非，必無風而後衆聲息，必無心而後衆論息。此漆園欲齊物論而先言喪我也」。

又宣穎的南華經解云：

「待風而鳴者，地籟也；而風之使竅自鳴者，卽天籟也。此兩處分別。」

莊子本說個「吾喪我」，以消除人之形骸官能的拘限，卻向天籟、地籟、人籟處覓求理論之根。

依宣穎解，天籟卽風，地籟則有待於風而萬竅自鳴者。竅鳴竅虛均由風作風濟而定。以此明形骸之不足據，一如聲籟之無根。依陳壽昌注，以風聲形物論，聲由風生倏起倏滅，一如論由心造何是何非。

凡此解注，均極有見地。問題是，「風之怒，又誰使之耶？」既以風爲天籟，已屬究極之說，卻又追問：「風從那裏來？」此說不免節外生枝，自落於第一因之無窮追溯的困境；且使此段寓言的寄意反陷入含混不可解。

抑有進者，其中「必無風而後衆聲息，必無心而後衆論息。此漆園欲齊物論而先言喪我」的伸論，若不加解說，必滋生誤解。

依個人之見，風本無聲，一如天之無形。惟風非不可聞不可見。風作時，固可聞其翏翏之聲；風濟時，亦可見其調調與刁刁之狀。蓋風透過萬竅怒呺，以表顯與完成其自身，吾人亦可透過天地萬象，以上體天道的存在。以天籟超越經驗界，故以「怒者其誰邪」的反問，以逼顯天道的存在。此一如孔夫子所云：「天何言哉！四時行焉，百物生焉，天何言哉！」（陽貨）天何言哉，言天之超越性，而四時行焉，百物生焉，言天之內在性。其超越之體固無言不可知，其內在之用卻生生不息，健動無已，故卽用以顯體，以明天道的無所不在。

風一而聲殊，是爲地籟；宇宙人生一而情態知見多，是爲人籟。每一竅皆各有其特立之存在形狀，每一人亦各有其獨行的生命歷程，故就每一竅的自取之聲，每一人的自得之見而言，雖不免有限，然既來自同體之一，是以雖彼此有異，人我不同，亦同屬眞實的自然之音。莊子就由此一存有的眞實，來確立其天地萬有的平等觀，是爲物我的同體肯定。是以，天籟之全必在萬竅怒呺的整體中尋求，天籟之眞，亦必在人我生命之見的相互攝受中才能獲致。由是而由，莊子並不想止衆聲，息衆論，若此則宇宙固斷滅，而人生亦告死寂，天籟又何所藉而顯現其自身？何況，風本常在，心亦常存，言求其無風無心而後衆聲衆論息，根本就悖離了存有之常理。依吾人之見，莊子僅志在表明一竅之鳴乃地籟之一，一家之見乃人籟之一，具有其限制，而非即宇宙的全貌，與生命的眞相。天籟本無聲無形，吾人惟有在地籟人籟的全體眞音中去證悟契入。

此段寓言，由萬竅怒呺「咸其自取」的地籟，逼顯出「怒者其誰」之無聲之聲的天籟來。此一如由互不相屬的形軀官能中，亦可推出人之生命主宰的心來。故人之相知，當跳開由感官所定住之形象牽扯，而有兩心相照的感通明覺。若顏成子游，僅能透過感官去捕捉外在的世界，心的相映相發，遂成不可能。故以南郭子綦的形如槁木，即判之爲心如死灰，不知這正是其「吾喪我」的工夫。形軀之「我」雖脫解了，而喪此形軀之拘執的主體之「吾」卻如如常在，而有一虛靜卻明覺的生命躍動之心（註三一）。此一如儒家之「克己復禮爲仁」（顏淵），人之所以能克制隨形軀起念的生命盲動，就在於人之生命主體德性心的顯發。故又曰：「爲仁由己」。此一道德主體之己，與形軀官能之己的層次區分，實至爲明顯。故莊子無己喪我的工夫，並未掉落於一空百空的虛無之境。

此下，莊子即就人之司是非之定着的心知，與心鬬守勝之多變的情識，反省其所由以生之道。依莊子之說，這一心知的定着，與情識的多變，皆由人之有限形軀而有。曰：

「大知閑閑，小知閒閒，大言炎炎，小言詹詹，其寐也魂交，其覺也形開，與接為搆，日以心鬬。縵者、窖者、密者、小恐惴惴，大恐縵縵，其發若機栝，其司是非之謂也；其留如詛盟，其守勝之謂也；其殺如秋冬，以言其日消也；其溺之所為之，不可使復之也；其厭也如緘，以言其老洫也；近死之心，莫使復陽也。喜怒哀樂，慮歎變慹，姚佚啓態，樂出虛，蒸成菌，日夜相代乎前，而莫知其所萌。已乎已乎，旦暮得此，其所由以生乎。非彼無我，非我無所取，是亦近矣，而不知其所為使。若有真宰而特不得其朕，可行已信，而不見其形，有情而無形，百骸，九竅，六藏，賅而存焉，吾誰與為親？女皆說之乎，其有私焉？如是皆有爲臣妾乎？其臣妾不足以相治乎？其遞相為君臣乎？其有真君存焉！」（齊物論）

這一大言小言，大知小知的是非，乃起於人心透過形軀感官與物接構而成的心象。由此一分別心對物象的定着執取，遂轉而生發大恐小恐之守勝如詛盟之留，日消如秋冬之殺之多變的情識機栝。人心沈溺於此中，自我封閉掩藏之日久，必乾枯衰竭而後已。其原有之明覺躍動，竟爲喜怒哀樂，慮歎變慹，姚佚啓態的刹那生滅所塡滿，不分日夜，循環往復的纏結於吾人的生命之中，反而茫昧不知其所從來了。

人只有從此一心知心鬪情識情結的夾雜流轉中超拔出來，才能了悟這一雜多的心知，與幻妄的情識，乃人心掉落在形軀官能的自我執迷。只要此心一息，即可知此一心鬪情結之紛擾牽累所由以生之道了。故曰：「非彼無我，非我無所取」。此所謂「彼」，即指的是人的形軀官能，沒有此一形軀感官的定限，人就不會有自我的迷執，也就不會有「隨其成心而師之」的是非之心，與「樂出虛，蒸成菌」的好惡之情了。惟此說雖已近理，尙不能究極的肯認其所爲使的到底是爲誰了。

故再由宇宙的大化流行，有如萬竅怒呺之無時或已，雖不見使其所以如此之體，而其生化妙用卻如如常在，去推證怒者其誰之宇宙眞宰的存在。此落在人的身上而言，百骸、九竅、六藏，具備於吾身，彼此各有專司，地位等同，吾人自不能有所私親，而使其爲主；彼等亦不可能皆屬臣妾的茫然無主；或遞相爲君臣的輪換不定：由是以證立人的生命，必有統攝形軀官能而超越其上的眞君在。

這一超越於一切形軀官能之上的眞君，就是人的生命主體。此一生命主體，「一受其成形」，即爲一己之形軀官能所限定，無可避免的面對兩個命定的困境：一爲「不亡以待盡」，落在自我之形軀生命的有限之中，而有死生問題的迫壓；二爲「與物相刃相靡」，落在官能欲求的盲目爭逐之中，而有人我生命的衝撞。如是，遂有「其形化，其心與之然」的大哀，其生命主體的地位，反爲形軀官能所篡奪。故「不知其所爲使」的答案，至此始揭露出來，那就是眞君之生命主宰的失位。由形開接物而心構心鬬，由自執而自迷，掉落在「終身役役，而不見其成功，薾然疲役，而不知其所歸」的「行盡如馳」與「不死奚益」之中。是以，一者言眞君之「如求得其情與不得，無益損乎其眞」之超越自存，一者又言「莫知其所萌」與「不知其所爲使」的自失主宰之位而不自知。

吾人今試畫一簡表，以明眞君之生命主體，透過形軀，與物接構，而形成心知情結的歷程：

照之於天	託不得已以養中			
莫若以明	乘物以遊心	因是	兩行	
道心（無執）	一受其成形		成心（有執自是）	行盡如馳
眞　君 →	形　軀 <相彼（與物相刃相靡）／物化（不亡以待盡）	→	心　執 <是非／死生 →	情結 <辯議非他／遁天倍情
託於同體	假於異物	其形化	其心與之然	不死奚益
同於大通	離　形		去　知 <忘義／忘年	懸解 <是非不得／哀樂不入

就「託於同體」的眞君言，本是無執的自由無限心，虛以應物，無往而不自得的。然眞君亦必得「假於異物」（大宗師），落在形軀的百骸、九竅、六藏的官能中，而有其人間世的

生命旅程。同體眞君，一受其成形，落於形軀異物，卽面對了兩個問題：一是在人我交接中，透過耳目官覺，但見萬有世界彼此形象之不一，遂有人我的「相彼」；另一是在形軀生命的自然流行中，有「死生存亡，窮達貧富，賢與不肖，毀譽饑渴寒暑，是事之變，命之行」之「陰陽之患」與「人道之患」的雙重迫壓（德充符），不亡以待盡，遂成爲其必然的終局，此卽有生必有死的「物化」（註三二）。這一人我不同的官覺印象，與形軀的生滅變化，又爲人的心知所固着執取，一者分個你是你，我是我，產生形軀的障隔，在「與物相刃相靡」中，斬斷了人我生命的感通相知之路，並自以爲是，由是而有「是非」的無窮；二者以形軀的存在爲其生命之所寄，皆悅生而惡死，遂有「其形化，其心與之然」的大哀，阻隔了物我生命的自然流行，由是而有「死生」的桎梏。人之生命的有限與困頓，皆由心知的是非之執與死生之惑而來。故眞君之自由無限心的發用，一者爲形軀之耳目官覺與其自然之化所牽扯，二者對外在物象與其生滅變異又有所執取，在形軀之拘限與外物之滯陷下，此心已成有執的成心，而非無執的道心了。

由分別心的造作，而成就了相對的知識系統與生命價值觀，人的生命再投入此中，可謂枷鎖加身，無異是畫地自限，精神遂告飛揚無路。遂由心知的執取，轉成情識的纏結。人們既以此一有執的成心，作爲其衡斷是非與價值取向的基準，則與物相接，不免由心構而心鬬，但見他人非我之不是，而不能洞見他人之由其自身而言，皆各有其是；在自我生命的自然流行上，亦未能「命物之化」，不免由心執而心迷，不知悅生惡死之可如弱喪而不知歸。

(註三三)故由心知是非之執的自是，轉爲情識之辯議非他的糾紛；由心知死生之惑的不知歸，轉爲情識之「遁天倍情」的纏結(養生主)。這樣的生命情態，已然是終身疲役而莫之能止的「行盡如馳」，這樣的生命價值，不過是雖生猶死不知其所歸的「不死奚益」。

莊子反省人之生命的制限與陷落，乃由其情識的纏結而顯。情識的纏結又來自心知的執取；而心知的執取，則起於形軀官能對眞君之生命主體的限定固着。以是之故，莊子哲學的精義，遂專注在無己喪我的修養工夫上，以凸顯眞君之生命主體的自由無限。此一修養工夫，莊子言之曰：

「墮肢體，黜聰明，離形去知，同於大通。此謂坐忘。」(大宗師)

人能墮肢體的離形，自由無限心卽可不滯陷在形軀的相彼與物化的制限上；人能去耳聰目明的官覺牽扯與物象認取，心知亦可不膠着在是非與死生的迷執上。如是，辯議非他與遁天倍情的情識纏結，卽可消解不見。故曰：

「胡不直使彼以死生為一條，以可不可為一貫者，解其桎梏其可乎？」(德充符)

由形軀而來的限定，固是所謂的「天刑之，安可解」(德充符)；然若「知其不可奈何，而安之若命」，亦屬「德之至也」（人間世）。惟心知對是非與死生的執取，卻形成精神生命的桎梏。以死生爲一條，以可不可爲一貫，卽是齊物論所言的「忘年忘義」，如是，人的生命自可「振於無竟」而「寓諸無竟」（齊物論）。在「離形去知」，眞君凸顯之感通明照下，開出「同於大通」之無限理境。如是，「假於異物」之形軀生命的自然流行，亦無礙於「託於同體」之精神生命的開展飛越。此之謂「有人之形，無人之情」（德充符）。無人之情，卽是辯議非他與遁天倍情之情識纏結的消解，莊子言之曰：

「有人之形，故羣於人；無人之情，故是非不得於身。……吾所謂無情者，言人之不以好惡內傷其身。」（德充符）

「且夫得者，時也；失者，順也。安時而處順，哀樂不能入也。此古之所謂縣解也。」（大宗師）

「自事其心者，哀樂不易施乎前。」（人間世）

有人之形，而不爲形所拘，心知不定執在是非之分與死生之惑，但自事其心，虛以應物，自不會妄起自是非他，悅生惡死的哀樂好惡之情。這就是由「離形去知，同於大通」而有之生命倒懸之困苦的解除，此吾人謂之「情結」的懸解。

進一步言之，「言者有言，其所言者，特未定也」，以其皆屬「隨其成心而師之」的是非自執，故曰「言非吹也」，「其以爲異於鷇音」（齊物論）。吹萬不同的天籟，與雛鳥破殼而出的眞音，都是無心而發的自然之音。此等純任自然者，「有言」等於「未嘗有言」，隨處皆是道的顯現。故曰：

「道惡乎隱而有真偽，言惡乎隱而有是非；道惡乎往而不存，言惡乎存而不可？道隱於小成，言隱於榮華。」（齊物論）

在此莊子提出了一個發人深省的問題：整體之道，到底隱於何處而有眞僞之分？天眞之言，到底隱於何處而有是非之別？道本來是無所不在，所在皆眞的；言本來是無所不可，所可皆是的。就「萬竅怒呺」之存有說，道無往而不存，言無存而不可；就成心之認知說，道隱於是非的定執自是，言隱於辯議的非他糾結，此之謂「未成乎心而有是非，是今日適越而昔至也」（齊物論）。也就是說，出自分別心「方可方不可」、「因是因非」（齊物論）之相對的認知觀點，必衍生了「可乎可，不可乎不可」（齊物論）之「是亦一無窮，非亦一無窮」（齊物論）的小成榮華，此儒墨之是非，百家之辯議之所自起；若出自眞君「道通爲一」、「爲是不用而寓諸庸」（齊物論）之虛靜明照所朗現的存有世界言之，「物固有所然，物固有所可」（齊物論），落在價値論上，吾人自可獲致其「無物不然，無物不可」（齊物論）的平等觀。

綜括言之，人能無己喪我的超離形軀的拘限，離形去知的解消成心的定執，此心仍是無執的道心。而眞君凸顯的整體明照，就是所謂的「莫若以明」與「照之於天」（齊物論）。如是，雜多的差別萬象，吾心亦可「彼是莫得其偶」的「因是」順應（齊物論），肯認每一物之在其自身（無用之用）的存在價值。這就是「聖人和之以是非，而休乎天鈞」之天地萬有皆是而無非的「兩行」（齊物論）。莊子齊物論之物我同體肯定的平等觀，就在吾人之生命主體的自在自得中，豁顯而出，而有所貞定。

抑有進者，物我之間，不以形軀自我封閉，自能相互欣賞，彼此映照，人的生命亦可進一步的涵容擴大。此唐君毅先生言之曰：

「觀莊子之教人之自拔於成心之是非之道，而唯在教人更開放其心，以通觀人與己之是非，而只因其是，而使人我之所（是）者，得互觀而兩行。此方為莊子所謂『和之以是非，而休乎天鈞』之齊物論之道。」

又云：

「乃所以使人我之是非，得相和而兼成。」（註三四）

此一「相和而兼成」，正是莊子在破除由形軀而來之心執情結的牽引，一己的精神生命得以超拔飛越而外，並有以兼通人我，涵概萬化之生命精神的充量表現。如是，人不必僅安於自我的一竅之鳴，而可通向天地萬物的萬竅怒呺之中。這一大地交響樂的齊奏和鳴，當下朗現了宇宙的整體，與生命的眞相。吾人以爲，生命境界的擴展提升，與生命價值的充實開發，才是莊子哲學的大心胸與眞精神之所在。若謂莊子「必也一切皆空，才得眞自由；……必也泯絕是非，方可謂之平等耳」，此說顯非善解，不免抹殺了莊子哲學所挺立之積極的生命精神。

(三) 有眞人而後有眞知——天人的契合爲一

逍遙遊之由小而大，由大而化的成長飛越，以求得生命的超拔提升；齊物論之喪我因是離形去知的眞君明照，由是而有物我的同體肯定。到了大宗師，始揭出「有眞人而後有眞知」之義，由朝徹見獨的工天，而有「入於寥天一」的天人不二之境。

大宗師首段亦爲其全篇的要旨所在。曰：

「知天之所為，知人之所為者，至矣。知天之所為者，天而生也；知人之所為者，以其知之所知，以養其知之所不知。終其天年而不中道夭者，是知之盛也。雖然，有患，夫知有所待而後當，其所待者，特未定也。庸詎知吾所謂天之非人乎？所謂人之非天乎？且有眞人而後有眞知。」

莊子一語卽標出人的生命人格，要能知天之所爲，又知人之所爲，才算深造乎至高絕妙之境。此或卽天下篇「不離於宗，謂之天人」之所本。問題是，天之無形一如風之無聲，吾人又從何知天之所爲呢？就整體之存有說，齊物論「萬竅怒呺」的寓言，已指點出無聲之天籟，乃藉著「咸其自取」的地籟，以表顯與完成其自身；而「言者有言」的人籟，只要純任天然，「化聲之相待，若其不相待」的「和之以天倪，因之以曼衍」（齊物論）的因是兩行，亦屬自然之音的天籟。由是言之，知天之所爲的答案，當在由人之「天而生」的生命存在中去尋求體悟。也就是說，知天之所爲，本自不離於「知人之所爲」，此實爲二而一的問題。就主體進路說，知人正所以知天，天超越於宇宙萬物之上，又內在於宇宙萬物之中，「自本自根」的超越之體，有其「生天生地」的內在之用（大宗師），更重要的是人有一虛靜而明覺的心，在逆覺體證中，天道當下就照現於吾心之中。天道既常住吾心，故吾人雖身在宇宙之中，亦可心在宇宙之上，既可知天之所爲，又可知人之所爲。這一虛靜而明覺的無限心，遂成爲天道與宇宙萬物溝通的橋樑。此可證之吳師經熊之「道住在我們中間」之說：

「它（道）在一切事物中，但是與任何個別事物都不能視同一物。它在宇宙之內，却又超越宇宙。」（註三五）

此言天道之不卽亦不離於宇宙萬物。又云：

「一個人越深切感覺到道的超越性，越願意以某種程度參與它的內在性，並且與一切存在之物的大家庭結合為一。」

此言吾心對天道之內在性的多方參與，正足以開顯天道的超越性。也就是說，「知人之所爲」，正是「知天之所爲」的不二法門。(註三六)

此「知」天之所爲，與「知」人之所爲的「知」，乃人之眞君觀照天地朗現萬有的道心之知；以其「知」之所知，以養其「知」之所不知的「知」，則是與官覺相結執取物象的成心之知。此成心之知所知者，僅限於紛擾雜多的官覺見聞，且自我封閉在自是非他的是非之執與悅生惡死的死生之惑中，而未豁顯出眞君主體所虛靜明照之「道通爲一」的全體眞相。是以，知人之所爲者，其首要在離形去知的修養工夫中，逐步的消解爲現象生滅所滯陷的有執之知，而涵養擴大其超離形軀官覺的無執之知。如是，在眞君道心的明覺照現下，天卽人，人卽天，才有以開出其成心之知所不知的道心之知。是則，知人之所爲，知天之所爲，皆在吾心之自我照明下，有其天人不二的當體朗現。

是知人之所爲的歷程，正是生命之自我超拔的進程。此吾人再證之以人間世的「心齋」之說：

> 「若一志，無聽之以耳，而聽之以心；無聽之以心，而聽之以氣。聽止於耳，心止於符，氣也者，虛而待物者也。唯道集虛，虛者心齋也」。

人與外界接構，初則出以耳目官覺，有其被動的感受，次則心知介入，對「日夜相代乎前」的官覺印象主動的加以執取定著。由是主體的心遂滯陷於物象流轉之中，而物之存在亦爲人的主觀心知所扭曲而眞相不顯。無聽之以耳，就是人的生命不爲耳目官覺所牽扯攪動；無聽之以心，就是人的心知不對官覺印象自加執取造作。聽止於耳（當爲耳止於聽），就是「徇耳目內通而外於心知」（人間世）；心止於符，就是「不知耳目之所宜，而遊心乎德之和」（德充符）；聽之以氣的虛而待物，就是「至人之用心若鏡，不將不迎，應而不藏，故能勝物而不傷」（應帝王）。聽之以心，是有執造作的心；聽之以氣，則無執無藏，不滯不留，在吾心虛靜如鏡的明照下，不僅天地萬有皆有其順應自然之氣的生命流行，而眞相自顯，且整體之道，因而亦有其全盤的如如朗現，故曰唯道集虛。

由是而觀，以其知之所知，以養其知之所不知，正是由聽之以耳，而聽之以心；由聽之以心，而聽之以氣；再由無執之道心的虛以應物，而朗現天地萬有的進程。此亦即「以其知得其心，以其心得其常心」（德充符）之生命主體的升揚。常心一凸顯，即可「官天地，府萬物，直寓六骸，象耳目，一知之所知，而心未嘗死者乎」（德充符）。「直寓六骸，象耳目」，就是離形去知，虛以應物，故死生窮達，賢不肖毀譽，與饑渴寒暑的人事之變與命限之行，均「不足以滑和，不可入於靈府」（德充符），而得「乘物以遊心，託不得已以養中」（人間世）；「官天地，府萬物」就是心的感通涵容，以朗現天地萬有，故「遊心乎德之和」（德充符），「德者，成和之修也」（德充符），而得「虛室生白，吉祥止止」（人間世）；「心未嘗死」的「一知之所知」，就是眞君常心的一體照現，了無差別相，當下卽「審乎無假，而不與物遷；命物之化，而守其宗也」（德充符）的「死生無變於己」（齊物論）與「不以好惡內傷其身」（德充符）。這一知之所知，就是「終其天年而中道夭」的「知之盛」。此正如養生主之養生命主體，其形軀應世，乃「以神遇而不以目視，官知止而神遇行」，惟「依乎天理」與「因其固然」（養生主），亦可全生盡年之意。

惟此中尚有待而未定之患。由知人之所爲，以知天之所爲，然則，吾人又何以貞定所知之人果爲眞人，而非爲形軀所拘限，爲心知所定著，爲情識所纏結的淪落人？倘若人的生命，僅以咸其自取的一竅之聲自我封限，猶未涵容感發萬竅之和鳴，如是又何能由其人之身，以表顯天道的全體大用？若透過離形去知懸解的修養工夫，而有其精神生命的飛越昂揚，則超越的天已內在於眞人的生命中，有其全幅眞實的展露；而眞人的人格，對於天道的美善，亦有其具體而微的實現。故曰：「庸距知吾所謂天之非人乎，所謂人之非天乎！」當下天卽人，人卽天，知天之所爲，知人之所爲，在眞人之心滙歸爲一。故又曰：「且有眞人而後有眞知。」眞人之生命人格的體現完成，就是天人契合爲一之至高理境的開顯。其天道的形而上性格，至此已完全落實且消融在生命主體的精神涵養中。此憨山大師言之曰：

「意謂我說以人養天，不是離人日用之外，另有妙道。蓋天卽人也，人卽天也，直在悟得本來無二，原無欠缺。苟真知天人一體，方稱為真人矣。」（註三七）

由是而言，所謂的大宗師，並非一如宣穎「南華經解」之說爲贊頌在吾人生命之上的天道眞宰，而是直指體現天道的生命人格，卽所謂天人、至人、神人、聖人等總稱之爲眞人者，「乃可爲萬世之所宗而師之者」。（註三八）故筆鋒一轉，集中在「何謂眞人」的問題上。

大宗師對於眞人的生命人格，有其層層遞升的描述：

其一爲「不逆寡，不雄成，不謩士（謀事）」。此言眞人當去其心知之執。

其二爲「其寢不夢，其覺無憂，其食不甘，其息深深。」此言眞人當解其情識之結。

其三爲「不知悅生，不知惡死，其出不訢，其入不距。」此言眞人當破其死生之惑。

其四爲「以刑爲體，以禮爲翼，以知爲時，以德爲循。」此言眞人以形軀之天刑爲其生命寄寓之所；以「擎跽曲拳，人臣之禮也，人皆爲之，吾敢不爲邪！」（人間世）；以「知其不可奈何」，而「喜怒通四時，與物爲宜」（大宗師）；以「遊心德之和」、「德者成和之修」爲其生命的歸趨。

眞人以形體爲其生命的暫居之場，故凡由形軀而來之死生是非之心執，與悅生惡死自是非他之情結，均在其化解排除之列，故眞人之所以爲眞人，就在其眞君主體所涵養成就的精神生命，此吳師經熊言之曰：

「他所說的水不能溺，火不能燒，死亡也不能傷害的真人，實際上就是人的精神或靈魂。它既不是物質的東西，因此超出時間與空間的領域。莊子把人的精神稱為『真人』，是因為這是人的真正而且是更高的自己。」（註三九）

對此等體現天道的精神人格，莊子屢屢描述曰：

「至人神矣，大澤焚而不能熱，河漢沍而不能寒，疾雷破山風振海而不能驚。若然者，乘雲氣，騎日月，而遊乎四海之外，死生無變於己，而況利害之端乎！」（齊物論）

「藐姑射之山，有神人居焉。肌膚若冰雪，淖約若處子，不食五穀，吸風飲露，乘雲氣，御飛龍，而遊乎四海之外。其神凝，使物不疵癘而年穀熟。」（逍遙遊）

「若然者，登高不慄，入水不濡，入火不熱。是知之能登假於道也若此。」（大宗師）

凡此對至人之神，神人之神凝，與眞人之登假於道的描繪，亦意在形容人之眞君主體所涵養的精神生命，超然物外，不爲自然之化所陷溺的自在自得。莊子並就此等生命人格綜括而言之曰：

「故其好之也一，其弗好之也一。其一也一，其不一也一。其一與天為徒，其不一與人為徒。天與人不相勝也，是之謂真人。」（大宗師）

此好與弗好，皆出乎心知與形軀官覺相結而來，故無己喪我，離形去知，則是非固不得於身，死生亦無變於己，所謂的好與弗好皆可消泯而歸於一。此乃「物視其所一，而不見其所喪」的「萬物皆一」（德充符）。就「莫若以明」，「照之於天」的一體照現「同於大通」而言，固本是一；就「以死生爲一條，以可不可爲一貫」的「因是」「兩行」而言，雖處於雜多紛擾之差別世界，亦可「兩忘而化其道」（大宗師）。於同體之一是「與天爲徒」，於現象之多是「與人爲徒」。這就是天與人的不相淩駕，諧和爲一。故一者雖是「不以心捐道，不以人助天」（大宗師），二者仍得「畸於人而侔於天」（大宗師）。眞人的生命人格，就在不以人助天而又同於天的天人契合中呈現了出來。

莊子書中，在天人並顯而外，並多見心與形或德與形的對揚：

「形莫若就，心莫若和。」（人間世）

「彼有駭形，而無損心。」（大宗師）

「德有所長，形有所忘。」（德充符）

「支離其形者，猶足以養其身，終其天年，又況支離其德者乎！」（人間世）

「所愛其母者，非愛其形也，愛使其形者也。」（德充符）

凡此所謂之心與德，皆超越於形軀官能之上。惟心偏向主體之活動說，德偏向客觀之存有說。「使其形者」的生命主體就是心，故道家的修養工夫，或無己或喪我，或心齋或坐忘，皆落在生命主體的凸顯上。心一虛靜，既虛以應物，又虛室生白；既無執無藏，不滯不留，又涵容萬化，感通物我。是虛靜明照的心，其活動發用，所成者乃天地萬有的至德之和。曰：「德者，成和之修也。」此卽言德的存有，乃成於和之修，而和之修起之於心，故又曰：「心莫若和」。

人支離其形，形有所忘，雖有駭形，亦無損心，才能德有所長，遊心乎德之和。惟莊子心德與物形的對揚，旨在說明人的生命，其眞君主體在心，其精神生命在德；形軀官能惟生命主體的寄身之「竅」而已。這一竅的心德一曲，通向外以交感共鳴，則是宇宙整體的萬竅之和聲。莊子以爲眞君主體必得藉此形軀之身，以開展其精神生命。故雖言「離形去知」，卻又言「乘物以遊心」。人之心德並未拒斥或逃離其形軀官能。否則，無可避免必造成其生命面的破裂，而落於小乘佛學斷滅空的窠臼中了。此吾人再證之以下述二說：

「有人之形，故羣於人；無人之情，故是非不得於身。眇乎小哉，所以屬於人也；謷乎大哉，獨成其天。」（德充符）

「使之和豫通，而不失於兌；使日夜無郤，而與物為春，是接而生時於心者也。是之謂才全。……內保之而外不蕩也，德者，成和之修也。德不形者，物不能離也。」（德充符）

有人之形，故「子之愛親，命也，不可解於心；臣之事君，義也，無所適而非君也，無所逃於天地之間」（人間世），既知其無可奈何，而安之若命，人生就託身於不得已的人間世，以養吾心內在之和；這就是羣於人。惟雖有人之形，不因形軀之相彼物化而起心執情結，故無人之情，則是非死生之好惡不得內傷其身。就有人之形之與人爲徒而言，人仍屬渺小；就無人之情之與天爲徒而言，眞君主體不受形軀物象拘限，卽可成就其精神生命之大，而獨成其天矣。

無人之情，就是有駭形而無損心，惟日夜無隙的以心之和，與物交感相發，而不使天生之才情流失在爲世所用的功名爭逐之中，這就是才全。螳螂所以「怒其臂以當車轍」，就在彼「是其才之美者也」（人間世），人當一如散木，「求其無所可用」，以免「夭於斧斤」，而「自掊擊於世俗」（人間世）。莊子又言卜梁倚「有聖人之才，而無聖人之道」（大宗師），才爲草木始生之初，此意指人天生本有之材質；而「道行之而成」（齊物論），「唯道集虛」，是此行之而成的聖人之道，乃由心之虛靜明照，而修成其德之和，再由德之和的工夫踐履會集而爲道。

莊子求存全人之天生材質，使不受政治權力與禮俗教條的傷害，故曰：「爲善無近名，爲惡無近刑」（養生主），以善惡皆來自政治權力與禮俗教條的規劃區分，而名刑皆爲人之桎梏之故。且「德蕩乎名，知出乎爭」（人間世），以德充於內的德有所長，必在心之「和不欲出」的涵養中，始足以符應於外，若「心和而出，且爲聲爲名，爲妖爲孽」（人間世），則德亦蕩失於名號之執迷中。故由是而言支離其德，使德內保其和，而不蕩失於外，一如哀駘它之「和而不唱」（德充符），而物皆不能離，此之謂德不形。不論「才全」或「德不形」，皆在心之虛明和修中踐履完成，此亦如知天知人，皆在眞人之心中滙歸爲一。

至於成就眞人生命人格的修養歷程，卽所謂聖人之道者，莊子言之曰：

「參日而後能外天下；已外天下矣，吾又守之，七日而後能外物；已外物矣，吾又守之，九日而後能外生；已外生矣，而後能朝徹；朝徹，而後能見獨；見獨，而後能無古今；無古今，而後能入於不死不生。」（大宗師）

此一精神修養生命鍾鍊的歷程，由外天下、外物、外生的逐層剝落，斬斷天下萬物的外緣，消解世俗功名的束縛，並超離形軀官能的負累，人的生命已由有待轉爲無待。也就是在離形去知，無功無名之後，人的眞君獨體才能凸顯，而有如朝陽初啓，遍照一切，朗現萬有，當下卽是「天地與我並生，萬物與我爲一」，已超越時空，無復有古今之別，而入於與天道同體流行的不死不生之境。故曰：

「死生亦大矣，而不得與之變；雖天地覆墜，亦將不與之遺。」（德充符）

此不流變亦不失落的心，乃超越於天地之上，是爲不死不生的眞君獨體。是見獨，就是眞君的凸顯，也就是眞人之生命人格的體現完成。

綜括言之，莊子以知人之所爲，以知天之所爲；而知人之所爲，端在以其知之所知，以養其知之所不知。也就是以其知得其心，以其心得其常心。此眞君常心一顯露，知天知人已通貫爲一，人爲眞人，知爲眞知。且以其虛，養其和，在通貫天人而外，亦可溝通物我，涵容萬化，何止是破除形累，自作生命的主宰而已！

四、由莊子兩則寓言看現代人生

莊子的哲學，就其內七篇的思想看來，在在皆顯發其挺立自我，涵容萬化，通貫天人的生命精神，由小而大由大而化，是自我的超拔提升；離形去知眞君明照，是物我的同體肯定；有眞人而後有眞知，是天人的契合爲一。在自我昂揚，物我感通，與天人爲一的向外推擴與往上翻越中，開展了人之生命的自由無限。

莊子曰：「吾生也有涯，而知也無涯。以有涯隨無涯，殆已；已而爲知者，殆而已矣！」（養生主）此句話千古不得其解。惟唐君毅先生有一突破性的新解，他說：

「養生主之根本問題，唯在求免於此以有涯隨無涯，以化除此中之『有涯與無涯之對反』，亦卽化除吾人之生命與心知之內外間之對反。」（註四〇）

又曰：

「人若知以生為有涯，而更使其心知自處於此生中，而不知其涯；或以心知之無涯，觀具此心知之生之亦當無涯，則此『殆』又自可去。」（註四一）

唐先生此說，在知解上固消解了生命與心知間可能有的對反與破裂，卻不免過於消極，而不能在實質上開出吾人生命更廣濶的天地與更高妙的理境。且此說易生誤解，以爲人之生命再困頓，只要心知不加反省，不自知其有限，則亦不會有有涯無涯之對反。然無此一自覺，未有此一超越的反省，則生命的困頓依舊，就是心知與生命得以同體流行，又何補於生命有限的存在事實。

吾人以爲，莊子這段話不在指稱由於人的生命有限，去追求心知無涯，是一場永不可能的心知困局與生命悲劇。若此說成立，則莊子哲學當眞是出乎亂世人心之悲觀頹廢的思想了。事實上，莊子這句話，正是對生命價值作一根本的反省。他說：人的生命（眞君主體）本來是自由無限的，何以現在變成有限了？人的心知（成心之知）本來是有其約定限制的，何以反而漫無限界的被誇張推擴了？人生最大的困局，就在把本來自由無限的生命，在形軀相彼的自我封閉中，使落於有限之境，並轉而投入於心知自是的相對格局中，去作一辯議非他之無止無盡的追尋。人若偶有此一心知困頓的覺醒，卻依然故我的走向往外求知之路，那才是生命的一場大悲劇了。是以，莊子之跳開主客對待的知識探究，決不是由於認知活動的不可能，而是由於價値評估的不値得。不論是「善」是「惡」，是「是」是「非」，都是有執有偏，有所見就有所不見的，此之謂：「辯也者，有不見也。」（齊物論）且善惡皆「名」，是非皆「知」，「名也者，相軋也；知也者，爭之器也。」若再「執而不化」，則「二者凶器，非所以盡行也」（人間世）。由是而言，善惡是非皆出乎心執，而落爲情結，使心知滯礙，生命不能暢通流行，故此知此名皆爲人之桎梏。所謂之「爲善無近名，爲惡無近刑」，爲善爲惡卽「已而爲知者」，此等善惡的執而不化，對眞君主體說來，不僅是名累，亦是刑害，故曰「殆而已矣」。人能離形去知，自解其名刑之懸，並虛以應物，以養吾心之和，就是「爲善無近名，爲惡無近刑，緣督以爲經」之意。如是，「知」非執取物象之無涯的流轉追逐，人心才得眞自由，「生」非形軀相彼之有涯的自我封限，生命才有以開出其無限的境域。

如罔兩問景（齊物論）。罔兩爲影之影，向影提出抗議：何以如此之無特立獨行，起坐無定，令己有無所適從之苦？影答辯說：何必責難我，我是有待而身不由己才如此的，就是我所待的形軀，亦有如蛇蚹蜩殼一般的沒有自我。吾人從他的身上，又那裏能識得他何以如此，又何以不如此的究竟呢？此一寓言，已隱然指出形軀之不能無待自主，故人唯有挺起其眞君主體，才能開出其自由無限的精神生命。古往今來，多少人的生命，不知挺立自己的心，直接投入宇宙人生的眞切體驗中，而僅由世俗功名，與架空學理所決定。如此之毫無自覺的生命，已無異是注的注，疏的疏，影之影，罔兩之罔兩了。問題是，吾人甚至連罔兩問影的反省都難得發心了。

再說，莊周夢爲蝴蝶（齊物論），他當下自在自得，自以爲就是蝴蝶了。不久醒來，發覺自身仍是莊周。這時突然靈光一閃，一個奇妙的問題，穿過他的腦際，他不覺自問：不知是剛剛莊周夢爲蝴蝶，還是現在蝴蝶夢爲莊周呢？有大覺才知人生亦是一場大夢；不過不管是莊周，還是蝴蝶的形軀如何的蛻變轉化，就生命的本眞言，莊周還是莊周，蝴蝶仍是蝴蝶。此之謂「周與蝴蝶，則必有分矣。」物我之間，能突破自我形軀的封限，而以眞君之心相照相知，這就是「物化」。

透過上述兩則寓言的解說，吾人的生命，當有罔兩問影的痛切反省，也當有「莊周還是莊周」的自我挺立。不有待於外，不爲外在所決定，寄身於形軀之中，又超離於形軀之上，生命主體挺立了，再進而與物交感，以涵容萬化，兼通物我，再重重翻越，向上昇揚，由眞君主體的昂揚，以通貫天人，開展自由無限的精神生命。這就是莊子哲學之挺立自我，涵容萬化，並通貫天人的生命精神。

五、參考書籍簡介

讀莊子書，在古往今來的諸多注解本當中，應以何家爲先？在義理、詞章與考據之間，應以何者爲重？這是關涉研讀莊學之進路及心態的問題。

吾人以爲，責求一般讀者遍覽各家之注解，實屬不易。且此中所當注意者，各家注解均已注入了其人自家的胸中塊壘，不必卽符合莊子之本義。尤以郭象注，成玄英疏，憨山大師的內篇註，王船山的莊子解，宣穎的南華經解，皆足以自成一家之言。不僅開顯其人獨立之哲學，且代表其所屬年代的思想風貌。此中筆者特爲推介憨山大師之「莊子內篇註」(由瑠璃經房倡印流通)，以其平易可讀，又能正面發揮莊學入世之旨趣，初學者可由此書入，正是儒道間過渡之大好橋樑，當不致一開始卽陷入名言概念的迷霧中，而滋生大誤解。

另有綜合各家注解之精義者，如郭慶藩的「莊子集釋」(河洛圖書出版社)，王先謙的「莊子集解」(三民書局)，阮毓崧的「莊子集註」(廣文書局)，各本皆詳盡可讀。另錢穆先生之「莊子纂箋」(自印本)，亦有可資參考之處。

凡此各家之注解，皆涵容訓詁與義理於其中。以筆者之閱覽所及，陳壽昌輯之「南華眞經正義」，旣有集於各家之說，且自成一體系而不著痕跡者，尤將宣穎之「南華經解」的精妙獨到處融入自家之中，又消去其不當之處，堪稱研讀莊學之最佳版本。此書由新天地書局發行，對初學與專家兩皆得宜。

若初學者不願藉長篇累牘之注疏入，僅欲作一文學藝術性的觀賞，則陳啓天的「莊子淺說」（中華書局），張默生的「莊子新釋」（樂天出版社），鄭琳女士之「莊子內篇通義」（文津出版社），均有可讀之處。惟以上三書皆僅及內篇，外雜篇付之闕如，有難窺全貌之憾，另有黃錦鋐先生之「莊子讀本」（三民書局），注音及白話語譯，是其特色。

在涉及考據之重大關結處，有章太炎的「莊子解故」（廣文書局），高亨的「莊子今箋」（中華書局），應爲必讀之書；另陶鴻慶的「讀諸子札記」（藝文印書館），于省吾的「諸子新證」（樂天出版社），亦可資參證。

而義理方面，深入淺出而人人可讀者，首推吳怡先生的「逍遙的莊子」（新天地書局）與「禪與老莊」（三民書局）二書；貼近生命百態作一闡釋而文字輕快者，有「莊子平話」（專心企業有限公司發行）與「莊子」（三民書局）二書，皆譯自日本學者的通俗之作。另陳鼓應先生的「莊子哲學」（商務印書館），亦可一讀。

若作一專家式的學術研究，則當代哲學大師唐君毅先生「中國哲學原論」之一系列的巨著，與牟宗三先生之「才性與玄理」，非仔細精讀加以消化不可。徐復觀先生的「中國人性論史」與「中國藝術精神」二書，對莊子思想，亦有相應貼切的發揮。

其他曹受坤的「莊子哲學」及「莊子內篇解說」（文景書局），蔣錫昌的「莊子哲學」及「逍遙遊、齊物論及天下篇校釋」（萬年青書店），郎擎霄的「莊子學案」（河洛圖書公司），吳康的「老莊哲學」（商務印書館），胡哲敷的「老莊哲學」（中華書局），亦可存一說，惟把握並不貼切。

讀莊進路，當由淺及深，由簡進繁，由訓詁詞章而再入義理妙境，端看各人之國學素養與心態而自作取舍。事實上，訓詁詞章亦可與義理兼通並進，非二者不可得兼也。惟只及訓詁考據，或僅看白話語譯，那讀莊亦無甚好處，眞眞是身入寶山空手而回了。本文偏向義理之發揮，以詞章考據非筆者所長，故存而不論，非敢有意輕忽，不予正視也。

附註

註一：「莊老通辨」頁一至一〇，「中國道家思想的開山大宗師—莊周」，新亞研究所，四十六年十月初版。

註二：「先秦諸子繫年」卷三頁二六九，「莊周生卒考」。另頁六一八附諸子生卒年世約數云：莊子在西元前三六五至二九〇之間。香港大學出版社，一九五六年六月增訂新版。

註三：「中國古代哲學史」卷二頁一九，臺灣商務印書館，民國五十年一月臺二版。

註四：「中國古代哲學史」卷二頁一〇九至一一〇。

註五：「莊子解」卷八頁七六，河洛圖書出版社，民國六十三年十月臺景印初版。

註六：「中國哲學原論」原道篇卷一頁四〇二，新亞研究所，民國六十二年五月出版。

註七：「中國古代哲學史」卷二頁一一四云：「莊子書中的生物進化論。」頁一三一云：「莊子的哲學，總而言之，只是一個出世主義。」

註八：「讀經示要」卷二頁九八，廣文書局，民國五十九年十一月再版。

註九：唐君毅先生「中國哲學原論」原道篇卷一，即將內七篇與外雜篇的思想，分開處理。參見該書頁三四一至頁四二四。

註一〇：徐文珊先生「先秦諸子導讀」頁二五五引逍遙遊「藐姑射之山有神人居焉」一段，云：「按此直所謂神仙耳，不得謂之人也。後世之道教託始於老莊，有以也。」又頁二六二引德充符「㹠子食於其死母」一段云：「人類之於禽獸猶有不忍之心，況於人？又況於其父母乎？莊子為是言已不可恕，又託之仲尼之口，真孔子之罪人！名教之罪人！」凡此述評，皆語不對應，未得其真意。

註一一：「老莊研究」頁一九四，中華書局，民國五十五年六月初版。

註一二：性惡篇云：「人之性惡，其善者偽也。」荀子約注頁三二七，世界書局，民國六十年五月三版。

註一三：唐君毅先生「中國哲學原論」原道篇卷一頁四〇二云：「莊子內篇之言恆特稱顏回，亦多託諸孔子為說，亦見其與儒家之旨初有所承。」

註一四：老子十六章云：「致虛極，守靜篤，萬物並作，吾以觀復。」此一工夫落在心上做，是為主體修證。「老子王弼注」頁一八，河洛圖書出版社，民國六十三年十月臺景印出版。

註一五：將老子形上之道作更進一步之建構者，為莊子外雜篇。外雜篇之道，以外於人的心知生命的宇宙論之道，此說近於老而實遠離莊子內篇之生命精神。參閱唐君毅先生「中國哲學原論」原道篇卷一頁四〇三至四〇八。

註一六：如吳康先生之「老莊哲學」即其一例。商務印書館，民國五十六年九月修訂臺六版。

註一七：此依吳怡先生之說。參見「逍遙的莊子」頁五三至五四。新天地書局，民國六十二年五月初版。

註一八：楊慎曰：莊子乃以至小為至大，便是滑稽之開端。引自錢穆「莊子纂箋」頁一，自印本，民國五十八年六月臺初版。

註一九：憨山大師云：「此逍遙主意，只是形容大而化之之謂聖。惟聖人乃得逍遙，故撰出鯤鵬以喻大而化之之意耳。」「莊子內篇註」頁五。瑠璃經房，民國六十一年元月再版。

註二〇：宣穎「南華經解」頁二三云：「莊子明道之書，若開卷不以第一義示人，則為於道有所隱。第一義者，是有道人之第一境界，即學道人之第一工夫也。」藝文印書館。

註二一：「莊子內篇註」頁二。

註二二：「莊子新釋」頁八。樂天出版社，民國六十年九月一日再版。

註二三：郭慶藩輯「莊子集釋」頁九。河洛圖書出版社，民國六十三年三月臺景印一版。

註二四：兪樾曰：二蟲卽承上文蜩、鳩之笑而言，謂蜩鳩至小，不足以知鵬之大也。郭注云二蟲謂鵬蜩，失之。「莊子集解」頁一一。

註二五：唐君毅先生「中國哲學原論」原性篇頁四九一，新亞書院研究所，民國五十七年二月出版。

註二六：「莊子通」頁四九至五〇。民國六十四年五月臺景印初版。

註二七：參見唐君毅先生「中國哲學原論」原性篇頁四八八至四九二。

註二八：「中國哲學原論」原道篇卷一頁三五二。

註二九「國學略說」頁一六九。民國六十三年十月臺景印初版。河洛圖書出版社。

註三〇：唐君毅先生「中國哲學原論」原道篇卷一頁三五四云：「人之超此於成心之知之外，固仍有為其真君或真心之真知，為人所當存。故心未可如死灰，而言『哀莫大於心死』。」

註三一：唐君毅先生「中國哲學原論」原道篇卷一頁三五四云：「逍遙遊言至人無己，則無己之至人仍在。齊物論言『今者吾喪我，女知之乎』，則喪我而吾自在，吾喪我而忘我，是同於大宗師所謂坐忘。此一般所謂我之己，固已忘矣；坐之人，坐之『吾』，則仍在也。」

註三二：德充符云：「命物之化而守其宗也」，「正義」頁七六。物指形軀，宗則為真君。此處之物化，言物我之形軀在自然之化中，必歸於老死的終程。與齊物論莊周夢為蝴蝶之「物化」，寓意不必一致。

註三三：齊物論云：「予惡乎知說生之非惑邪？予惡乎知惡死之非弱喪而不知歸者邪？」「正義」頁三八。

註三四：「中國哲學原論」原道篇卷一頁三五四至三五五。

註三五：「莊子的智慧」。見「哲學與文化」頁一九。三民書局，民國六十年四月初版。

註三六：憨山大師「莊子內篇註」云：「人之見聞知覺，皆真宰以主之。日用頭頭，無非大道之妙用。是知人卽知天也。苟知天人合德，乃知之至也。」卷四大宗師頁五。

註三七：「莊子內篇註」。卷四大宗師頁七。

註三八：憨山大師「莊子內篇註」，卷四大宗師頁四。

註三九：「莊子的智慧」。見「哲學與文化」頁二六。

註四〇：「中國哲學原論」原道篇卷一頁三五九。

註四一：前書頁三六〇至三六一。

從儒法之爭
談韓非哲學的現代意義

一、前言

各位同學：今天是講法家哲學，題目我們稍加設計，重新釐定爲「從儒法之爭看韓非哲學的現代意義。」這個題目有兩個意義。第一個意義是我習慣於用比較法來講述一家的思想，所以我講老子，一定是先把儒家提出來，不然的話，你看不到道家在什麼地方，同樣的我講法家的時候，我也將法家的思想跟儒家作一個對照，這樣的話，較能看到韓非立論的基點，也比較能够欣賞到韓非的精采。所以我用儒法之爭這個前題，主要是通過比較來的，比較容易看到法家在什麼地方？第二個我提到現代意義，因爲今天我們講諸子百家的思想，一定要消化爲民族文化的智慧，也就要把這個智慧引進當代之中，我們不是作一個憑弔懷古的學者，我們眞的是要用諸子百家的智慧，面對當前的問題，所以我的題目就重新釐定爲「從儒法之爭看韓非哲學的現代意義」。事實上，還是配合討論會的進度，那就是說仍以法家爲主，當代政治的反省是最後帶出來的，儒法之爭的儒家是陪襯的，主體仍是法家，事實上就是談法家思想，談韓非子的思想，這方面恐怕一般同學較生疏些。

從五四以來，大家都講「德先生」、「賽先生」，民主跟科學成爲西潮東漸的兩大主力。這一方面的學問，就是所謂外王的學問。易傳所說的「形而上者謂之道」，是指內聖的學問，而這一方面的外王學問，則是屬於所謂的「形而下者謂之器」。人生的道路，本來應分個上下，孔孟老莊都是要我們形而上的，就是要我們生命往上提，生命的方向在上面的，這就是超越、昇揚的成道之路；但是，今天我們所講的學問不是形而上的，它不是講上下，而是講東西南北。人生的道路，對生命來說是上下，我們要形而上，而不要形而下；但是人生在世，處在一個羣體社會間，還有一些問題，屬於東西南北，這個東西南北的問題，就是屬於外王的學問，它不是光指精神飛揚的道路，而是指一些羣己關係的建構，涉及知識性技術性的學問，也就是成器的學問。我們今天講儒法之爭，是講外王而不是講內聖，現在的外王問題，由於五四以來，只講「德先生」、「賽先生」，卻遺忘了「莫姑娘」。「莫姑娘」是吳稚暉先生說的，「莫姑娘」就是moral，也就是道德。道德在西方來說是由宗教開，我們的五四，要他們的民主科學，而遺忘了他們的宗教，這一來就掉落在唯物論中，所以從五四浪漫轉向馬列狂潮，這是當代中國思想史上的必然發展。今天我們已較能理解科學與民主，也漸漸把它們引進來了，但是我們還要進一步的意識到道德也是重要的問題。今天臺灣的經濟問題，危機不在經濟不景氣，而是道德太差，從幾件重大的經濟犯罪，可以看得出來。假定經濟部沒有這一方面的反省，是很難處理當前的問題。我們爲什麼講儒法之爭，今天民主法治的外王問題，法家可以談法治，但是很難談到民主的，而民主的背後可以說是講道德的，這一點非通過儒家不可，我爲什麼要涉及儒家，道理就在於此。

二、韓非政治思想的理論根基

談一家的思想，理論根基是最重要的。韓非政治思想的理論根基有三方面：一、是自利的人性觀，二、是功利的價值觀（或實效的價值觀），三、是變古的歷史觀。這三個綱目，在我的「韓非子的哲學」一書中，也有同樣的論列，但講法有些不同了，因爲那本書寫在民國六十三年，有些問題在那個時候還看不出來。

㈠ 自利人性觀

第一方面我們討論的是自利人性觀。在我的書上原本寫的是極端性惡論，現在我提出修正，說是自利人性觀較貼切。因爲韓非子的書中，從來沒有提到「性惡」這兩個字，我以前是通過跟荀子的比較而說的，假如荀子是性惡論的話，那麼韓非就是極端性惡論了（註一）。這樣的說法，我覺得是學者本身主觀的色彩太重，不免有推論太過之嫌。我們還是讓韓非子自己說話，所以我提出一個修正的觀點，說是「自利人性觀」。

韓非子的人性論是師承荀子的，他是通過經驗的考察來論定人性。他不是像孟子從「人之初」來看人性，「今人乍見孺子將入於井，必有怵惕惻隱之心」（註二），就是從人之初那邊看，韓非不是面對嬰兒即將掉落井中的那一刹那，面對那種情景而生發的不安不忍看人性。

韓非的人性觀，是把人性放在名利心與權力欲的誘引之下，所產生的扭曲沉落來看人性，他把人性暴露在社會名利與人間權力的汚染之中，無可避免的被扭曲或往下沉落的結果來看人性，他不在「人之初」那邊看人性！他是從人淪落天涯的這邊看人性，所以他的人性觀，充滿了經驗主義的色彩。

他首先提出一個觀點叫「君臣交計」。「君以計畜臣，臣以計事君，君臣之交計也。」（註三）君王是用計算利害來畜養羣臣，羣臣也是以計算利害來奉事君王，君臣的關係是什麼？是互相利用，這叫君臣之交計也。什麼叫交計？是互相計算，我計算你，你計算我，君臣的關係，不過是互相計算罷了！這是君臣之義嘍！再說，儒家的一切人倫的始基，最重要的就是「父子之親」，韓非卻說：「且父母之於子也，產男則相賀，產女則殺之。」（註四）父母對於子女，產男的時候則相賀，大事慶賀，生下女兒的時候呢？則殺之，這個「殺之」實在是欲理還亂，父母會殺子女嗎？所以這段文字，唸起來實在驚心懾魄，「產女則殺之」，尤其不合中國的民情。所以我們文章寫到此都不免手軟，怎麼可以「產女則殺之」呢？不過中文系出身的人比較簡單一點，不是「親親之殺，尊尊之等」嗎？那個「殺」可以讀成ㄕㄞ、，產女則是差一點，產男在大飯店慶祝，產女則在路邊攤慶祝，一樣慶祝但欣喜之情慶賀之意總是有區別的，所以韓非說「猶挾計算之心以相待也」（註五），你看看，父母親對於子女，人間最無條件最根深的愛，仍然摻雜着利害的因素啊，計算利害來對待子女，這叫「慮其有後便，計之有長利也」（註六）。慮其有後便，因爲生男將來可以繼承家業光大門楣，計之有長利，因爲兒子可以娶一個媳婦進來，女兒嫁出去不打緊，還是賠錢貨，中國是農業社會，農村亟需勞動人口，產女既無後便，又無長利，眞箇是「賠了夫人又折兵」，這就是父子之親。

由「君臣之義」到「父子之親」，再看「夫婦之情」。韓非以爲后妃太子莫不希望君王早死（註七），爲什麼？垂簾聽政啊！你看這不是夫婦之情嗎？后妃希望君王早死，她可以垂簾聽政，可以當老佛爺。儒家所認爲這個人間世可以讓我們感受溫暖親切，可以讓我們安身立命，好好活下去的親情道義，在韓非的考察反省中，完全在人的名利心與權力欲之下被沖垮了，所以他發覺，人性最原始的內容不是親情，也不是道義，而是利害。假定人性的眞實內容是親情道義的話，就沒有什麼東西可以沖垮它，而我們發現利害可以沖垮親情道義，所以利害才是人性最根深的內容，這是韓非子對於人性的無情宣判。他通過經驗層面的考察，站在政治權力圈來衡量人性。我們一走離整個政治現實來理解韓非，都是不相應的，韓非本來在討論政治問題，說他的政治思想，怎能離開政治現實另說一套呢？

此外，他有一句話說：「夫智，性也；壽，命也。性命者，非所學於人也。」（註八）壽是命，這跟論語、孟子是同樣的觀點，死生窮達本來是充滿「命限」的味道。而「智，性也」呢？我們知道「智」是作用功能，智的主體是心。——這是顯學篇裏的一句話，我發現這一句話非常得意，因爲我可以從這句話中，來分解韓非心性觀與孟荀之間的異同。智的主體是心，所以這句話我們可以轉換爲「心，性也」。心，性也，從心說性，這個路數，是孟子的路數，所以這個心性論，純從形式來看的話，和孟子一樣，他也是從心說性，心性一也。所謂形式的觀點，形式是相對於內容、相對於內涵、相對於實質而言，說從形式看，他的心性觀點和孟子一樣，但實質不一樣。孟子也是從心說性（註九），但孟子的心是什麼？他是德性心，所以德性心所成就的性，當然是性善！因爲我每一念都是怵惕惻隱啊，面對人生的不同情境，我心所生發的就是善，就是怵惕惻隱，悲之深痛之切，眞情實感，悲情痛感，很眞實的道德感情，面對人生不同的情境，我心所呈現出來的總是善，所以這個心的呈現所成就的性就是善了。

但是，韓非子的心不是這樣，韓非子的心，是計算心，他自己就說：「猶挾計算之心以相待也。」他的心只有作用的意義，什麼作用的意義？打算盤的作用，每天揹著算盤奔走天涯，今天跟朋友看場電影，明天跟朋友吃下館子，後天跟朋友搭車去郊遊，都要算算成果。有沒有利啊？會不會賠錢啊？這個實在是大殺風景的事。他的心就是計算，計算什麼？計算利害啊，我們剛才不是說了嗎？他對人性的考察就是利害啊，親情道義消逝不見，僅有的剩下來的是利害。他把人際關係中親情道義的外衣剝落，呈現赤裸裸的人性的內容，所以我們受不了。但是我們衡之於政治現實，安知韓非不是一種洞見？所以他的心是計算心，而計算的東西就是利害，所以成就的人性就是爲自己計算利害的人性觀。每一個人都是爲自己計算利害的，這叫自利人性觀。從形式來說，跟孟子一樣，從心說性，心就是性，心性是一不是二，另外從實質上看，人家孟子的心是德性心，德性心成就的是德性，是性善，而韓非不是，他的心是計算心，計算什麼？計算利害，所以人性是什麼？自利的人性。

我們再把韓非子「心，性也」的這句話，從邏輯上來講，是全稱肯定命題，全稱肯定命題，主語是普及的，底下的謂語是不普及的，那就是說所有心的作用，都在性裏面。它只有兩種可能性：一種是心跟性是同一個圈圈，另一種心是小圈圈，性是大圈圈，它只有這兩種可能。我們要了解中國哲學的人性論，一定要從心性的關係去談它，另外一種方式則是從天人的關係看。韓非是不講天的，荀子還講一個「天行有常，不爲堯存，不爲桀亡」(註一〇)的自然現象之天，就韓非說來是不講這個問題。他完全不講形而上，他完全是人間用世的外王學問。我們把他的思想拿來跟荀子做一比較的話，荀子也認爲人是「好聲色焉」，人是「好利焉」(註一一)，荀子對人性的考察也認爲是好利的，他們的道路就是從情說性，這叫情性。孟子說性情，荀子說情性，從情說性，從什麼地方說情？從欲來說情，所謂「欲者，情之應也」，「情者，性之質也」，「性者，天之就也」(註一二)。所以荀子對人性的考察，從實質內容來看跟韓非相同，是好利的。但是從形式上看，荀子的心是在性之外的，荀子心性之間的關係跟韓非不同的，荀子的心獨立在性之外，不被性的惡所拘限束縛，所以可以起僞，可以師法禮義，可以認知。荀子的心是認知心，它的根源是老子的虛靜心，所以荀子是歧出，爲什麼是歧出，因爲他的天、性、心都是從道家來，不是因爲他主張性惡說呀。整個天、性、心的觀念是道家，所以荀子是歧出，這不是說我們排擠荀子，很多人對當代新儒家有很大的誤解，你們把荀子判爲歧出，你們把程朱說成歧出，憑什麼標準？當然有標準，心從道家來，這是根源性的探討。虛靜心在老莊而言，不是知識心，荀子以爲是知識心，人家老莊是一種超越的觀照，這叫「觀」，「觀其妙」、「觀其徼」（註一三），荀子不是，他把天上的心，拉到人間來，去觀察去計算，結果韓非是計算，荀子是認知，而這個系列的心是從道家來。荀子的心是在性之外，所以性是好利，性是自私，但人心可以產生一套禮義來化這個性，使自然人性有了人文的秩序（註一四）。人性沒有光明，光明從心上來，這是荀子。

由上述看來，人性是自私的，是好利的，韓非跟荀子一樣，但是人家荀子還有獨立在外的一顆心，而你韓非的心，卻被性包圍在裏面，或與性疊合同一，心既不能獨立，不能顯發他的光芒，所以韓非的哲學，心性漆黑一片，光明不能夠透顯出來。他的心就像在暗室裏面，暗室裏面的光還是透不出去，儘管有一點微弱的光，那一點光卻被暗室四壁所禁閉，透顯不出來。我們可以從這邊知道，爲什麼荀子是儒家而韓非是法家？荀子還有心可以師法禮義，可以生禮義，聖人可以生禮義，一般人可以師法禮義，所以禮義還可以成爲可能。對韓非來說則是不可能，只有通過完全外在的法治來對自私的人性，這顯然是很重要的第一個理論根基，就是所謂的自利人性觀。這是很簡要的解釋，但很具關鍵性。

(二) 功利價值觀

第二方面我們講他的實效或功利價值觀。功利價值觀，實效或功利主義的價值觀，什麼叫價值？價值就是決定目的，可以解釋人的行爲。假定我們背後沒有一套價值觀做爲支持或根據的話，我們的行爲就是荒謬的。你不要認爲我們的價值不從實驗室來，不從物理儀器來，只是一個相對的，它很難成爲絕對的，但是我們不能一天、一個小時、一分鐘沒有它。不然的話你可以不活著，我爲什麼活下去？這是價值問題，因爲物理儀器不能幫我們測量出來，實驗室也實驗不出來，所以這個價值觀是從世界觀而來。世界觀就是天人之際，中國講天人合一、天人之際，那個就是世界觀、宇宙觀。而在這個世界觀、宇宙觀之下，就透顯一個價值觀，也就是人在天地間的地位，就叫價值觀。中國人講頂天立地呀！天地人三才呀！很重要，我們對於生命積極的肯定，來自於我們的世界觀和價值觀。

韓非有價值觀，但他不講天人之際，所以他的價值不從天上來，我們知道孔孟的價值可以從天上來——天命，他的價值也不從內在來，因爲他內在沒有德性心可以發光啊！他的性是好利自私的，而心就是爲這個好利自私的人性服務的，因爲他是計算機啊，他動的很快、很精良、很有效用，但是他產生不了文化道德的價值，所以韓非所能成就的價值，只有功利主義，不能從天上來，不能從人心來，不能從上面的天來，不能從內在的心開發而來，能從什麼來？僅能從外在的物來衡量，爲什麼有唯物論，就是這樣來的。當你不要天，也不要心的時候，那當然我們只有物嘛！我們就面對一個機械的世界，朋友之間就不講道義，每一個人都講利害，因爲你選擇這條路，你選擇科學主義，你認爲法治就是一切，而人情味可以不要啊，這眞是逃不了的，所以韓非天上不能賦與價値，內在也不能開發價値，價値完全由物質條件決定，這叫功利實效的價値觀。只要是有實效，合乎功利標準的就是對，眞理的判準在功利在實效，所以韓非說：「大臣有行則尊君，百姓有功則利上。」(註一五)君上是代表一個價値的整體。爲什麼要這麼說，他是被自己逼上梁山的。因爲他認爲人性是自利的人性，每一個人都爲自己計算，每一個人都有自己特殊的立場，我們請問羣體的價値如何成爲可能？那當然不可能，人我之間一定是尖銳的對抗，我爲了維護我的利益，一定對抗你的，親如夫妻、父子都一樣，我們剛才講了父子之親、夫妻之情、君臣之義都完全崩潰，所以韓非的價値變成散落，每一個人有一套價値，這個困境和墨家一樣，一人則一義，十人則十義，百人則百義(註一六)，每一個人一套，但是我們知道在羣體社會裏面，每一個人一套則一定破裂，他非統一不可，怎麼統一？只有超越在每一個個人利益之上的君王，才能代表大家共同的利益。因爲君王位居衆人之上，好，大家就爲君王效命獻身吧，把一切的榮耀歸於君王。所以每一個人爲自己去爭利的結果，就是大家都沒有利，利都在君王。

在這樣的價値觀裏面，他一定否定了孔墨的行誼。他說：「博聞辯智如孔墨，孔墨不耕耨，則國何得焉？修孝寡欲如曾史，曾史不攻戰，則國何利焉？」(註一七)孔墨不下田耕種，博聞辯智對國家有什麼好處？曾參史魚不上戰場作戰，修孝寡欲對國家有什麼好處啊？他認爲對國家有貢獻的人是農夫和戰士，像孔子墨子這樣的人，都是游手好閒的人，像曾參、史魚這樣的人，都是沒有盡到國家責任的人，所以要問他們對國家有什麼好處，有什麼貢獻沒有？基於富國強兵的要求，他當然要力闢儒墨，顯學篇不是力闢儒墨嗎？「世之顯學，儒墨也。」依韓非的分析，儒墨是愚誣之學，也是雜反之行，彼此對抗矛盾，且是沒有事實根據的浮說。在一個狹隘的價值觀之下，必然會有這樣不同情的批判。而這個價值觀，根源於他的人性觀，這叫邏輯上的結構，是逃不掉的，一定要往這邊推的，死路一條。

儘管每一個人是自私的，韓非對政治還是抱樂觀的看法；我們剛才是就儒家的觀點對法家批評，有一點訴諸情感的味道，現在我們拉回來就法家立場說話。韓非認為每一個人都好名利，每一個人都為自己計算，他很安慰，也很高興，還好每一個人都自私，自私就是你喜歡名、喜歡利，我就可以用名利打動你的心，他最討厭的就是儒家、道家和墨家，因為他們都不要名利。你看那些想買票的人，面對我們一點辦法都沒有，他一張五百，另一個人說一千，對我們說來我們都不會接受吧！我們的人格不祇這些，所以韓非認為每一個人都自私最好，我就可以把每一個人的私利引向君國公利，君代表國，就像班代表代表班，校長代表學校一樣，我們本來只代表我自己，當我是家長我代表我那一家，我現在也當了鄰長，我代表我那一鄰，我就要為我那一鄰想，我就不能光為我自己想。那一天我當里長，我要為我那一里想，我當市長為永和市想，我當縣長為臺北縣想，我對抗臺北市把垃圾堆到臺北縣來，一定是的嘛！君王代表國，就叫君國。所以，你自私好名利吧！好，你只要當戰士當農夫，你就可以得到名得到利，而國家也就可以富國強兵，把每一個散落的個人名利引向君國的羣體功利，韓非在一片人性的廢墟上，建立他政治哲學的大厦。

我們知道，中國講功利的兩大家，一個是墨子，一個是韓非。墨家的功利最了不起，為什麼？「自苦為極」，「摩頂放踵而利天下，為之。」（註一八）但是莊子說：「墨子雖能獨任，其奈天下何？」（註一九）所以墨家一定衰退，英雄烈士沒有幾個人可以擔當，但是他講功利主義不會出毛病，因為墨家沒有自己，所以不會出毛病。韓非的功利主義，每一個人都為自己打算，所以出了問題。但是很弔詭哦，眞正政治的可能性，在韓非不在墨子，因為政府是沒有權利可以要求人民犧牲的，你為國家貢獻，我用名利給你，你得到你應得的賞。所以歷代政治接受韓非的思想，不接受墨家，墨家是天地會，天地會不是人間的政黨，因為他們是革命志士，是慷慨悲歌的烈士，不屬於人間的政治。所以，韓非這一說法，成為建立政治所以可能的基礎，這是他的洞見。所以我們不要以為韓非把每一個人說成自利，韓非垮掉了，不是，他剛好成立，因為他可以把你的私利，引向君國的公利。問題在，如何引過來呢？通過國法。法律是人為規定的，只要你當農夫、當戰士，你的生產多少，你的戰功多少，你就可以得到多少的名利，每一個人全力以赴啊，每一個人為自己的身家、為自己的地位奮鬥，沒有徼倖，沒有例外，完全靠實力，這個是很能夠激發富國強兵的戰鬥意志。

此外，韓非發現國家的賞罰，它的影響力並不一定那麼大，為什麼？被儒墨的價值觀打消。儒墨的價值觀可以毀譽每一個人，相當於今天的輿論，國家在厚賞那一個人，輿論就嘲笑他，說那個人不行，沒有骨氣，沒有風格，才接受頒獎；但是國家在重罰某一個人，大家都說他好，是英雄烈士。這麼一來，人就在世俗毀譽的這一邊得到補償，而這個補償可以超過國家的重罰，每一個人都認爲自己是英雄烈士，可以投入鐵窗幾十年，他可以！他贏得整個中國人對他的崇敬。你沒有看到以前汪精衞刺殺滿州親王嗎？他不是「慷慨歌燕市，從容作楚囚，引刀成一快，不負少年頭」嗎？你看他不是可以慷慨就義嗎？

法家韓非子發現儒墨的價值觀，會沖垮了國法的權威，所以，他說要壓抑儒墨，把儒墨的毀譽，收在國法的賞罰，就是說國家的賞就是譽，國家的罰就是毀，這樣價值觀就統一起來了，祇有一套，沒有兩套。韓非發現有兩套，國家的一套，儒墨的一套。儒墨兩家的一套，叫世俗的毀譽，國家的一套叫國法的賞罰，彼此對抗，不相上下，甚至世俗的毀譽超過它（註二〇）。我們知道江湖幫會所以成爲負擔，就在這一個地方，它另有一套。當然，我不是說儒家是幫會，這個千萬不要誤解，我們志在說明韓非法家不能容忍在國法之外，另有一套儒墨的生命價值觀。韓非功利實效的價值觀有二義：第一他的價值只能定在功利，第二定在功利，就要把功利定在君國，因爲定在個人，一定會有衝突，定在君國，用什麼定？一定要通過法，由法去定，只能有一個法，不能有另外一個，另外一個就是儒墨的價值觀，要打掉！所以他對儒墨的價值觀非常不同情，我們不大理解韓非的哲學，爲什麼一個知識份子對學術思想，會有那麼大的壓抑與不同情，就在這一反省下而有的。

(三) 變古歷史觀

第三方面我們講他的變古的歷史觀。變古的歷史觀，我沒有說他是進化的歷史觀。進化的歷史觀是陳啓天先生的說法，他是研究法家的專家，認爲韓非子採取進化的歷史觀（註二二）。我看他這個觀點是受到達爾文學說的影響，韓非子的哲學，也有達爾文主義，在那個時候研究老子、莊子，都流行達爾文主義，莊子也是進化論者，是胡適之的說法。我們現在都要避開穿鑿附會的說法，中國跟那套完全無關，跟唯物辯證法、進化論本來不相干。我說變古的歷史觀，因爲韓非認爲不同的時代，有不同的問題，不同的問題，有不同的治道，所以就韓非說來，一定是變法圖強。我們知道在中國歷史上，變法圖強都不大受尊敬與同情，我們實在是一個保守主義的國家，變法圖強顯然是激進主義。韓非認爲仁義是用於古，而不是用於今的，就是說上古的時候，你可以講道德，中古的時候呢？你應該講智謀，當今講氣力啊（註二二）！假如面對當前戰國亂局，我們還講無爲而治，還講仁義治國，根本不能對應時代。所以牟先生說韓非子是最能對應時代，最有時代感的思想家，這個看法最顯韓非法家的特質。

禮壞樂崩是整個春秋戰國的背景，儒墨在禮壞樂崩之世，他試圖重建禮樂，從什麼地方重建？他返回仁心來重建。談禮樂而禮樂垮了，依儒家的反省，不是禮樂垮了，而是禮樂的根基垮了，什麼根基？周王朝的血緣親情，但孔子不想挽回王室的血緣親情，而從每一個人普遍本有的仁心去重建根基，所以他試圖由天下人仁心的自覺，來挽救周王朝禮樂的崩壞與僵化，這是儒家。那麼，法家呢？法家不往這邊反省，不往主體的生命反省，他往整個客觀的制度反省，禮樂垮了，好，講法治，對於舊時代沒有留戀的同情。垮了，往前進，垮了就垮了，另外開出一套法治，講富國強兵，他不講德化禮治，所以韓非在時代將變未變之際，他順著時代的轉向前進，來完成這個時代的使命。是韓非結束春秋戰國的亂局，而開出秦漢的大一統，從這邊說來韓非是大功臣。所以他採取一個變古的歷史觀，時代不同了，問題不同了，所以治道不同了。不要告訴我三代怎麼樣，不要告訴我先王怎麼樣？先王是先王，今天是今天。五四以來，中國人最能同情韓非，今天的我們跟韓非的處境切近，我們要傳統嗎？但中國怎麼活下去呢？我們被逼的全盤西化，被迫的拋離傳統，所以我們比較能夠同情韓非子的處境，因爲今天我們落在跟他同樣的處境中，韓國最弱小，不管合縱連橫韓國都是首遭其害，今天任何一個外交政策對臺灣都不利，不管美國是採行親俄或是親中共的方向，現在我們才知道，原來我們是被拋落在韓非同樣的處境裏面，所以今天啊，我們也走向富國強兵的道路，第一個經濟，第二個軍事，你看是不是走這條路呀！完全是這條路，但不一定是等同於韓非的作法，我們意識到道德、文化這方面的問題。

所以韓非說：「聖人不期循古，不法常行。」(註二三)不期循古，不要求自己依循古人，不法常行，不效法千古不易的大經大法。這句話有點像商君說的：「治世不一道，便國不必法古。」(註二四)這是法家的宣言，即平治天下沒有一定的方法，便利國家不一定要效法古人，剛好跟儒家是完全對立的。韓非說「論世之事，因爲之備」，他另外說「世異則事異，事異則備變」(註二五)，世是世代、年代的意思，時代不同了，面對的問題也不同了，面對的問題不同了，對應問題的辦法也有所不同。隨時對應時代的變局，我們的外交要應變，我們的經濟要應變，軍事要應變，那個國家不賣武器給我們，我們要向其他國家買，因為武器的貿易商，不是光美國一家！我們要自求多福，所以不必把自己看得那麼悲觀絕望，我們當然要爭取美國這個朋友，但是要有應變的能力。

什麼叫時代的問題不同？在韓非的說法，他是用物質來決定，剛才我們在功利價值觀中說到了，天沒有，心性沒有，就是物質。所以韓非所看到的時代問題，就是由物質條件而來的，物質條件就是生存條件。你看我們今天現實的生存條件，也是通過物質條件來決定，包括天然資源，還有我們經濟結構中的生產能力。此一生存條件的現實問題，韓非是通過人口跟物產的比例決定，他很有頭腦！我們的物產在增加，但人口也在增加呀，都打消了，現在我們才發覺經濟的問題，是在於人口的問題。你的生存條件跟物質條件，是「多」跟「厚」的話呢？你面對的問題就不一樣，面對什麼問題呀？民情反應的問題。民情反應就不爭！因為大家很容易活下去，為什麼要爭呢？所以不爭。假定你的生存條件，是「少」而「薄」的話呢？大家都爭，你爭我奪，怎麼辦呀？治道在不爭的時候，你要寬一點，在爭的時候，你要嚴啊！治道的寬嚴，治道的寬或嚴，是通過民情的爭或不爭來決定，民情的爭或不爭，通過生存條件的厚薄多少來決定(註二六)。所以，要說唯物的歷史觀，韓非是前輩先知，中國人為什麼這麼迷馬克斯，實在是想不通。他老早看出來了，歷史的重心是物質！治道寬嚴的「備」，因民情爭與不爭的「事」而變，而民情爭與不爭的「事」，是由生存條件多少厚薄的「世」而定。

所以他認爲，一個君王採取嚴厲的措施，不代表他暴政；一個君王採取寬大的措施，不代表他仁厚，他認爲這完全跟道德無關，屬於非道德的領域，是針對問題而發，亂世用重典，用重典不是不道德，而是對應整個時代的需求。韓非把道德的因素排除，排除在整個治道之外，完全針對問題而起，什麼問題？民情的反應。民情反應又被物質條件所決定。所以他說一個哥哥在災荒的年歲，不養他幼小的弟弟，但是在豐收的年代，他接待天涯行路者。天涯行路者，他可以接待，但自己幼小的弟弟卻無力養護，不是他有沒有道德，而是在於他歉收還是豐收，是物質條件決定的呀（註二七）！所以他把道德因素，完全在他治道中排除，所以他可以不講儒家嘛！法家自家獨立出來。

針對這三個說法，第一個自利人性觀，儒家是講仁，講德性心，講性善。第二個功利價值觀，儒家一定講「君子喻於義」反對「小人喻於利」，又說「王何必曰利？亦有仁義而已矣！」儒家顯然很堅持道義的價值觀，人性觀儒家講仁心善性，價值觀儒家講道義，治道觀儒家講禮治，而禮是「周因於殷禮，殷因於夏禮」。三代以來，包括荀子都講歷史文化傳統，是循古是法先王之道，但韓非斷然把歷史傳統斬斷，他面對一個不連續的時代，傳統對他是不連續的，他發覺這一個時代的中國人，完全處在一個陌生的環境，所以他要變古，要打出一條血路，這就是韓非。剛剛這個說法，是我說的，不是韓非說的，不過還是韓非的意思。我是通過我們當代的感受來講韓非，他是這個意思，這叫變古的歷史觀。變法圖強，現在我們才了解王安石爲什麼要變法，儘管有那麼多君子反對他，他還是要變法，因爲關涉有宋一代的存亡。這就是韓非子法家思想的理論根基。

三、儒法之爭

韓非的理論根基既與儒家有絕大的殊異，故兩家的政治思想，也存有著不可跨越的鴻溝。底下我們就講儒法之爭。

(一)由「不可待」到「不必待」

這段話是出自難勢篇。韓非子的文章寫得最堅實雄渾的是顯學、五蠹兩篇；理論性較精采的是難勢篇，儒法兩家針鋒相對；另外一篇是定法篇，涉及韓非政治思想內在系統的關聯問題。

韓非子在難勢篇中，首先談愼到的勢治說，其次談儒家的賢治說，最後談韓非的法治說。通過難勢篇可以比較三家的政治思想。

首先談愼到的勢治說代表道家的立場，我們來解析他的看法。韓非子引愼到一句話「飛龍乘雲，騰蛇遊霧」作爲開端，當雲霧起的時候，龍蛇是可以在空中飛舞，龍蛇飛上天空，像一個天子高高在上。愼到的說法是爲什麼龍蛇可以飛上天空呢？因爲他有雲霧做爲憑藉啊！雲霧是一個客觀的情勢，你看他身在天子的位置，他就飛揚空中啊，所以客觀的「勢」，才是重要的，雲霧是自然的，所以就叫自然之勢。但儒家反對，儒家說是呀，龍蛇要飛往天空，是要通過雲霧起的時候，要飛上去，恐怕還得是龍蛇才可以吧！愼到的意思是說，有雲霧的時候，風起雲湧，龍蛇乘勢飛上去了，當雲霧消散的時候，龍蛇失勢就掉下來，龍蛇一掉下來還不是如同蚯蚓螞蟻一般在大地爬行，還不是地上的爬蟲嗎？假如天子降爲平民，不是跟我們一樣嗎？但儒家說我當然承認這一點，但風起雲湧的時候，只有龍蛇才能飛上去，蚯蚓螞蟻能不能飛上去啊？不能。所以儒家認爲應該重視龍蛇，龍蛇是主體的賢能，所以儒家重視主體的修養，而愼到注重客觀的情勢（註二八）。也就是指天子的權位，這是兩家的不同說法。

現在，我們回頭再看看第一個說法，他說：「桀爲天子，能亂天下。」這是一個很有趣的論證，我教了好幾年書都很困惑，這兩年才懂。我一直想什麼叫「勢治說」？權勢可以治，叫勢治說。但是他的證明剛好是勢亂說，你看他說「桀爲天子，能亂天下」，不是剛好證成勢亂說嗎？這個誰不會講，你要說亂，任何可能性都可以亂，治比較難，亂還不容易嗎？那一個同學突然間有一個怪異的舉動，講堂不就大亂了嗎？所以「桀爲天子，能亂天下」，算什麼勢治說，我一直百思不能其解。後來我懂，是因爲通過道家才懂得，所以你研究一家，最好能多研究幾家，比較能懂得這家到底在說些什麼？因爲愼到是由道入法的關鍵人物，他有雙重的學術性格，我記得曾在中央副刊發表一篇文章「『法雖不善，猶愈於無法』析義」（註二九），那一年司法官特考，題目出錯了，誤寫成「法之不善，猶愈於無法」，後來引起各大報的抨擊，某些法律系教授，站出來說話，但是我不贊成他們的說法，我雖不是研究法律的專家，但是我懂得中國哲學，所以我覺得我應該站出來講話，爲什麼？因爲我研究道家跟法家，比較能理解慎到的思想，這就是所謂的專家研究，而不是用西洋的「惡法亦法」，或純粹法學的一套理論，就可以了解慎到。因爲「法之不善」是道家的立場；有法總比沒有法好，這是法家的立場。慎到同時兼有這兩個立場。「桀爲天子，能亂天下」，「桀」加上「天子」等於「亂」，慎到怎麼想呢？爲什麼會天下亂？因爲有桀，桀是什麼？是人，所以凡是人爲都是錯的。把桀取消的話，不是等於治嗎？這是他的論證。「桀爲天子，能亂天下」，從道家式的反省，任何錯誤都從人爲來，不從自然來，而桀就是人！所以桀是要不得的，我把桀取消，那個亂的因素，就不存在！剩下「天子」就不「亂」，不亂就是治，所以天子等於治，天子就是勢！所以是勢治說，這不是道家的立場嗎？道家不是取消人爲，回歸自然嗎？老子不是這個意思嗎？爲什麼他要我們復歸於嬰兒，嬰兒是自然呀，我們在成長的過程中，加進了太多的人爲造作，人已經不眞實了，所以要復歸於嬰兒，要回歸自然，這是道家式的思考。所以道家是把人爲取消，讓政治回到自然本身。什麼叫回到自然本身？「日出而作，日入而息，鑿井而飲，耕田而食，帝力何有於我哉！」有什麼必然的理由，我們非得接受這個社會制度不可，在道家的思考，根本沒有必要。據說蘭嶼的警察，沒有什麼事情好做的，他們有三位警察，其中有兩位都回到臺灣渡假，一個在那邊值班，每天就是穿一條短褲頭、木拖板，在那兒遊山玩水閒來逛去，一年難得碰上什麼案件，頂多是兩個人喝酒吵架，他們跑來派出所要告對方，好，你們寫訴訟狀再來，反正兩個人都寫不出來，第二天酒醒都忘了，眞是無爲而治。你看在蘭嶼有什麼好爭的，你們想想看，除了陽光、空氣和海洋，還有什麼？樸質的民情，加上獨木舟，打漁爲生嘛！對我們說來，那眞是一種很浪漫的歲月！所以道家認爲把人爲取消，不是回歸自然了嗎？回到自然的美好和諧中，這叫勢治說。你不要誤解那個勢，把勢等同於權力意志的統治，假如愼到主張用權力來壓制百姓，那就是笑話，因爲愼到是道家。所以那個勢是自然的意思，你千萬不要誤解愼到。桀是人爲，當把人爲的因素取消的話，那個造成天下亂的因素就不存在！那不是回歸平治了嗎？所以勢就可以治，勢的本身可以治，勢回到自然就可以治，不要把權力交給人，交給人一定會發生問題的，還歸自然好了，這是很美妙的思想吧！因爲我們知道，權力落在人的身上，總是會出問題的。

其次，我們來探討儒家的賢治說。儒家批評勢治說，第一個說法，認爲勢不能治，勢是中性的，權力是中性的，它同時便治亦同時利亂，因爲權力不能選擇堯舜，而拒絕桀紂，它不能選擇，就像核子武器不能夠選擇華盛頓與莫斯科一樣，它是不能分辨正義與邪惡的，同時便於治又利於亂，所以勢不能導致「治」，勢是中性，而不能有自己的方向。第二個說法，權力不能離開人，這是事實的不可能。韓非替儒家說得很精采，韓非眞是第一流的思想家，他能夠把儒家講得那麼貼切，那麼有力，代表韓非很有英雄性格。現在的人，跟人家筆戰，都故意曲解別人的文章，或者把對方偶有的疏忽找出來，大事誇張攻擊。韓非卻找最有力的最富代表性的，他批判儒墨，是針對孔子跟墨翟發言，對堯舜之道批判，他絕對不挑小家派猛講，甚至還斷章取義無中生有。人家韓非專講對方最精采的，而且講得非常眞切。事實上這篇文章是韓非寫的，他第二段寫儒家批判愼到，強而有力，當然他不會忘記，要安排自己是最後的勝利者。儒家批判愼到的第二個理由是什麼？他說權力不可以離開人，這是儒家的根本觀點，儒家是人文嘛，「鳥獸不可與同羣，吾非斯人之徒與而誰與？」（註三〇）這是儒家的基本立場。道家剛好相反，人不可與同羣，吾非鳥獸之徒與而誰與？他剛好認爲，只有鳥獸可以爲伍，人是很難相處的，因爲人會有心機，會勾心鬪角猜疑忌害，讓人受不了。儒家的立場，一定是在人間。所以權力一定是跟人結合在一起。既然權力一定跟人結合在一起，所以他討論人性。不過在人性的討論，卻出了大問題，韓非在這一段說儒家的人性觀，是「賢者寡，不肖者衆」，這個說法是荀子的系統，所以韓非講儒家，仍是通過他的老師來說儒家，不是通過孔孟，所以他對孔孟不大能夠同情。他說人性是「賢者寡，不肖者衆」。本來勢是便治而利亂，機會是一半一半，現在落在人性來說，是壞人多，好人少，所以權力碰上壞人的機會多，碰上好人的機會少，這樣看來，權力與人相結，結果是治少而亂多。第一個是便治而利亂，第二個治少而亂多，他意思是說，你不能光講權力，光講權力平治天下的機會少，而混亂天下的機會就多了，這代表儒家的立場。第三個理由，「勢者，養虎狼之心，而成暴亂之事者也。」這是難勢篇的話。他說權力會引生我們的虎狼之心，而虎狼是會傷人的，人在權力之下，會誘發我們原始的野性嘛！「養虎狼之心，而成暴亂之事」，套句現代的話說就是：權力會讓人腐化。這句話被認爲是當代政治學最重要的宣言，但是韓非子在兩千年前就講出來了，他眞是先進，對馬克斯而言他是先進，對當代政治學而言他也是先進。這裏是代表儒家批判愼到，事實上是韓非子講出來的，人性會在權力中腐化，我們要正視這個問題啊！你不要認爲我們現在是滿腔的熱血，一生的理想，也許，我們將來也會變嘍！搞不好我們將來是「老而不死」喔！我們不要重蹈一些人性沉落的悲劇，有些是屬於年齡階段的，「老年人戒之在得」，總希望在有限的餘年抓住什麼或掌握什麼，年輕人還好一點，有青春歲月與遠大理想，到了老年的話，理想面漸漸消失，老看到現實面，你看中國歷代的政治，宦官之禍不是很多嗎？這都是跟生命上的缺憾有關係的，希望獲得其他的補償。這是儒家對愼到的批判，所以儒家主賢治說，你的勢是必要條件，但不是充分條件。勢離不開人，所以「堯爲天子，能治天下」，他加了一個條件，人要是好人，人要是聖賢，爲什麼？我們人永遠在君子與小人之間徘徊，我這一念是君子，下一念可能是小人喔，我們眞的是搖擺不定，只有聖賢人格的修養，才能貞定如恆，是不搖擺不倒退的。爲什麼儒家講內聖外王，這裏面有大道理在，一般的君子，投入政治圈在權勢名利的誘引與爭端中，可能變成小人，只有你是聖賢的時候，你才能不倒退，才能貞定自己，而成就外王事業，因爲他不倒退呀，他有人格的保證，人的賢才能貞定權力，不然的話，權力是會使人沉落扭曲的，會讓人性沉落，讓人性扭曲的。我們有道德修養，才能夠用光明正大的生命，來乾淨它，來定住它，不讓他歧出錯落。所以不要認爲中國人不懂政治，它是把政治往道德修養講，往內聖外王講。這是儒家的賢治說，綜括起來講，爲什麼要賢加勢？勢要有規範，權力要有道德的貞定，因爲若光講勢，第一個勢是中性，便治而利亂，根本沒有方向；第二個勢跟人性相結，但人性是好的人少，而壞的人多，所以治少而亂多；第三個人性會在權力中腐化，所以幾乎沒有機會，只有一個機會，那就是人是聖賢，人格不倒退，我們要成百煉金剛，才不會倒退，不然的話，你就會腐化，會生銹的。爲什麼人要活到老學到老呢？爲什麼要死而後已呢？因爲良知不能放假的喔？你不要放自已幾天假哦？十年道行，可能毀之一旦，付諸流水！這是儒家賢治說。

其三我們來看法家的法治說：我們現在回到儒法之爭來了。韓非子第一個說愼到你不對，講勢當然是講人爲，你怎麼講自然，韓非子不是道家，他說我們講勢當然是講人爲，而人爲是可以設計的，「人之所得而設」，就叫人設，就叫人爲。我們解釋一下，荀子是反道家的，他的天、性、心的觀念，都從道家來，但他最反道家。他認爲人爲才有善的可能，一切自然都沒有善，這叫「人之性惡，其善者僞也」(註三二)，這句話要這樣翻譯才可以，你不能講惡，人性的本身沒有善，一切的善從人爲來，這是荀子。韓非繼承他的老師，人爲才有善的可能，自然都沒有善，所以荀韓強調人爲，而道家最反對，人爲就是人爲造作，是迷執妄爲，而荀韓認爲人的價值，就在他的人爲造作，不然的話，你活著作什麼？聽任老天或自然的安排嗎？生命的精采，在什麼地方？就在生命的開創與生命的奮鬪！所以他們面對人間現實，最顯積極奮鬪的精神，所以韓非認爲愼到講自然之勢，是沒有道理的，而應該講人設人為之勢。儒家說賢加勢，這個說法是矛盾的，這個批判是很厲害的，是韓非特別的安排，假定你是儒家的話，也許你還很感激韓非，幫我們儒家講得那麼有力，不過等韓非站出來批駁儒家時，你會突然發覺原來那是陷阱。你說賢加勢，他說賢勢是不能相容的，為什麼不能相容？什麼叫賢治說？韓非給予一個界定：「賢者不可禁。」賢治是不必依靠強制的力量就可以治，才能叫賢治，所以賢者是不能強制執行的。什麼叫勢治說？韓非也有一個界定：「勢者無不禁。」只要權力就可以治，沒有什麼它不能禁制的，所以普天之下，莫非王土，權力是通達到每一個地方，無所逃於天地之間的，莊子說：「無適而非君，無所逃於天地之間。」(註三二)權力普及每一個角落，沒有能逃離它的禁制之外的，勢就是無不禁，只要勢就可以，不必別的條件，這叫勢治說。假定你講賢治說的話，只要是賢，就可以感化人民，不必要動用權力。但儒家卻把兩個不能相容的觀念放在一起，結果發生矛盾。什麼是矛盾？韓非說了一個故事：一個武器商人，既賣矛又賣盾，他說我這枝矛是天下最銳利的攻擊武器，任何盾都可以穿過去；接著又說我這個盾是天下最堅固的防禦武器，任何矛刺不穿它。人家就問他，那用你的矛攻你的盾又怎麼樣呢？可不可以穿透？可以的話，你的矛可能是「物無不陷」，不過你的盾就不再可能是「物莫能陷」了。不能的話，那你的盾可能是「莫能陷」，但你的矛就不能「無不陷」了。這叫不能相容，不可兩立，矛盾就是只能成立一邊，不能兩邊同時成立。韓非斷定儒家是矛盾，賢不可禁，而勢無不禁，一如盾不可陷，而矛無不陷，所以賢與勢不能同時並立，二者是互相排斥的兩個觀念，故賢者在位的主張是不能成立的。

這個理由，當然是邏輯上的理由。我們現在看第二個實質上的理由，他要問：儒家你講了半天，我都很欣賞，對，當堯舜出現的時候，天下可平治，但請問堯舜在什麼地方？孟子說：「五百年而有王者興。」韓非說：「堯舜千世而一出。」聖王千代才出現一次，儒家你的政治不是絕望嗎？什麼時候等到堯舜出來！堯舜不是每代皆有，而每一代的政治都不能停頓，等到五百年以後嗎？一千年以後嗎？中國等不及了，他說這是「不可待」，堯舜等不到，是不可待的。韓非由此一轉，我們能不能設計一套不要等待堯舜，中國一樣可以平治的道路，有沒有這個可能？韓非說有，通過法規的設計，只要國家有一定的軌道，有一定的制度，可以運行，可以操作，任何一個君王，都可以讓中國治強，而不必等待某一個人，不必等待堯舜，因為堯舜是千世而一出，等待是絕望的，但是每一代都需要領導者，這叫不可待。他認為儒家的堯舜是不可待的，他設計的法是不必待的，不必等待聖王，中等的君王就可以依法而治，所以他認為儒家的賢治說，實質上是不能成立，而他的法治說是可以成立的。

這一篇依陳啓天先生的說法，是討論主權論的專文，我看不一定對。我認為這一篇重在反省權力的通行軌道，三家都意識到權力是會出問題的，權力要有規範，不然的話，權力會氾濫。用什麼來規範它？道家說不要讓權力氾濫，讓它氾濫的是人，所以不要人。權力本身不會腐化，是什麼讓他腐化的？人腐化，權力才跟著腐化。所以說回到自然最好，這就是所謂的無為而治，取消人為的錯誤，天下自然就治了。此外，儒家試圖以道德來規範權力，法家要用法律來規範它，這叫權力的規範，今天叫權力的制衡，你不要以為韓非不懂，他懂。

他用法律規範權力，他早已看出權力在君王身上是會出問題的，所以由法律來取代君王，他反對人治講法治，因爲法律不會墮落，人才會墮落，當然堯舜不墮落，但堯舜在什麼地方？所以這一點，很可以看出韓非的精采。這一篇可以看到他的大手筆，不過孟子能站出來的話，一場論戰是在所難免的，而且論最後勝負，孟子是不會作第二人想。因爲韓非說一般在位的君王，都是中主，這在孟子說來，那裏有中？你不是人就是禽獸，此中沒有中立地帶，聖王堯舜不是天生的，人人皆可爲堯舜，你怎麼說千世而一出啊？這些話別記在你的筆記裏，不然就顯不出韓非的精采了。我們站在孟子的立場說兩句話，就發現本來我們認爲很精采的理論，在比較對照之下，就得重新估評了。

(二) 由適然之善到必然之道

我們再由另一方面，來看儒法之爭，他說：「聖人之治國也，固有使人不得不爲我之道，而不恃人之以愛爲我也。」(註三三)這句話講得非常傷感。韓非說一個聖人治國平天下，他本來就要有一套使天下百姓不得不爲我的辦法，但絕對不依靠天下百姓對我的愛。怎麼說呢？因爲政治的穩定，僅僅是築基在人民對君王的擁護與愛的話呢？人家可以愛你，人家的愛也可以撤退，當人家的愛撤退而不再擁護你的時候，政治是否就垮掉了呢？韓非在尋找一條必然的道路，是必然性，而不是偶然性，「適然」是偶然，他人的愛是偶然的善，可以有也可以無，通過法，通過勢，才有保證，才是必然的道。韓非在尋求政治的本身可以維護他自己的可能性，而且必然的維護他自己，他認爲天下人民對統治者的愛，是偶然的，沒有必然性。只有規定一套必然的辦法，讓天下人民不得不爲我，辦法何在？通過賞罰，每一個人不是都要名利嗎？好，我給你名利，我通過賞罰來引導你的名利心，就因爲每一個人一定好名好利，韓非就把名利引上國法的軌道中，如是個人好名利，通過國法賞罰，就必然會走向富國強兵，這叫「固有使人不得不爲我之道」。儒家的講法相反，儒家的必然性不就政治說，而就生命說。什麼是我的必然性？做一個好人，這是天爵啊！人人本有，他人拿不走才是必然性，我活一生，要用人爵名利來榮耀我的話，就沒有必然性，因爲貴賤在人而不在己，所以是偶然的。兩家都講必然性與偶然性，不過儒家就生命說，法家就政治層面說。如何讓政治保障他自己，而不依靠任何人情的施與，人家對我們的愛，因爲那是不足恃的。所以我說韓非一定講得很傷感，他放眼天下，普天之下眞的是沒有可依靠信賴的朋友！民智不可用，因爲天下人民才智太低，老子說嬰兒很可愛，他說嬰兒太無用，因爲嬰兒不會計算啊！老子是不要計算，所以嬰兒的本眞最好；韓非是要計算的人，所以他說嬰兒愚昧無用。他說天下的人民都像嬰兒一樣，不會爲長久的未來打算，所以民智不可用(註三四)。另一方面又說「智士不足信」(註三五)，那些有才智的知識份子是靠不住的，他們會爲自己打算，而危害君國公利。那誰靠得住呀？我看韓非子寫孤憤篇，好像寫他自己懷才不遇的孤獨悲憤，實則最孤憤的，應該是君王本身，因爲普天之下，他是唯一的孤獨者，孤獨之感與悲憤之情叫孤憤，那篇文章寫得很有力氣，他要君王突圍而出，因爲你被包圍了，你自己突圍而出，來跟法家弼士接近，親賢臣，因爲你的周遭都是小人。韓非在智士不足信之下，其必然之道，是通過法的賞罰。而法律是順應人情的好惡，你不要以爲韓非是反人性。他說：「立法因人情」(註三六)，人情喜歡什麽？好名利，好，我就給你名利，韓非的思想從來沒有要求天下人民，要犧牲這一代，韓非沒有這麽說，任何要人民犧牲的，都不會長久的，因爲烈士是很少有的，只有墨家能，但墨家曇花一現。所以他提出一個很激烈的說法，他說：「君不仁、臣不忠，則可以霸王矣。」(註三七)這是很奇怪的說法吧！君王不要仁愛臣下，臣下也不要効忠君王，獨霸天下的大業就有成功的希望了。爲什麽？因爲當每一個人不講人情的時候，我們就會依照法律做去，法律才會集結全部的力量，當講人情的時候，就會以私害公。這個反省跟老子一樣，「天地不仁」、「聖人不仁」，而以萬物爲芻狗，以百姓爲芻狗(註三八)、意思就是不要講人情的愛，而回到自然的素樸；韓非是不講人情的愛，而回到法律的軌道，這是道法兩家，對抗儒家，反對儒家的人情人爲，回到自然的無爲，回到法律的無爲。韓非也說無爲，法律的無爲、法律自然運行，自然有一個軌道，不要人爲造作，人爲造作不客觀。道家說人爲造作會有負累，會扭曲別人；法家說人爲造作會有私情，就難期公正。你的哥哥犯案，你的判決就不一樣，所以把人爲取消最好。人情會動搖，是適然之善，法治有常軌，才是必然之道。

(三) 由禮下庶人到刑上大夫

我們再講第三方面，儒法兩家，甚至諸子百家，都在追求平等，試圖救濟周文的崩壞。周文是貴族政治，是階級政治，無可諱言，當時的社會分天子、諸侯、卿大夫、士、庶人等，這顯然是階級之分。周王朝是一家族建立的，這是顯然的，而周文崩潰，諸子百家志在打破階級的存在而追求天下人民的平等。周王朝的政治是「禮不下庶人，刑不上大夫」（註三九），也就是說禮是貴族的專利，而刑是用來治理百姓的。爲什麽？因爲貴族的血液是高貴的，人家是王室貴族啊，他身上流動的是王室高貴的血液，所以叫貴族。一般的平民呢？天生的身份低賤，所以只有貴族才可以講禮樂，平民就得用刑罰來處治。孔子是把禮樂下及庶人身上的第一個思想家，所以孔子的生命人格，遠比周公偉大，周公還是以自身的家族爲天下之貴，孔子才是關愛天下人。孔子要「禮下庶人」，何以禮可以下及庶人？因爲每一個人都有仁心，每一個人都普遍高貴，所以不分上下，人人都在禮樂的教養中，秦漢的政治，可以打破階級的壟斷，儒家的人性論有不可抹滅的貢獻，「禮下庶人」就是天下百姓也以禮樂爲生活的軌道，「道之以德，齊之以禮」的「之」，就是指平民百姓，以德化禮治來引導齊一人民，而沒有理由「道之以政，齊之以刑」（註四〇），問題不在政令刑施，而在不公平，因爲「刑不上大夫」！「禮下庶人」，是孔子的奮鬬；韓非的奮鬬，在「刑上大夫」。「禮不下庶人，刑不上大夫」，儒法兩家，分別把「不」取消。「禮不下庶人」，孔子把那個不平等的「不」拿掉，就是禮下庶人；「刑不上大夫」，韓非也把那個不平等的「不」拿掉，就是刑上大夫，所以王子犯法與庶民同罪，這叫「刑過不避大臣，賞善不遺匹夫」（註四一），刑過不避開大臣，大臣一樣要刑其過，有過就應該刑，出問題就應該辭職，這是責任內閣；賞善不遺漏匹夫，匹夫一樣要賞其善，有善就應該賞。儒法之爭，一主禮下庶人，一主刑上大夫，問題是那一家優位啊，儒家反對刑罰嗎？沒有反對，孔子說：「禮樂不興，則刑罰不中。」(註四二)儒家什麼時候反對過刑罰，只不過著重在興發禮樂教化，爭的是禮樂的優位，教化是最根本的；法家是不講禮樂，而只講刑治，此儒家當然反對。儒家不是反對刑罰，「禮樂不興，則刑罰不中」，不講禮樂，任何刑罰都沒有道理，因為你沒有給他接受教化的機會，是陷民於罪，罔民於死。所以一定要先行教化，刑治才有禁暴的意義。

(四) 由理想政治到實際政治

我們再講第四，從平面上來看是儒法之爭的對列之局，實則依照我們的分析，是否構成儒法之爭呢？假定我們通過一個兩層的分析來看的話，他們是不應該對抗，也不必相爭的。因為儒家站在理想的層面發言，而法家則站在實際的層面發言。儒家「政者，正也。」這那裏是談什麼政治的問題，而是談政治的理想；「為政以德」，這那裏是講政治，根本是講道德。所以不管是「政者，正也」，或「為政以德」，不管是「子帥以正，孰敢不正」(註四三)，或「君子之德風，小人之德草，草上之風，必偃」(註四四)等等，這一套都志在把政治提昇到道德的層次，孔子把政治提昇到文化的層次。不只是孔子，中國三代以來都講這一套，眞是源遠流長。整個中國文化的精華，就是我們從來沒有從政治說政治，而把政治當教化，當文化道德的問題來處理，我們提昇了政治的價值層次，這是儒家。若不能了解這一層，就不能了解儒家，那裏有人談政治，會講「爲政以德」(註四五)，這那裏懂得什麼政治呢？所以有些學者批評儒家不懂政治，只有政治哲學而沒有政治學。法家就有當代政治學的味道，他的政治哲學，不從應然的價值說，而從實然的事實說，探討權力的結構，權力的運作，權力的規範等問題。當然，還談不上權力的分配跟權力的轉移等問題來，至少談到權力的結構、運作與規範等，這是屬於實際政治的問題，而這點剛好儒家不正面講，而專講理想政治的問題。那麼，儒家的外王，豈不是顯然不如法家的精采了？

我們稍微解釋一下，因爲孔子的時候，周禮還是存在，他外王依附周公，所以獨開內聖。在孔子的時候，外王不成問題，問題在內聖，禮樂不成問題，問題在缺乏仁心的自覺，有禮樂而沒有仁心，禮樂是空殼而沒有眞實。法家認爲禮樂已經失去其相應的時代背景了，所以另外開法治，講富國強兵之道，落在實然的層面，探討實際政治的問題，如何去規劃去構作。儒家講政治應該怎麼樣？韓非講政治實際如何？分別在兩層發言。

儒法之爭，造成歷史上的不幸，因爲雙方對自己的界域，不大能夠清楚。假定儒家的政治理想，不通過法家實際的規劃構作去進行的話，理想終成空想，因爲你沒有路可以通出去；反之，假定法家的實際政治，拋開了儒家的理想規範去進行的話，實際政治轉成現實政治。理想頓成空想，實際轉成現實，現實是負面的意義，我們說那個人很現實，是不好的意思，說那個人很實際，至少是肯定他能腳踏實地，說那個人很現實，就是不講道義嘍。

通過上述分析，我們可以看出來，儒法之爭，嚴格說出來，是不應該產生的，他們應該相輔相成。我覺得，假如儒家把法家當成接棒者，而法家又不去反儒家的話呢，也許中國歷代的政治會改觀。這方面的衝突，韓非要負絕對的責任，因爲是他在攻擊儒家，力闢儒墨，所以造成尖銳對抗甚至不相容的局面。事實上，他的實際政治，在儒家政治理想的引導之下，會讓實際政治理想化；而儒家的理想政治，通過法家實際政治的規劃構作去進行，政治理想才能落實下來，而有充分的實現。所以，我覺得儒法兩家，並非是矛盾不相容的。

四、對韓非思想的批評

對韓非的思想，我們可以歸爲三點來批評。

(一) 法的根源問題

韓非的政治哲學，是由「法、勢、術」三者架構而成，法、勢、術的地位，等同於儒家「智、仁、勇」的地位，儒家的中心思想是仁，儘管說三達德，仁還是中心思想，因爲「仁者安仁」，智者是利仁(註四六)，智是爲仁而存在的，智者是有利於仁的實現，而勇者是可以行仁，勇也是爲仁而存在的，勇者志在行仁。兩家對照之下，韓非的術，有如儒家的智；韓非的勢，有如儒家的勇，二者都是爲了實行法治而存在。法的理想要能夠充盡實行的話，一定要法行嚴明，嚴是嚴必，明是當明，嚴必要通過勢的執行，當明要通過術的運用。勢就是要信賞必罰，這個勢相當於今天的司法，能信賞必罰，天下人民才能遵守這個法律，譬如闖紅燈不罰，誰管你紅燈的警示作用，紅燈變成沒有權威。所以勢是要信賞必罰，要嚴必、要嚴格，才具有必然性，這樣的話，法才能够被尊重。此外，僅要求信賞必罰還不够，萬一賞錯罰錯呢？所以賞罰嚴必之外，還要進一步要求賞罰當明。

法是客觀的軌道，也是賞罰的標準，因爲法律就是制約軌道規定標準，勢是賞罰的執行，執行的話，你就要信賞必罰，但是賞罰的執行要當明，你不能造成寃案，你不能刑求，這就是有待術的判定，才能無所隱藏的透顯出何者有功，何者有罪。這個術是從老子「無」的觀照轉化而成，所以有虛靜照明的作用。當明就是賞有功罰有罪，但不能够該賞不賞該罰不罰，假如賞罰錯亂，比沒有賞罰更嚴重，因爲造成整個是非的顚倒。這樣的話，法律形同虛設，甚至反其道而行。所以韓非講勢跟術，都是爲法而存在的，而且韓非明顯說「勢」跟「術」，不能違反法律而存在，韓非說：「奉公法，廢私術。」(註四七)他反對私心爲用的權術；另外，韓非又說：「明法制，去私恩。」(註四八)他反對把賞罰視同私相授受的恩惠，我的親人，我就賞他，這是違反法治精神的。他要「奉公法」、「明法制」，他要「廢私術」、「去私恩」，就是要防範權力的氾濫，避免執行的不正當，執行不正當，就變成刑求了！所以對韓非說來，法是要限制可能氾濫的權勢，消解可能濫用的權術，權勢的力量、權術的方法，都在法定的規範下進行，這邊非很嚴格的要求不可。人主要包括在裏面，所謂「人主者，守法責成以立功者也」(註四九)，他要求天下君王要第一個守法，因爲君王最有不守法的危機。我們對韓非政治哲學的架構，作一重點式的表明，由此可以看出他的「法」是高高在上的。

我們要問的是：法從什麼地方來？你萬事皆備，只欠東風，東風就是法，但問題是東風不來呢？你問儒家堯舜從那裏來？好，我們現在問你法從那裏來？當然韓非不復生，我們也不管他是否同意，只好幫他回答了。韓非的書上雖沒有直接處理這個問題，不過立法者當然是君王。問題是他的君王，還是中等的人主，中等的人主就是不像堯舜那樣的既賢且智，他不一定是賢者，也不一定是智者，一個不一定是賢者，也不一定是智者的中等君王，能夠立下百年大計的國法嗎？你還不是要堯舜出來才能立下根本大法嗎？所以韓非的問題，仍是儒家的問題，誰來立法？在我的書上，我用伊索寓言故事，來表示我的疑問：一個主人家，家中羣鼠騷擾，不得安寧，他引進了一隻貓，來捕殺老鼠。鼠輩緊急開會，研商對應之策，怎麼辦呢？有一隻老鼠說：我們幫牠掛上一個鈴就好了，在貓的頸子上掛了一個鈴，無論他到什麼地方，就警鈴大作，我們就能及時走避了。羣鼠大喜，以爲得計。另有一隻老鼠站在一旁，冷冷的發問：那由誰去掛啊！現在我們問他，由誰去立法？你的法從那裏來？這是法的根源問題。

(二) 法的保障問題

就算法的根源不成問題，但是有了法之後，法律也不能保障他自己。儘管他說「固有使人不得不爲我之道，而不恃人之以愛爲我也」，問題就出在君王本身，而不在羣臣百姓。中國歷代政治，法就毀在君王本身，毀在統治者身上。所以法律不能保護他自己，法律的嚴明性不在法律的本身，而在君王一時的意願，而君王的意願是搖擺不定的，君王一樣是人，又是掌握權力的人。在沒有高度的人格修養與強力的法律規範之下，是會扭曲沉落的。韓非以爲儒家以道德來規範權力，是不可能的，因爲堯舜不可待，所以他以不必待的法律來取代，但依我們的反省，君可立法，君亦可廢法，甚至不必廢法，反正他大權獨攬，就是不守法，所以法治終告落空。

當然，這樣的責求韓非，有一點用當代責求古代的意思，不免有以今非古之嫌，因爲只有近代的憲法才能够保障法律，也不只是民意國會制定的憲法，還要三權分立的體制，才能保障法律，司法權要獨立於行政權之外，才能够保障法律。韓非沒有反省到法的保障問題，但我們有權利問到關鍵性的一點，因爲我們是談當代的意義！

(三) 法的界域問題

我們在儒法之爭時，已談到理想與實際的兩層區分，韓非的思想立足在實際政治的層面，所以他在實際政治講話，不大出問題，但是韓非一跨出他的界域，對道德文化發言，對學術發言，什麼「不道仁義者故，不聽學者之言」(註五〇)，你怎麼可以通過政治層面來反對道德學術的獨立性呢？否定文化的理想，否定道德的生命。這是韓非的越界犯規，所以這方面是沒有嚴守自己法家的界域，而走出實際政治的界域，向理想政治發言。儒家講道德學術的文化理想，法家你講實際政治的規劃構作，這樣的話就可以同時並進。奈何韓非卻通過政治去否定道德文化，那麼法家就失去它嚴格的界域，不尊重學術文化道德的獨立性。所以，韓非一方面是開展秦漢大一統的功臣，同時也是使秦漢哲學，走向死巷的一個罪人，先秦到他是一個結束，到了兩漢整個都封閉住，不管儒家、道家，都跟現實政治結合，跟世俗結合，開展不出理性自然的智慧跟生命，要到魏晉才有新道家，宋明才有新儒家。這是我們對韓非思想所提出的三方面的批評。

五、現代意義的抉發

底下我們再談一點當代政治的問題。今天當代政治不是主題，而是附帶提一提，因爲我們今天是理論的講，我們專就理論來反省當代政治。當代是民主政治，民主政治在本質上，存有兩個問題：第一個，大多數的決定會是明智的嗎？大多數果眞代表明智公正的決定嗎？我們試想，譬如說我在教書，我們要全班表決，下個禮拜全班要不要來上課，情況會如何可想而知。當然，我的班在大學，還有一點希望，假定你到國中去表決，那就很悲慘了。民主是通過大多數的決定，要服從多數，這就是量化，用人頭決定，而人頭是數量，不是品質，所以大多數的決定，會是明智公正的嗎？會不會造成「衆暴寡」的局面，多數的愚昧否定了少數的明智，有沒有可能，當然有可能。所以民主政治要配合教育水準的大幅度提高，使人人有獨立的思考，獨立的判斷，民主政治才有意義，這是第一個。

第二個我們請問什麼叫大多數，大多數如何浮顯而出？意思是說，每一個人的一票都是出自他理性的判斷嗎？還是人云亦云，還是人情的牽引，甚至還是賄選，被收買，此中大有問題。我們知道，今天的工商社會，最有力量的是財團，財團掌握經濟，同時掌握大衆傳播工具，而大衆傳播工具可以塑造民意，左右民意，民意是被決定的，這叫「強凌弱」。所以民主政治在當前，似乎有不可避免的危機，那就是「衆暴寡，強凌弱」所逼出來的(註五二)。那麼，這個危機，才是造成當代民主政治沉落與逆轉的原因。因爲設若政治是「衆暴寡」，「衆暴寡」就是大多數的愚蠢決定一切，而否決了少數的明智，就形成愚昧政治，所以民主政治向右轉，走向希特勒的獨裁專制，或者可以美其名叫開明專制。因爲大多數決定，就會讓國家沒有力量，所以德意志走向權力集中，這叫極右派，納粹政權就是民主的向右逆轉，轉回去轉到君主專制，因爲民主政治鬆散，不能凝聚，而且是錯誤的選擇，是一種愚蠢的決定，所以民主政治轉向極右派，以獨裁專制顯明智，且富有效率，這是第一個危機，這是「衆暴寡」的危機，所以後來「寡」突顯出來了。

民主政治的第二個流弊，是財閥政治，前者是愚昧政治，後者是財閥政治，財團掌握政治經濟的大權，由是財團政治向左轉，走向「無產階級專政」，是蘇俄的共產專制，無產階級站出來打倒有產階級，因爲他們掌握太多了，又掌握經濟又掌握政治，控制了一切，所以無產階級的意識型態形成，且被運用。事實上，無產階級也是一個抽象名詞，專政，還是少數專政，你眞的會以爲是所有的無產階級在專了有產階級的政嗎？事實上現在的無產階級還是被統治者，專政的還是少數的幾個人，只是換了另外幾個人而已。極右派是標榜明智、效率，極左派標榜什麼？乾淨。我們要注意，共產主義以乾淨自豪，因爲他們沒有工業社會的汚染，沒有貪汚，沒有色情，沒有暴力，他們以此自豪，這一點很讓我們反省。我們講反共，不能光講經濟成長，他們可能會嘲笑臺北的汚染貪汚與色情暴力，所以我們一定要維持我們的乾淨，一定要講道德，不然的話，中共剛好認爲你越搞越資本主義。我們不能蹈西方資本主義的覆轍，我們一定要讓它乾淨，而且有效率。

今天我們要民主，又要乾淨有效率，怎麼可能做到？我們現在談到民主政治的危機，可能變成愚昧政治，與財閥政治。這兩個危機不能化解，就可能變成極右跟極左的逆轉沉落，極右是逆轉回去原有的專制，極左是沉落下去而爲新的專政，這個就是無產階級專政。所以民主政治，在第二次世界大戰之後，一個逆轉回去，一個沉落下去，逆轉就是退到原來的專制，沉落就是變成無產階級專政，把所有的文化都否定掉，上層結構當然也會腐化，但上層結構也代表一個理想，你把上層結構推倒掃蕩，就剩下光禿禿的無產階級，就剩下沒有文化沒有理想的社會了，這是很悲慘的事，大陸的文化大革命，就是如此。

今天的政治，已漸漸反省到這個問題，已有所謂的第四權出現，什麼叫第四權？叫知識權。國會有任何立法，任何決定，要邀請學者專家出席，你當然是民意代表，你有投票的權力，但你不能決定什麼是對的，要專家的知識幫你做決定，要尊重第四權，所以像墮胎法案的通過，可以不舉行聽證會，不請專家來說明，就投票通過，這是很危險的！這牽涉到整個世界觀，生命價值觀的問題！就算是有這個必要，但也要讓我們的民情，我們的社會各層面，有緩衝調整的機會，這不是立委說投票就可以投票決定的，事關整個宗教、哲學、社會倫理、心理適應……等層面的問題。所以當代提出一個第四權，來補救可能愚昧的危機。

另外呢？我覺得今天的民主，要眞正成爲有意義的話，儒家的思想，是一個很重要的關鍵。當代的政治，主要是來自整個英美經驗主義的哲學，經驗主義是不講先驗的，不是像歐陸的理性主義，承認有先於經驗的眞理；他們認爲沒有，眞理在經驗層次，每一個人一票，每一個人都一樣的分量。我們剛說大多數可能是不對的，這是你的優越感，你憑什麼說，你對他就不對，所以我剛才那些話，不一定會被接受。一個知識份子的優越感，你憑什麼說人家不對，你才對，你憑什麼？所以英美的經驗哲學，採取的是價值相對主義，價值相對主義是只有他自己知道，他有權力決定他自己的未來，不用你來決定，不要以爲你是聖人，聖人就能領導天下，這樣的話是反民主。所以很弔詭的，儒家講聖王政治，聖王政治與當代民主政治是扞格不合的。當代民主是人民自己做主決定，不是聖人教化的。所以問題來了，我們怎麼樣把儒家化入當代民主政治裏面，法家可以開出法治，但法家不能講民主，法家只能講法治的嚴明。法家的困難在法的根源問題，法的保障問題與法的界域問題，都跟不能講民主有關。他不能講民主，才有諸多問題的夾雜拖累，然而民主在今天說來又有危機，此一危機又如何化解？我認爲儒家的「仁」，承認每一個人都高貴，每一個人投下的一票，才代表價值，人民才不會變成工具，民意才不會被製造。不然的話，民意被製造、被利用，民主會變成虛假荒謬的遊戲。一個眞正講儒家哲學的社會，才能眞正肯定每一個人的一票，肯定眞正的人權，因爲人性是高貴的，而不是在相對的衡量中，變成爭取的對象，利用的對象，所以我覺得儒家的聖人領導，聖人敎化百姓，跟當代的民主，通過每一個老百姓自己決定的這個理論，有點扞格不合，這個不合根源在儒家講文化，而不是講政治，不過我們只要把儒家放在文化的分位講就不會再有衝突。未來的民主政治，要通過儒家的「仁」，才有它的基礎。不然的話，很多人民都變成政客的工具。

我記得嚴幾道特別提到老子的思想，比較適合當代的民主政治的心態，老子說「聖人無常心，以百姓心爲心」（註五二），聖人沒有自己的心，百姓的心就是他的心，這誠然是比較切近當前民主政治的心態，但是就人權來說，要儒家的「仁」才行，我們有沒有可能通過道家的「無我」，尊重百姓的意願；通過儒家的「仁」，肯定人權的尊嚴；通過法家的法治，來制約規範，這樣是否可以開出中國民主政治未來的坦途！現在世事多艱，整個民主政治還是有很多逆流，還是沒有得到一個根本的肯定，沒有找到一個平坦的大道。中國哲學，能否在未來的民主政治中，貢獻他的心力呢？我剛剛的說法，只是一個構想，這是所謂的智慧。我覺得我們是在英美的價值相對主義之外，提供一個實現民主的可能機會。今天我所講的，大概是指向這個意思，我們講傳統、講儒家、講法家、講今天，而且要擔負整個人類的未來，而民主政治才能衡定未來的世局，假定有那一個國家是專制的話，世局一定會動盪不安，成爲人類的負擔，所以這一方面，成爲人類共同追尋的目標，而這個奮鬪，不是來自於軍隊，來自於警察，不是來自於權勢，或來自於權謀，而是來自於思想，來自於文化與教育的力量。這就是今天演講的主題，也是我們這一場演講的結論。演講就到這邊結束。

——本文是筆者在師範大學國文學會哲學研討會的演講詞，由文化大學新聞系林燕翔同學根據錄音整理，並經筆者刪改增飾而成。——

附註

註一：參見拙著「韓非子的哲學」頁一〇六至一一六。

註二：孟子公孫丑上。

註三：飾邪篇。

註四：六反篇。

註五：同上註。

註六：同註四。

註七：備內篇云：「后妃夫人，適子為太子者，或有欲其君之蚤死者。」

註八：顯學篇。

註九：孟子盡心上云：「君子所性，仁義禮智根於心。」此即就德性心說性善。

註一〇：天論篇。

註一一：性惡篇。

註一二：正名篇。

註一三：道德經第一章。

註一四：性惡篇云：「凡禮義者，是生於聖人之僞，非故生於人之性也。」正名篇云：「心慮而能為之動，謂之僞。」此言心可起僞而生禮義，以化人之性。

註一五：八經篇。

註一六：尚同上。

註一七：八說篇。

註一八：孟子盡心上。

註一九：天下篇。

註二〇：八經篇云：「賞者有誹焉，不足以勸；罰者有譽焉，不足以禁。」五蠹篇云：「譽輔其賞，毀隨其罰。」賞罰是國法，毀譽是儒墨，韓非試圖以國法賞罰統合儒墨毀譽。

註二一：「增訂韓非子校釋」頁九四三云：「上古不同於中世，中世不同於當今。世異則事異，事異則備變。這是韓非的一種進化的歷史哲學。」

註二二：五蠹篇云：「上古競於道德，中世逐於智謀，當今爭於氣力。」

註二三：五蠹篇。

註二四：更法篇。

註二五：五蠹篇。

註二六：五蠹篇云：「古者，丈夫不耕，草木之實足食也；婦人不織，禽獸之皮足衣也。不事力而養足，人民少而財有餘，故民不爭。是以厚賞不行，重罰不用，而民自治。今人有五子不為多，子又有五子，大父未死而有二十五孫。是以人民衆而貨財寡，事力勞而供養薄，故民爭。雖倍賞累罰，而不免於亂。」又云：「故聖人議多少，論厚薄而為之政。故罰薄不為慈，誅嚴不為戾，稱俗而行也。故事因於世，而備適於事。」

註二七：五蠹篇云：「故饑歲之春，幼弟不饟；穰歲之秋，疏客必食。非疏骨肉，愛過客也，多少之實異也。」
註二八：難勢篇云：「夫有雲霧之勢，而能乘遊之者，龍蛇之材美也。」
註二九：見拙著「材與不材之間」頁一八八至一九二。東大圖書公司，七二年二月初版。
註三〇：論語微子篇。
註三一：荀子性惡篇。
註三二：人間世。
註三三：姦劫弒臣。
註三四：顯學篇云：「民智不可用，猶嬰兒之心也，夫嬰兒不剔首則復痛，不副痤則寖益。剔首副痤，必一人抱之，慈母治之，然猶啼哭不止。嬰兒不知犯其所小苦，致其所大利也。」
註三五：八說篇云：「智士者，未必信也；為其多智，因惑其信也。以智士之計，處乘勢之資，而為其私急，則君必見欺焉。」
註三六：八經篇云：「凡治天下，必因人情。人情有好惡，故賞罰可用；賞罰可用，則禁令可立，而治道具矣。」
註三七：六反篇。
註三八：老子第五章云：「天地不仁，以萬物為芻狗；聖人不仁，以百姓為芻狗。」
註三九：小戴禮記曲禮上篇。
註四〇：論語為政篇云：「道之以政，齊之以刑，民免而無恥；道之以德，齊之以禮，有恥且格。」
註四一：有度篇。
註四二：論語子路篇。
註四三：論語顏淵篇。
註四四：同前註。
註四五：論語為政篇。
註四六：論語里仁篇。
註四七：有度篇。
註四八：同前註。

註四九：外儲右下。

註五〇：顯學篇。

註五一：韓非子守道篇云：「法分明，則賢不得奪不肖，強不得凌弱，衆不得暴寡。」

註五二：老子四十九章。

從道家思想看當代人生

一、前言——「執古之道，以御今之有」——

各位先生：今天個人非常榮幸，能够應邀來此演講，這是中國哲學會與耕莘文教院聯合主辦的「現代哲學季」，所以這一連串的講題都與現代人生有直接的關聯。記得剛開始的時候，我曾經打電話給沈清松先生，商討一下要講的題目，他現在是比較關心科技的問題，所以，他想講科技與當代人生的問題，我自己正在思考應該講什麼題目呢？沈先生告訴我說，你當然講老莊嘍。所以，我是應聽衆的要求講老莊。

剛才張起鈞老師——他是我師大的老師——對我已做了介紹：說我的生命是在儒家，學問的專長是在法家，事實上，在大學開課最早的還是老莊。今天我們都關心現代人生，感受很多體會也很多。從積極方面來說，我們今天講現代人生當然講儒家，不管是文化理想或歷史傳統的開展承續，中國人當前要講儒家，講儒家才能突顯出中國人未來生命歸屬的所在，以及人生正面的方向。其次，講中國現代化，建立一個民主法治的社會，當然要講法家。問題是現代人生不只如此。我們的感受是現代人生實在太苦了，負擔太重了。怎麼樣才能消解這些問題呢？我想要通過「老莊」來化掉，今天講老莊，不是純粹就學理來說，而是出於宗教的情懷。我覺得當代人的責任太大，負荷太重，怎麼樣才能消解人生命存在的壓力，而能讓每個人找回他自己，好好過他一生呢？我認爲是老莊。

今天講從老莊思想看現代人生，是配合「現代哲學季」的講題，不是從學理上，因爲老莊思想與現代人生作直接的關聯討論是很難的。不過，老莊的每一句話，都可以帶給我們人生的靈感與啓發，都可以化掉當代人生的擔負與苦痛。事實上，是就老莊思想，來化解當代人生的問題。所以今天講的問題，不是直接處理當代人生的經驗，不是就知識技術上來談怎樣開展當代的工商業，發展科技，或建立民主法治的社會。今天不談這些外王問題，而是從一個更高的層次，屬於心靈境界的層次，從生命精神的開發，與心靈境界的提昇，來探討當代人生的困境。

老子說：「執古之道，以御今之有，能知古始，是謂道紀。」（註一）道本來貫通古今的，千古下來人還是人，道還是道，屬於人生的問題千古如一，那分存在的限定與苦痛也千古如一，所以，不要以爲老莊是兩千多年前中國的古老思想，今天通過老莊來講現代人生，豈不是根本不能相應？它還是相應的，在最高的心靈層次來說，它是千古相應。所以今天我講的不是什麼心理適應的問題，社會調查的問題，經濟成長的問題，政治改造的問題，我們不討論這些問題，我們只就精神層次反省當代人生，而這一個精神層面的智慧靈感，來自中國的老莊。

二、當代人生的問題反省

談到老莊，已是千頭萬緒，再講當代人生，更是不知要從何說起。對當代人生的反省，就知識層面來說，我並沒有什麼獨特的創見，不過既然講這個問題，就得先作某些程度的描述分析。這一方面的分析，涉及學理的根據少，屬於個人生命的體會多，我們希望能引起大家的共鳴，大家的關懷。

(一) 科技的膨脹獨大——心靈世界與自然世界的同時失落

所謂當代人生的問題，第一個是科技帶進來的，所以「現代哲學季」第一天講的就是科技問題，今天可以說是科學技術膨脹獨大的時代，本來人有人的心靈世界，自然有自然的世界，科技的世界可以說是屬於第三世界。它是人的心靈世界與外在的自然世界之間的橋樑；我們通過科學——科學的技術，與科學的理論——來認知這個世界；而自然世界，通過科學理論呈現給我們，所以科學是心物之間的橋樑，是讓我們可以理解自然，讓自然可以呈現給我們的通道。科學、科技，本來是代表知識上的傳達功能，但今天不是嘍，今天科技已獨立運作，且走向超需要的危機之路。自然原是有生機有情趣的，有聲有色的自然，但通過科學的理論，概念的思考，與量化的處理，自然變成原子電子，變成沒有生命、沒有情感的存在。這麼一來，我們安身立命的自然失落了，自然不再是那麼可愛的自然。再說，科技的膨脹獨霸力量過於強大，反過來支配使用科技的人，壓縮人類的心靈，我們不再有靈感洞見，而生命親切的體會契悟，也在逐步的後退之中，爲科技所迫壓而失落不見。我們可以說，在科技獨霸的今天，人類的心靈被壓縮了，而這個世界，這個有生機有情趣的世界，也在我們的生命中失落了（註二）。所以懷黑德說：「科學之網，漏掉了具體眞實的世界。」（註三）

不過話說回來，通過當代科學技術，畢竟已帶給人類很大的福祉，我們今天可以逃離疾病與饑餓的困境，完全是科學的賜予，今天沒有人可以逃出科技的保護傘之外，但科技導致人類心靈世界，與外在自然世界兩邊的減縮失落，也是事實。就當代說來，我們甚至可以這樣說：科技成了新的上帝。本來，對整個中古教會來說，上帝是給我們一個生命最後的依靠，到了當代以後，人們發現原來科技可以給我們一切，天堂不必在未來，而可以在當前實現，所以他們相信科學技術，科學技術是一切，由是形成科學主義的價值觀，科學代表一切的眞理。所有的人在科學之前，完全失去他本有做爲主體的地位，這一點恐怕是當代人生最重大的困結吧！

(二)由農村到都市——都市生活的漂泊無依

所謂當代人生的第二個問題，就是當代人從他的家鄉走出來，由農村走向都市，由農業社會跨入工商社會。一般說來都市的生活，是飄泊無依的，都市的土地是不適合生根的，很多人從農村擠向都市，完全投入一個陌生的世界，就好像無根的浮萍一樣，在人海中流浪。今天的人生，眞是無處不飄流，什麼都定不住，都沒有保證。張起鈞老師在前天的演講時說：當代文化是自殺文化，沒有人有時間好好烹調做菜，有閒情好好吃一餐飯了，所以才有爸爸回家吃晚飯的呼聲。當代人都太忙，忙得沒有時間生孩子，沒有心情帶孩子，試問這不是自殺文化是什麼？是啊！當代人生眞是有很多人不想結婚，不敢生小孩，因爲婚姻不是很累嗎？在當代社會裏面，婚姻如同職業流動一般的沒有保障，隨著生活境遇在飄流中。何必結婚呢？隨緣偶合就好了，人生變成隨緣，把自己放出去了，在人海中流浪，不必擔負什麼責任，不就不累了嗎？

我們試擧一例，幾個月前社會版的頭條新聞，出現了侯世賢、侯世宗兄弟，從臺北縣一路搶劫砍殺，由北而南，再由西而東，直殺到臺東縣。犯案纍纍，凶狠殘暴，簡直到了令人不敢相信的地步。這一對兄弟檔，是嘉義縣六腳鄉人，北上打天下，竟打出這樣慘烈的局面，眞叫人震驚悲痛。他們本是農村樸質的青年，到臺北闖蕩江湖，都市的土地是不適合播種生根的，只能是炒地皮的商品。農村的土地可以種作生產，一分耕耘，總有一分收穫；都市的土地是用來轉手圖利的，投資進去可能暴起暴落，機遇僥倖的成分很重，讓人有飄浮無根之感。兩兄弟到臺北，僅能寄身在都市的陰影下，充當小弟小丑，眞是江湖落魄。他痛恨有錢有勢的大人物，也看不起沒有教養的小人物，所以他搶轎車，也撞摩托車，搶轎車意味著他對都市罪惡的批判，撞摩托車象徵著他對都市垃圾的厭棄。他搶了都市之「狼」，撞了都市之「鼠」，當下不就提升了自己，成爲逐狼滅鼠的老虎英雄嗎？他儼然是當代的唐吉訶德，正以其俠客精神，批判墮落的社會，也批判卑微的自己。他批判了自己，也就超越了自己，但終於毀了自己，也埋葬了自己。從農村到都市，當代很多青年朋友，不管是到臺北來求學或就業，眞是嚐盡了人間最大的孤獨與無奈！

㈢ 尋求依靠的天涯淪落人

從這邊看來，我們可以說，當代人在人我之間，相互依存，對羣體的生命是完全的投靠，人不能够片刻離開羣體，但人也完全陷於孤獨無助中。有些人不解的問，爲什麼會有那麼多人信「一貫道」呢？一貫道的敎義說是統合各敎而一以貫之的，我不想直接在敎義上作一批判反省，我只關心爲什麼有那麼多的人信仰一貫道？我的理解是，現代人生太不穩定也太寂寞了，他們渴望支持與溫情，一貫道提供依靠，給予溫暖。活在當代社會的人們，不是投靠幫會，就得依靠各種敎派的活動中。青少年依靠青少年的不良組織，家庭沒有溫暖，父母親沒有關懷，不良幫會有，少年幫會有，爲什麼？提供保護、提供支持。當代人太寂寞了，離不開羣體社會，然而，投身在羣體社會中又完全失落了自己，沒有獨立的個性。我們現在每一個人有如工廠的零件，散落滿地，不曉得身在何方？

(四) 由心靈的流浪到官能的放逐

從這幾個方面來看的話，我覺得我們的心靈世界與外在的自然世界，已同時失落，我們的精神被封閉了，生命窒息了，所謂精神價值與道德理想都不能講，人都不再能擁有自己，擁有這個世界，人變成一個旁觀者，所謂的「旁觀者」就是精神流浪的人，不講價值，不說莊嚴，只在飄泊無依中追求哀愁與美感，只在飄泊無依的流浪生涯中，突顯精神的自我解放。現在有某些作家，就以飄泊無依來顯現生命的精采，有些人的流浪是有代表性的，代表中國人在海外流浪，通過作家的天涯覊旅，讓離不開都市文明的現代人，在當前工商業社會擠迫的生活中，也能分享一分生命開放的自由，得到了精神的撫慰。

此外，旁觀者不再關心別人，不再承擔別人，天涯淪落人，有誰關心呢？走在路上我們往往看不到別人，生活充滿緊張，在忙碌中感到苦悶不安，甚至被逼到只能在別人的不幸中找到自己活下去的理由。現代人喜歡看花邊新聞，與意外災難，好像這個世界，總是發生了一點可以讓我們有感覺的事情了！這樣的情況還算是比較好的，當精神不再有出路之後，人們開始把自己的生命放逐在形軀官能之場，把生命投注在聲色犬馬的浪蕩中，在官能找尋刺激，刺激的結果是痲木，痲木更需要刺激，而刺激之後變爲沒有感覺，這眞是人類的自我放逐呀！從心靈的流浪到形軀的墮落，這就是形成色情跟暴力的社會問題。

從當代電影中，可以看出來色情與暴力是兩大主流，「色情」，色要是有情，還是情呀！發展到最後是有色而無情，由是色情的刺激轉成性變態。那麼暴力呢？由恐怖電影，而災難電影，而科幻電影，人不再面對眞實的世界，眞實的世界活不下去啦，所以世界變形，人不再有自己，所以性變態，怎麼逃避？大痲煙、迷幻藥，人終於找到了一個迷幻的世界，一個自己不再受不了的世界，人終於忘掉了自己，痲醉了連自己都受不了的自己，迷幻大痲，正所以代表生命最無奈的抗議。我們從這個地方可以透視當代人生！有些問題不是道德問題，迷幻大痲的人，不是完全沒有道德的人，我們要反省到，爲什麼這個世界讓他們活不下去？爲什麼他們要逃到不是世界的世界？爲什麼他們要過著不是人生的人生？前兩年有一位淡江的女生，從八樓跳下來，學生們悲痛傷感，他們問爲什麼她要跳下去？跳開她的世界，跳出她的人生？我告訴學生們，我們每一個人都有責任，因爲我們讓她覺得人生不値得活下去，你不要光批評她：「她自殺了，她是弱者。」有時候人自殺也需要很大的勇氣呀！

三、達爾文、馬克思到佛洛依德的當代世界

關於當代人生，我想通過三位當代西方學者，來解釋當代人生的迷惘與失落。我認爲達爾文、馬克斯跟佛洛伊德，他們的學說反映了當代世界的問題，他們的學說，在某一個角度來說，也主宰了當代世界。達爾文是在一八五九年出版了他的「物種原始論」，他從生物學的觀點，提出「物競天擇」的學說，主張適者生存、劣者淘汰，這就是所謂「進化論」的思想。達爾文對當代世界的影響，是很少有人可以趕上的，各門學問走向達爾文主義。達爾文

發現時間，發現時間的重要性，他揭露了生命的本質，生命的本質是動態的，不是靜態的，是在時間中成長進化。通過牛頓，物的存在被視爲靜態的，在幾何座標裏面，時間被取消，物可以在空間上作一定位，且可做無限的分割，時間被取消，世界靜止不變，數量即可表象世界。因爲世界不變，比較好處理啊！達爾文在他的學問中帶進了時間，所以時間加進了生命的行列，由是我們看到生命的成長進化，這是他非常大的貢獻。世界不再是靜態，生命不再是靜態，而是動態、是成長，人類的生命理想指向未來的進化前程，這本是很好的學理呀。但「物競天擇」的進化論，所謂適者生存、劣者淘汰，已變成萬物存在的法則，後來尼采受到他的影響，軍事野心家受到他的影響，所以德國就有權力發動世界大戰，希特勒有權力屠殺六百萬的猶太人。達爾文的學說，本來是生物學的一套理論，這套理論後來影響到尼采的權力意志，形成雅利安民族是世界最優秀民族的狂妄自大。此中最重大的轉變是：自然不再是適合人類活下去的世界，因爲它是個鬪爭場，世界是一個生存鬪爭之場，所以人類不幸地失去了自然世界，開始從自然世界逃回到人間社會。

逃到人間社會，又有另一個學人站出來了，把達爾文的理論轉向人間社會的則是馬克斯。他在一八六七年出版了「資本論」一書，「資本論」本是經濟學的理論，他把「物競天擇」的理論，引到人間社會。如是人間社會也成爲鬪爭場。他主張階級鬪爭，才是人間社會進化的動力。人要存在，就要爲自己的權力奮鬪爭取，要通過自己的階級去反對另一個階級。自然世界是一個鬪爭場，人退到人間社會，我們又發現人間社會也是一個鬪爭場，那麼，生命還能夠退到何處去呢？我們沒有了自然世界，也沒有人間社會，人只有一條路——回到自我。

這個時候佛洛伊德出現了，他在一九〇〇年刊行「夢的解析」一書，他認爲人的生命，有一個呈現在意識中的「自我」Ego，另外有潛意識的「本我」Id，與在自我之上的「超我」Super Ego，超我就是一個來自於宗教信仰，來自於社會禮俗，來自於道德意識的無上道德律令，他永遠發出理想的命令，要求你作這個，要求你作那個，應該這樣，不應該那樣，這是超我。而本我呢？本我是一種本能的驅迫力，是非理性的，屬於生命最原始的呼叫。一方面本我對人的意識自我，傳達一種呼叫，要求欲望的滿足。另一方面超我對自我下達約制的命令，形成道德律令與宗教禁忌，二者在意識中的自我，拉扯對抗，由是人的自我也成了鬪爭場，超我跟本我的鬪爭場。一般說來，超我與本我在自我中可以得到妥協，可以相安無事，這叫心理適應。倘若本我與超我在自我中失去平衡而破裂的話，這就是精神分裂，一邊是超我的人，一邊是本我的人。（註四）

我們從達爾文那邊失落了自然世界，通過馬克斯又失去了人間社會，人僅能回到他的生命自我，在佛洛伊德的學說裏面，人也失落了他的生命自我。各位先生，當代人生的行程是如此這般的話，生命的歸處何在呢？自然世界失落了，人間社會失落了，生命自我也失落了，那麼，人往何處去？僅能心靈流浪，做個旁觀者，再不就是形軀官能的自我放逐，再往下沉落，就逃入生理官能的迷幻大麻中，所以當代生命眞是天地茫茫無所歸依。我認爲通過這三位學者，是可以解釋當代人生的迷失與墮落，請注意一下，我不是說這三位學者，造成了當代社會的病態，而是說當代社會的病態，是通過他們揭露出來的。所以至少可以經由三位學者的思想，說明當代人生病痛的所在。

我們通過上述對當代人生的反省，可知問題在科技的膨脹獨大壓縮了心靈，心靈的世界封閉了，科技的概念思考與量化處理漏掉自然世界的聲色，自然世界的生機情趣也失落了，人僅有生命自我，只要精神一沒有通路，人只有心靈流浪一途，放開理想隨風飄搖，另一條路是自我放逐，放逐到生理官能之場。再下去就是迷幻逃避了。

四、宋榮子、告子到愼到的生命沉落

中國先秦諸子中，有三位哲學家，他們的思想很能代表這個生命逐步沉落的過程。底下我們就通過宋榮子、告子跟愼到三位哲人，來對當代人生的沉落作一詮釋。

宋榮子是戰國時代的一個哲人，在孟子書中叫宋牼，在荀子與莊子天下篇裏面叫宋鈃，在莊子逍遙遊裏面說他是宋榮子。宋榮子是墨家，兼有道家與名家的性格，那個時候是各家思想混合的時代，所以一個哲學家的思想，可能同時兼有幾家的性格。墨家是講兼愛非攻的，墨家的生命也是積極進取的，墨者大軍，在列國之間奔走，承擔平天下的使命，有如今天聯合國的和平部隊，墨家徒衆的生命是慷慨悲歌、義無反顧的，且自苦爲極，以「摩頂放踵利天下爲之」自我期許，放眼天下，古往今來恐怕只此一家而已！此正代表生命的積極投入與擔負。面對戰國長期的戰亂，與生命的迫壓，未料身爲墨家的宋榮子，僅能通過名學的處理方式，來實踐所謂「兼愛非攻」的教義，他說：「見侮不辱。」就是被欺負了，而心不以爲辱，他想這樣不就可以消除人間的紛爭了嗎？就道家性格而言，他認爲人存在於世上，不免會被人欺負，甚至人的存在本身就承受來自社會的壓迫，人的存在根本沒有尊嚴，沒有價值可言，若見侮而以爲辱，一定會引起對抗、戰爭，怎麼辦呢？兼愛非攻怎麼辦？他的生命挺不住，不能以墨者的豪傑本色，去擔負屈辱，他找到另一條路，一條便捷的路，只要我心裏面拒絕承認，被欺負了而不以爲辱，人間不就是沒有怨怒悲憤，也就沒有戰爭了嗎？所以荀子說他「用名以亂名」(註五)，侮就是辱，怎麼會是不辱呢？我們總是侮辱連著說，侮辱是不可分的，侮的本身就是辱。但宋榮子只能被迫的在心裏面拒絕承認，以「見侮不辱」(註六)，來化解人生的困境，所以莊子說他是「定乎內外之分，辨乎榮辱之境」，生命隱藏於自我之內才能護住尊嚴榮耀，生命一流出於外，一定備受屈辱難堪。我們的生命一有求於外，就在外在的決定中，這就是生命的一種屈辱，所以宋榮子說「見侮不辱」，要把生命定於內，以求免於外來之辱，他完全放棄了他存在的世界，他把自己封閉在自己的內心裏面，我不要世界，我就可以不辱了吧！這就是我剛剛所說的心靈的流浪者，對自己的人生做一個旁觀者。內是榮，外是辱，生命一通向外一定受辱，所以退回內在的世界，內在的世界才能保有自己起碼的尊嚴，這就是宋榮子的生命型態。

我們再看告子的思想：陳大齊先生認為告子是儒家，且告子的人性觀是直承孔子（註七），我不贊同這個說法；唐君毅先生認為子告是墨家，因為他主張義外說（註八），所謂的「仁內義外」，既主張義在外，正與墨家「義、利也」的義外說相近。我個人的觀點，告子也有道家的性格。告子說：「不得於言，勿求於心；不得於心，勿求於氣」（註九），言代表外在的世界，不得於言是指人對外在世界不能溝通，理有不得的時候，勿求於心，不要求助於自己的內心去硬撐，不要把外在的紛亂，帶進你的內心，也就是說要守住自己內心的孤明。外在的世界垮了，最好保有你的內在世界，這是宋榮子，也是告子的路，「不得於言，勿求於心」，不要讓外界的紛擾打亂了我們的內心，我們可以失落世界，但不可以失落自己。告子更進一層「不得於心，勿求於氣」，今天外界的紛擾，已強勢到可以闖進你的內心，讓你不得平靜，心已被紛擾萬象闖進來了，內在心靈的孤明也保不住了，告子在心已被打亂的時候，以為不要求助於血氣來壓平它，至少讓我保有生命血氣的自然清暢吧！也就是說，心亂了我不要心，我要護住氣。什麼叫氣，氣就是自然生命，生理官能的自然流行，我不要心，就是不要理想，不要抱負，我放棄了，我只要生理官能的自然生命能通暢無阻，這就是我剛剛所說的自我放逐於生理官能之場，這不只是當代才有的問題，中國過去也是一樣，這是普遍存在的問題，不過以今為最而已。只求生命的自然清暢而已，我不要心，心有負擔，有理想，宋榮子挺不住，告子則是受不了，心也被闖進來，被打散了。

另外一位是愼到，愼到是道家人物，又有法家性格，愼到是由道入法的關鍵人物。在儒家裏面，把儒家義理逼向法家的是荀子，由道家轉向法家的則是愼到。愼到說「棄知去己，而緣不得已」，棄知是去掉心知，去己是拋開自己，人要棄知去己，因爲你有了自己，就要突顯自己，你要背負你自己，是一種負擔壓力，這是「建己之患」，你有了心知，你就要用知，也是一種患累，這是「用知之累」。所以我不要自己，也不要心知，不要心靈，也不要自我，而緣不得已，把生命完全投入不得不如此的自然物勢中，大風往何處吹，你就往何處落，假若人沒有自己的時候，也就沒有煩惱了，你何必力爭上游呢？隨波逐流不是更順當的路嗎？愼到說「塊不失道」(註一〇)，什麼叫「塊不失道」呢？是說土塊裏面也有道，土塊就是道。

我們剛說宋榮子放開了他存在的世界，外在的人間世界，他要獨守自己的心靈世界的清明；到了告子以後，他不僅不要外在世界，也不要心了，他只要氣，只要自然生命的清暢流行。但是我們知道自然生命是有感覺的，今天不是有人講安樂死嗎？面對癌症的迫壓痛苦，已不是人所能忍受的，所以安樂死，反而是人道主義的表現，當然要通過法理的衡定，與立法的程序，才能夠成立。我們現在所要說的是，人有時候會被逼到「假定我沒有感覺，該多好」的困境，假定我沒有感覺，我沒有苦痛，我就得救了。人間紛擾有時會把生命逼到這種地步，所以愼到不僅說我不要世界，我不要心靈，我也不要感覺，也不要自然生命，當我的生命變成土塊的話，我就不再有感覺，不再有苦痛了，我當下就得到解脫了。所以，天下篇說「豪傑相與笑之曰」，天下豪傑都譏笑愼到，說愼到你講了老半天，結果不是生人之行，而是死人之理啊（註一一）。講人生哲學講到不要人生，這算是什麼人生哲學？這是最大的諷刺跟弔詭啊！我的反省是這個樣子，我不說愼到你這個哲學家境界很低，你怎麼沒有開出形而上的世界啊！你怎麼對人生不懷抱理想呢？你要知道，那是個不能講理想、講生命的時代啊！整個春秋戰國，已把生命壓縮到像個土塊一樣的沒有感覺，所以土塊的哲學出來，當然會走向韓非，每一個人都變成工具了，還能講生命理想嗎？還能講儒家的理想，講道家的境界嗎？我們知道，通過愼到、通過荀子，中國的形上學，完全沉落，所以，荀子與愼到，他們面對同樣的時代處境，儒道二家的道，在他們的身上沉落不見了，天命、天道轉爲天地，什麼地？大地的地，所以天不代表什麼理想性，什麼價值根源或形而上世界，它只是大地，和大地相對的天空，物質性的天。物質性的天還能談什麼理想，所以這是生命上的壓縮與沉落，是形上世界的失落啊！所以，余英時先生說愼到是「以道抗勢」，中國讀書人是通過道來對抗政治權勢（註一二），但是，我認爲最重大的癥結在哲學，在人失落了道，只能講勢，什麼勢？自然物勢。飄風驟雨來了，地震海嘯來了，人無可奈何，只能苟全性命於亂世，不求聞達於諸侯，連自己的生命都會放開，什麼都不要，到最後變成土塊的沒有感覺，今天的大痲、迷幻，不是一如土塊的逃開感覺，而歸於沒有感覺嗎？

我們從達爾文、馬克斯與佛洛依德，談到宋榮子、告子與愼到，眞是中西對照古今輝映。所以我說人生千古如一，屬於人生存在的苦痛，也是千古如一，正好得到印證。達爾文的物競天擇，失落了自然世界，馬克斯的階級鬭爭，失落了人間社會，此一如宋榮子的「見侮不辱」，告子的「不得於言，勿求於心」，佛洛依德失落了生命自我，自我也是鬪爭場，已經轉到告子的「不得於心，勿求於氣」與愼到的「棄知去己」，「塊不失道」了。這是同樣的體會，儘管時間相隔兩千年，但哲人的心聲千古如一，儘管空間一在東一在西，但東海西海的哲人，不也此心同、此理同嗎？

通過對當代人生的反省，通過對當代生命的詮釋，現在我們再回到我們的道家思想。老莊的哲學，你能够給我們什麼？你能够開出民主法治嗎？能够引進科學技術嗎？他能够給我們什麼？他給我們一個形上世界。他可以疏導精神的通路，他不讓人的生命封閉在形軀官能之場，他是屬於心靈境界的提昇，屬於生命境界的開發，假如人生有路的話，何致於心靈流浪？何致於自我放逐？人的問題，是我們失落了一個形而上的世界，才產生了人對生命的迷惘，對生命的封閉，今天我們就這個角度來講老莊。最近幾場演講，我講的都是莊子，在座一定有很多朋友聽過，所以今天我把重心放在老子，在張老師面前講老子，請老師指教。

五、老子對儒家教義教路的批判

(一)本質意義的反省

老子是道家，道家講道，儒家也講道。中國人就是講道的學問，什麼是道？道是人生的路！人活着怎麼可以沒有路呢？你不爲人生開路的話，人生就無路可走，無路可走的話，就只好流浪、只好逃避、只好放逐、只好迷幻、只好麻醉。一個哲學家，最重要的，就是爲人生開路、開出生命無限的路，開出精神的通路，使生命有究極的歸屬，使人生有正面的理想。所以孔子講道，老子也講道。中國人的「道」，由儒家開出。老子的哲學，我認爲是在論語儒學之後，而不在孔子之前。老子也講「道」，他講的道，是「道法自然」。儒家的道，是人文之道，孔子說「志於道，據於德」(註一三)，這是人文的道，是一個歷史文化的道，是一個家國天下的道，是道德生命的道。儒家的道，就是爲每一個人開出道德的生命，歷史文化的生命，與家國天下的生命，這是儒家由內聖所開展出來的外王世界。再看老子，老子的道在什麼地方呢？他說：「道可道，非常道；名可名，非常名」(註一四)，這句話不必牽涉到太多名言概念的解析，事實上，我們可以很直接簡易的說一句，可道就是儒家，而常道就是道家，他說儒家你的道是可道，我的道才是常道，因爲儒家的路，是經過人文的規定，是經過道德的規定，你把人生的路只規定在道德的路上，當下人生的路就在你認可中變成有限，你就把人的生命定在那個方向，定在那個地方，就不再是生命的本身了，不再是眞常的大道了。把道作一種規定，就是可道，用人心去執著他，就限定他，不再是人生的大道，所以他說「道可道，非常道」。

老子的第二句話「名可名，非常名」，儒家爲人生開路，將每一個人的生命，加以定位，安放在人文社會的結構中，也就是定在名教禮教中，那個名，有兩個意義：一個是道德倫理的意義，這個叫名分，正名卽是正名分，儒家講正名，就是將每個人安放在每一個名位上，要求每一個人盡到這個名位上的本分，這叫盡名分的道德倫理。第二個是角色功能的意義，這個叫名實，正名就是正名實。名就是職位，在某一個職位，擔當什麼角色，就當盡到這一職位的責任，這一角色的功能，這叫盡名實的角色功能。正名有兩方面的意義，第一個穩定人間的道德倫理，第二個開出人間的政治社會，這在儒家說是正名，在道家卻視爲可名。當你把每一個人定在他的名位，要求他盡他的本分，盡他的職責，這個時候，你已經對生命的內涵加以限定，而不再是無限可能的生命本身了，這是老子對儒家所做的本質上的反省。

老子又說：「上德不德，是以有德，下德不失德，是以無德」（註一五），我爲什麼引述這兩句話呢？因爲「道可道，非常道；名可名，非常名」是道德經的上篇，道經的第一句話；而「上德不德，是以有德，下德不失德，是以無德」是下篇德經的第一句話，道德經上下篇的第一句話，一講道，一講德，是道德經的開宗明義。此開宗明義即在批判儒家，所以我認爲老子的思想應該是出現在孔子之後。「上德不德，是以有德」，不德就是不被人間既有道德規條所限定，上德的人，不受人間既有道德規條的束縛，所以他才有眞實的自我，德就是眞實的自我。上德的人就是有德的人，就是生命自然而有眞實自我的人。怎麼樣才能使自我眞實，使生命自然呢？那就是「不德」，不受既有道德規條的制限，每一個人就有自己，回歸自然了。就道家自家的思想體系而言，老子說：「道生之，德畜之」（註一六），從超越講道，從內在講德，從整體說道，從個別說德，道法自然，道是自然的，德也是自然的，天地萬物就在自然中，自生自化，自在自得，生命通過道德的特殊規定，就不再是自然的本來面目了，而是屬於人文化成了。因爲把生命定住了，定住時日一久，就不免封閉僵化，所以仁義禮智會僵化，而失去眞實的生命。老子又說「下德不失德，是以無德」，是說下德的人，執守人間社會既成的道德規條，唯恐不能符合外在世俗的標準，就在執守不失中，失落了眞實的自我，與生命的自然，無德就是沒有眞實自我的人。不德的人才是有德，不失德的人反而是無德，這是道家自然對儒家人文的反省。

從這個意義來瞭解道家，主要是他認爲儒家的人文之道，是可道，儒家的德行規範是下德。當然道家可以對任何一家發言，不過在歷史發展的過程中，道家主要是針對儒家發言。我們今天研讀道家，不是專門面對儒家反省，而是反省當代每一個人的生命。今天的工商社會講名利，名利成爲當前社會的首要價値，你爲什麼非得接受不可？憑什麼我們要接受別人爲我們安排的路！所以老子說：「絕巧棄利」（註一七），何必講機心花巧，講功名利祿，在道德經來說，認爲人的生命本來是自然。生命的流落於外，一在「化而欲作」（註一八），這個「化」是自然的化，人在自然生命的流行中，因爲人的生命中有物欲，而外在的現象有物象，內有物欲的萌動，外有物象的牽引，物象會帶動人的物欲，把生命牽引出去，這如同孟子所謂的「物交物，則引之而已矣」（註一九），物象把我們的物欲牽引出去了，所以生命就流放於外，這叫化而欲作。欲作是說人的官能欲求被強化了，被助長了，這是生命流落的第一步。第二步就在「始制有名」（註二〇），有名是因爲物欲被物象牽引出來了，心知又介入，成立許多名號，就叫「始制有名」，人的生命自然中開始制定了形形色色的名號，這個名號，就是儒家的仁、義、聖、智，或是禮樂教化，所以「始制有名」，是就人的心知開始投入在自然生命中，這叫「知善知惡」，儒家就是講知善知惡。老子說：「天下皆知美之爲美，斯惡矣，皆知善之爲善，斯不善矣。」(註二一)這個惡是醜的意思，當天下的人規定什麼是美的時候，相對的不合乎這個規定的人，就被逼到醜的另一邊，當天下的人心知什麼是善的時候，相對的不合於這個規定的人，就被逼到不善的那一邊了。我們要注意，儒家就不會如此說。道家不就善跟美的本質說，把天下皆知善之爲善，皆知美之爲美，認爲是主觀的執取，我通過我的觀點我的標準，規定什麼叫美，什麼叫善，通過我主觀的標準，我說這是善，這是美，通過我自己的形相，跟我一樣的就是善，就是美。這個世界上本來每一個人都有自己特殊的生命，這是自然的，各有各的性向，各有各的氣質，各有各的人生旅程，當你知善之爲善，知美之爲美的時候，你已經把這個世界裂成兩半，這個世界本來是混然天成，當我們規定善之爲善、美之爲美的時候，這個世界就開始破裂，符合我的標準就是善就是美，不符合我的標準，就是不善，就是醜。所以知善知惡之後，就迫使別人患得患失了。知善知惡是心知，患得患失是情識。人開始有焦慮有苦悶，惶惶不可終日，人生開始有挫折感與不穩定感，生命承受成敗得失的壓力。這是因爲人有心知，老子說「不見可欲，使民心不亂」(註二二)，可欲即通過心知去預期，我們可以有什麼，可以成就什麼，心裏有這麼多的預期想望，就大亂了。可欲是心知認定，欲得則是意志強行，勢在必得，所以說：「咎莫大於欲得」(註二三)，人間沒有比想得到什麼更大的災難了，所以從心知講可欲，從意志講欲得。人心確定了美善的內涵，就是樹立了價值的標準，這叫有知，有知就落爲有欲，也就是由可欲而轉爲欲得。欲求而不得，就掉落情識的壓抑與纏結中了。所以，老子說「甚愛必大費，多藏必厚亡」(註二四)，你甚愛名，多藏財貨，你的生命本身就大費厚亡，失去自然，沒有自我了。這就是「下德不失德，是以無德」的寫照。

在道德經，老子講出一句激烈的話，「天地不仁，以萬物爲芻狗；聖人不仁，以百姓爲芻狗」(註二五)，我相信他是針對儒家講的，儒家講天地是仁、聖人是仁，儒家的綱領，第一句是「志於道」，第二句是「據於德」，第三句是「依於仁」，老子上篇第一句話是批判「道」，下篇第一句話是批判「德」，那麼第五章的第一句話就是批判「仁」。說「天地不仁」、「聖人不仁」，因爲天地有仁、天地有心的時候，就沒有萬物了，當聖人有仁聖人有心的時候，就沒有老百姓了。老子認爲儒家是天地有心，聖人有心，仁就是心，有仁就是有心，但有心就有標準，有標準就有要求，有心知就是有人爲，有標準有要求，這就是「正名」，將每一個人定在某一個名位上，通過標準把生命定在某一個方向，如是，生命就漸趨僵化。所以，老子對儒家人文規定的路，加以批判，他要放開，天地不仁，聖人不仁，不仁不是對仁的否定，而是對仁的放開，仁是有心，不仁是無心，有心是有規定，無心是不規定，天地無心，天地不做規定，才有萬物存在的餘地，聖人無心，聖人不做規定，才有百姓存在的餘地。沒有規定，不做規定，人就不受束縛限制，生命也不會滯落僵化，也就是人人就會有眞實的自我，人人就會走自己的路。也就是說，不仁無心，就可以開出上德常道，使人有德有道。我認爲這是老子道德經對儒家敎義敎路最根本的批評，是本質上的批評。

緊接在下經第一段話之後，老子又說：「失道而後德，失德而後仁，失仁而後義，失義而後禮。禮者，忠信之薄，而亂之首也。」(註二六)道家講道德，是就天地自然說，就無心無爲說，儒家講仁、義、禮，就是有心有爲，仁是有心，義是有爲，禮是人爲造作了。所以道家對人生的反省，認爲人的生命本是自然，本來就素樸自在，但通過人心的規定以後，就陷在那種標準要求中，人開始失落了他自己，所以說「下德不失德，是以無德」。不仁是無心，無心是放開，放開就是不決定，不決定就人人有自己，所以不德有德，人人有自己的路，就是自然常道了。

我們離開了人文，就回到了自然。我們很難對自然下一個定義，什麼叫自然？是很難說的，假定沒有儒家的人文，先定在那裏的話，我們很難說道家的自然是什麼，因爲自然不是當前所謂的自然界，不要以爲自然是原始的野蠻，這個自然是價值的意義，價值的觀念，自然是一個價值觀念，卻不能有積極的規定，他只是通過對儒家人文的批判，來透顯道家特殊的性格，他是通過儒家，來顯他自己。我這樣說，對當代人生的反省，有什麼關聯？我剛剛不是說嗎？人受不了了，人的擔負太重了，你要擔負歷史文化，又要擔負家國天下，你要擔負自己，又要擔負別人，人不是太累了嗎？太累的話，人會壓抑自己，會被自己壓垮，壓力太重，只好逃避，逃到何處？只有迷幻痲醉之鄉。所以從道家對儒家的批判，可以反省到生命本身的問題呀！人活著有價值感，一定有使命的自覺，一定有理想的抱負，而這個抱負，變成人的壓力，假定他有心的話，就會感到累，是因爲有心才會累，無心就不累。你看看天下的媽媽累不累呀？她很累，但也不累！天下的老師累不累啊？他很累，但他也不累，孔夫子當然很累呀！但他一點也不累，「七十而從心所欲，不踰矩」(註二七)，那裏累了？所以道家不一定能眞正的反對儒家。這是老子對儒家所開出的教義、教路的批判，這是本質上的反省批判。

(二) 發生意義的反省

我們再講發生意義上的人爲造作，儒家始制有名，知善就知惡，有美就有醜，有心就帶出聖智有爲。有了仁義的標準，就進一步會有聖智的要求，有心就有爲，有爲人就累了，有標準有要求，人就被定住，就開始滯陷僵化了，不再是生命的自然，不再是眞實的自我。這是本質的反省。

就發生意義來說呢？我們樹立了一個仁義的標準，我們會以聖智自我期許，我們再以仁義的標準，去責成天下人成聖成賢，至少要作一個君子大丈夫。但在人生的過程中，實在是有很多存在上的問題，理想是有理想的，但人有氣質的命限，譬如說人有生、老、病、死，人會疲累的呀！人有挫折感，人會傷心的呀！不是說面對理想，就可勇往直前，應該是應該，但就存在的層面上，總會有很多讓我們停下來的原因。我們剛剛不是說到宋榮子、告子與慎到嗎？他們何嘗不願意，海闊天空在形而上的世界去遨遊啊！他何嘗不想？所以仁義的標準，聖智的要求，對人會產生很多的壓力，人皆可以成爲堯舜嗎？日本能，爲什麼我們不能呢？我們開始有自我的要求和期許，對生命的擔負有承諾，但是存在層面上，氣質是非理性的，人顯得不穩定而脆弱。在追求仁義的過程中，有心機的人，屬於人間的強勢者，他們不走正路講仁義，他用花巧，甚至不擇手段，來個自我宣傳的假仁假義，我們發現假仁假義出來了，就如同某一個工廠有新成品推出市場，很快的就有贋品出來，好，你說聖智，他聖智做不到，他來個假聖假智，製造自我形相，當前影歌星，最流行這一套。現在連學術界都走這條路。所以有了仁義的標準之後，就有人假仁假義，有了聖智的要求之後，就有人假聖假智。假仁假義，假聖假智，什麼都假而不眞，對道家說來，這叫人爲造作。人間最可貴的是眞實的生命，當眞實的生命失落的時候，人間社會一切都是假象。由是本來是「善」的仁義，一有人造作假相，就變成「妖」了，本來是「正」的聖智，一有人造作假相，就變成「奇」。妖是惡行，奇是奇變，不走正道，就是惡行了。所以老子說：「正復爲奇，善復爲妖。」(註二八)由「正」轉爲「奇」，由「善」變成「妖」，不是本質上的必然進程，而是人爲發生的錯誤。

另外在仁義的標準，與聖智的要求之下，我們用這樣的高標準來期許自己，同時更進一步的要求別人，有機心有權勢的人，還可以製造假的形相，仍然是人間的寵兒，但是對於踏實無力的人來說，就會在莊嚴的要求下，被扭曲了。因爲標準已然高懸，又面對衆人的爭逐，只好扭曲自己，來迎合社會的標準要求，這一主觀的要求太強烈了，不僅扭曲自己，而且扭曲他人，譬如說我們把美人的標準定在西施，天下的東施，就會爭相效顰，故作捧心狀，結果東施不再是東施，人人成了假西施，連東施也做不成了，效顰就是扭曲變形，老子的反省是，假若我們不把天下美之爲美的標準，定在西施，就不會有東施效顰了。一般人的反省，總覺得東施可悲可憫，卻沒有想到東施是受害者，效顰的假，是由於立了西施的標準而後有，所以救天下東施之道，就在不立西施。沒有西施，就不會有東施效顰了。今天，人間社會多的是東施效顰的人，深受西施的標準與要求之害。此其後果，是人不再是人，世界不再是世界，如同我剛剛所講的，心靈沒有心靈，世界沒有世界了。只是今天標準在科技，要求在名利，過去是標準在仁義，要求在聖智而已！所以人已不是人，世界已不是世界了，因爲人扭曲了，物變形了，人失眞，世界也失眞，兩邊失落。

老子對儒家的人文敎路，有兩方面的反省，一個是本質意義的，你仁義聖智的本身，就是一個規定，就是一個負累，就不是生命的本身，就不是無限的可能；第二個是發生意義的，你樹立這個標準，這個要求，很多人就要達到這個標準，滿足這個要求，他自己呢？他就扭曲了自己，而世界也變了形。所以，一邊是生命定住了，也僵化了，另一邊是人被扭曲了，物也變形，這不是一個扭曲的世界嗎？一個變形的世界嗎？不是扭曲的人嗎？變形的人嗎？

老子從這邊反省，他又說出了很激烈的話：「絕仁棄義，絕聖棄智。」(註二九)他就在這個意義上講絕棄，絕棄仁義，就是無心，絕棄聖智就是無爲。無心無爲，沒有標準沒有要求，就沒有人作假沒有人受害。

我們可以這樣講，儒家代表一切社會既成的標準，而道家代表對既成標準的超越反省。當前我們講科技，就是儒家思想的外王問題，那麼，道家就可以把這樣的問題帶出來反省。人不再是他本來的自己了，世界也不再是舊時的世界啦！所以，他要講「天地不仁」，「聖人不仁」，然後，「絕聖棄智」，「絕仁棄義」，不要以爲老子反對聖智仁義，反對道德，他只是反對有心的道德，有標準有要求的仁義聖智，他在反對讓人扭曲的道德，讓物變形的聖智仁義。

六、道家無爲無不爲的實現原理

(一) 虛靜心的明鏡觀照

我們底下開始講道家的實現原理。道家哲學當然不是光批判，他還是要讓一切已失落的又重新找回來，一切扭曲變形的復歸到他的自我，所以要講實現原理。那麼什麼是老子的實現原理呢？我們剛講到人的一切問題，是因人的有心有爲，有標準有要求，所以道家的實現原理，就得從這地方去扭轉開出。

老子在道德經十六章，講修養工夫。他說：「致虛極，守靜篤，萬物並作，吾以觀復。」

儒家是有心的，有心就是心有內容，有標準的，例如孟子講四端，仁、義、禮、智，孔子講仁心，當然已包括義、禮、智三者，只是孟子是分解的說，孔子是總體的說，所以儒家是仁心，天地是仁心，所以創生萬物，聖人是仁心，所以教化百姓，成就人性的莊嚴，與生命的價值，這是儒家的。但道家看到，通過儒家的有心有爲，有標準有要求，人剛好失落了他的自我，而世界也失落了他的自然。在這個地方，道家有一個想法，假如我把心的內容化掉的話呢？這叫「致虛極」，虛就是把心的內容取消了，標準不要了，我沒有了標準，就沒有了要求，沒有了要求，生命就會歸於平靜，「守靜篤」是當心沒有要求的時候，我的心就歸於平靜了，這叫「致虛極，守靜篤」的修養工夫。所以，道家的心就是虛靜心。

虛靜心是取消了人間既成的標準與規定，讓心回到心的本身，這個話很難說，因爲假定我們已有道德的標準跟內容的話，我們看人是通過我們仁、義、禮、智的規定看人，通過我們主觀的利害關係看人，所以，所謂的朋友，就是符合我們的道德標準，就是對我們有幫助的人。所謂我喜歡的人，欣賞的人，就是合乎我要求的人，得到我歡心的人。如此一來，我們眞的是從來沒有看到別人，從來沒有交到朋友，只交到我喜歡的他，你希望他變成你。今天很多夫妻問題是這樣來的，很多人際關係是這樣來的，人際關係的錯落與糾結，就是這樣來的。我們從來沒有看到別人，我們從來沒有看到眞實的他，我們只是通過我們自己的標準看他。我通過我的標準看他，就等於我扭曲了他，我讓他變形，這還是朋友嗎？這還是純正的人際關係嗎？名利早就加進去了。過去講仁、義、禮、智的道德標準，今天講名利的實用價值，人被視爲工具，本身不再是目的。

道家這個虛靜心的觀照，莊子講得更清楚。莊子在應帝王說：「至人之用心若鏡，不將不迎，應而不藏，故能勝物而不傷。」虛靜心就是一面鏡子，大家好好體會，你每天照鏡子，我們照鏡子，鏡中沒有鏡子自己，所以我們才會喜歡它，假定鏡子裏是我的朋友、我的太太、我的同學、我的朋友，那麼我看到的都是別人，沒有我自己，那麼我還會每天照鏡子看下去嗎？因爲在鏡中可以看到自己，所以我們才會顧影自憐（憐是愛惜的意思）。從鏡子來說，鏡子是不累的！假定學校大門佇立了一座大鏡子，每天每一個人都站在它的前頭跟它照面，但鏡子從不把你的身影留下來，它也不記住你，但在每一個當下，它實現你，每一個當下，讓你看到自己。所以當人的心是一面鏡子的時候，從自己來說，你不累的，所以不要講回憶啊，唱忘不了啊！

有時候我跟學生說，我不想知道你們的名字，但我全然關心你，我知道一屆又一屆的學生，終將離校遠去，終會離開我的生命，我實在記掛不了那許多，因爲我每年都要面對新的學生。我們有很多朋友，一生只見一次面，以後不可能再見面，但我們仍會留下一張名片，請你記住我，事實上我們明知，此後不會再相見，也不可能打電話給他，留下名片，徒亂人意而已。當前社會，我們知道連父子親人見面都是很不容易，就道家的反省來說的話，我們記不了那麼多人，因爲那會造成你心裏的負累，所以，人心能够像鏡子一樣的話呢？鏡子不累，因爲鏡子只在照面的當下映顯對方，人一走離它，就把你忘了，鏡子從來不把那個人的身影，留在它的記憶深處，輸入它的資訊系統中，他從來不作這種事情。鏡子沒有自己，它也不把對方留下來，這叫「應而不藏」，這叫「過而忘矣」，人生的過程中，每一個當下都是眞的，但是過去就忘了，這是道家，這叫虛靜心的明鏡觀照。每一個當下都是眞的，時過境遷，仍歸虛靜，我虛掉了，我把他忘了。所以徐志摩說：「你記得也好，最好把它忘了！」不僅鏡子本身不累，更重要的是通過鏡子，每一個人物都有自己，鏡子不會讓人扭曲，鏡子也不會讓萬物變形，除非他是凹凸鏡、哈哈鏡，哈哈鏡就是有執的心，讓人扭曲、變形的心。道家講虛靜，就是完全放開心，人的心變成一面鏡子，照顯天下人都是眞的，沒有虛假。假如鏡子裏面藏一個人的話，譬如說藏著一個叫王邦雄的人，你每天照鏡子都看到王邦雄，你累不累啊！至少會覺得面目可憎吧！

所以道家的實現原理就在這個地方，當我不決定他，當我放開他的時候，一方面我就不累啦，因爲我不必背負天下，奔走天涯，而你不再背負他人，不再救他人的時候，每一個人也就有他自己了，不然的話，他被你揹在身上，你說累，他更累，他上不在天，下不在田，永遠失落他自己，你把他放下來了，你不累，他也不累，他可以自己站在大地上。所以既實現了我，又實現了他，這就是老子的實現原理。當天地不仁的時候，才有萬物，當聖人沒有自己的時候，才有老百姓呀，所以天地不仁，是要讓萬物自生自長，聖人不仁，是讓老百姓有他自己，所以媽媽是無心的，老師是無心的！老師是無心的，才有一代又一代的學生出來，媽媽是無心的，才有一代又一代的子孫出來，無心不是一切實現的原理嗎？我放開了，我就有一切，這是道家最高深的智慧。

我們引證老子另一句話來說明：「天下萬物生於有，有生於無」，以生命的體會來講，不從概念的系統來講。「天下萬物生於有，有生於無」，是道德經四十章，假定我們要講「有」、「無」的話，落在哲學觀念來思考，那眞是有一大套學問好講，如此不就成了心知啦。老子說：「道可道，非常道」，所以最好放開它，不從概念來思考。那要怎麼說呢？「天下萬物生於有」，是說天下萬物的存在，要存在於有它自己，倘若你沒有自己，你何嘗存在？你是假的，假的就不是眞實的存在。所以天下萬物生於有，就是說天下萬物是存在的話，就存在於有它自己，「有」就是「上德不德，是以有德」的「有德」，就是有自己，有眞實的自我。我們就思想的發展來看，周公說人是禮樂的存在，周公把人的存在，定在禮樂，孔子問人的存在怎麼樣「有」啊？通過「仁」的存有才有，這個叫「存有」，通過仁的存有而有人的存在。事實上，就哲學來說，這樣就够了。仁是一個終極的原理，讓每一個人成爲禮樂的存在，通過仁心，可以讓人成爲可能。所以「仁」即是存有，仁心使一切存在，有仁才有禮樂，有儒家的仁心，有天地的仁，才有萬物，有聖人的仁，才有老百姓，所以「仁」是一切實現的原理，此就儒家說。

老子更進一步，逼問怎麼樣才能够「有」呢？你怎麼樣才能成爲實現原理呢？通過你，實現你的朋友，通過媽媽，實現子女，通過老師，實現學生，通過聖人，實現老百姓，通過天地，實現萬物，怎麼樣實現呢？不是說實現就能實現，是要通過致虛守靜的修養才能實現。就儒家說，你有仁心，才能實現，有標準，有要求，才能人文敎化。事實上，你在主宰萬物，而不是實現萬物啊！你在主宰你的朋友，主宰你的學生，主宰你的子女，權威由是出現，所以老子認爲，我們要讓一切的存在，成爲眞實，一切的實現原理成爲可能，就是因爲我沒有自己，所以說「有生於無」。當我沒有自己的時候，我的父子家人才有他自己；當我沒有自己的時候，我的朋友才是他眞正的自己，當我沒有自己的時候，天地萬物才成爲可能，天下百姓才成爲可能，這叫家國天下，這叫歷史文化。所以老子是爲儒家進一言，「天下萬物生於有，有生於無」，我「無」了，我才「有」，這是道家智慧的命脈所在。整部道德經都是這一句話。我無了，才有，這叫「有生於無」，「無」就是無爲，無心才能無爲，所以「無」就是無心無爲，沒有標準，沒有要求，所以老子說：「道常無爲而無不爲。」(註三〇)我無心無爲，才能無不爲，「無不爲」是什麼？無不爲就是「有」，所以，道是通過他的無爲，才能够開出無不爲。無爲就是無心無爲，無不爲卽是實現一切的有，這叫「道常無爲而無不爲。」我們有這樣的反省嗎？人間的問題不是因有心有爲，通過一個主觀的標準，要求別人，讓別人受不了我的標準，讓別人流浪天涯，是否如此？讓人跳開這個世界，所以說，我們要經常反省自己的啦！

我要強調一下，這「無爲」、「無不爲」，經常被前輩學者解爲權謀，所以章太炎先生公開強調：儒家的功能很有限，太平盛世講儒家，但是天下大亂要講道家，因爲道家有權謀才能打天下(註三一)。錢穆先生根本就以權謀來解釋老子(註三二)。所以諸位，我們要注意一下，唸老子要有厚道的修養。老子可能變成權謀，因爲「無爲」是爲「無不爲」，噢，原來你「無爲」只是一個姿態，你是爲「無不爲」啊！這豈不是大有心、大有爲了嗎？所以，一樣的虛靜心呀，在老子是一個明照，在韓非是一個治術，明照是常道，治術則是權謀，因爲老子無心，韓非子有心啦。所以，有人說老子洩露天機，不該把最高的智慧引到人間來。韓非利用它從事政治，所以產生權謀。但老子不是權謀，我們要善讀古人書，假定有人認定老子是權謀家，我是反對的。我們要把一家思想往他本有的精神境界講，不該講他後起沉墮的家派思想，譬如法家、兵家、縱橫家，雖各有得自於道家的智慧，卻不是道家的初衷本懷，這個地方，我們一定要分辨清楚。

我放開，不爲什麼，放開的本身，就是目的。當我不要名，不要利的時候，我突然間覺得世界好大，我就不再有忌諱，不再受到拘束，不再被限定，我對朋友，不再有要求，每一個人都那麼好，眞實的人，眞實的世界。不是我無爲，是爲了得到更多的報償，這叫無心無爲。假定你在這個「無爲」與「無不爲」間，加入了有心有爲，這就是韓非子的大有心大有爲，後起兵家、縱橫家的大有心大權謀了。

道家的實現原理就虛靜心來講，當我不想實現什麼的時候，我就開始實現別人，當我不想要什麼的時候，我才開始擁有一切。人間不是有很多這樣的人嗎？宗教家、思想家、藝術家、文學家，就是沒有自己，然後他擁有世界。所以，道家的智慧，應該是各家皆有之吧！但總是要無爲啊！剛才我說過，假如你仁義有心聖智有爲的話，有心就會累噢。就道家來講，心像一面鏡子，怎麼會累呢？所以道家是讓一切實現的實現原理，從這一點來說，道家有一個某種程度上的宗教功能，他會淨化、過濾掉我們一切的執著與雜染，讓生命回到本來的自然清明，讓世界回到原有的天朗氣清、風和日麗。

(二) 回歸自然的超越之路

此外道家提出回歸自然的超越之路，虛靜心就是把一切人為造作，人文教化虛掉了，心放開了，心回到它自己，就是「道心」，假定有心有為的話，就是「成心」，因為心執守標準，想要成就你自己，這就是成心，當我把有執的成心放開的時候，這叫虛靜道心，「成心」開一個人文社會、人文世界，「道心」開自然世界，道家的山水田園。所以，道家的自然是超越的，所謂回歸自然，是超越了人間的雜染，往形而上的「無何有之鄉」超越，不可誤解道家的回歸是往後走啊。道家從來不往後走，也沒有人可以往後走，所以梁任公認為老子不可能，人已經不是嬰兒了，你怎麼可能讓他復歸嬰兒(註三三)。實則嬰兒是大人而不失赤子之心的嬰兒，不是回到那個事實意義的嬰兒階段，是要通過修養回歸到價值意義的嬰兒心境，把人生過程中所發生的造作雜染，與人為假相化掉空掉，使生命回到嬰兒的本眞狀態。嬰兒是道家理想人格的象徵，不是指剛出生的幼稚無知，而是化掉心知情識的大智若愚。所謂的自然，所謂的嬰兒，不是指時間系列中的起點，它是屬於生命修養中的最高境界。

什麼叫回歸自然？就是往上超越，超越到一個自然的境界，道家的生命也是往前推進，道家是告訴你在每一個前進中超越，不是要我們在前進中後退啊。有些學者大力批判老子的退化史觀（註三四），我想這樣的解釋，可能失去老子所開出的精神修養的意義，所以我說自然不是一個事實的觀念，自然不是一個實質的觀念，是一個價值的觀念，它不是屬於實然的起點，是屬於最高的生命境界，老子從這邊講嬰兒。所以，不是回歸到事實的自然，自然不是物質的，不是機械的，不是現代科學所講的自然，是通過心靈境界修養所開顯的那個自然化境。

我們要了解自然，我告訴你，我們平時遊山玩水的那個山水就是現象的自然，但是道家所謂的自然，是山水畫裏的山水，畫家所畫的山水，不是畫自然界，是畫他的心靈境界，中國的山水畫，田園詩中的山水田園，是代表道家修養後的精神境界，而不是寫生、照相所對的自然景觀。當然，寫生照相也可以表現性靈，自然就是指詩畫中的性靈氣韻。當我們講到道家回歸自然的道路，意思是從人文教化中，往上超越，不往後退回去。今人對道家普遍存有兩大誤解：一是判定道家是權謀，二是以爲道家是退化史觀，想回到原始社會。事實上道家是在每一個前進中超越，老子說：「大曰逝、逝曰遠，遠曰反。」（註三五）他說「強爲之名曰大」，我們勉強說道是「大」，你僅能勉強說它是「大」，但道不是死在那個地方，不是靜止，這個「大曰逝」就是說，道是動的，它推動天地萬物的生命行程，叫「大曰逝」。道的前進，不是有時而窮，而可以到達極遠之地，叫「逝曰遠」。道是一往前行，又無遠弗屆。但道也不是一去不回頭，「遠曰反」是說它總是會轉回來的。這樣講，會把周行而不殆，講成圓周運行的循環論。老子不是循環論，道，它同時又是大，又是逝，又是反，道同時遍在一切，道在每一個前進中超越，而永不停息。體會到老子的實現原理，就在這個地方。所以，無心無爲，清靜自然的放開，是往上超越的放開，不是往下沉落的放開，不是宋榮子、告子、愼到的放開，放開是往更高的生命層次放開，不然的話，就會一如今天許多人的自我放逐，自我流浪。如是，做一個旁觀者在人海流浪與自我放逐在形軀官能之場，皆變成合理，世界的擔負太累啦，生命的擔負太重啦，我放開，我就自由啦，但是老子道家的思想不是要我們作一精神的流浪與形軀的放逐噢，而是生命積極的往上開拓，生命境界的層層提昇，不是說像宋榮子，像告子，像愼到一樣，不要世界，不要心靈，把生命放逐在形軀官能之場，到最後連「氣」都不要啦，老子要一切，他問如何能有一切，實現一切。

七、道家哲學的分位——作用的保存各大敎的敎義敎路

我們現在再回到前頭的問題，今天我們講道家的思想，是爲了處理化解當代人生的困境和苦痛，我們不僅僅是爲了有山水畫與田園詩，找到一個世外桃源，作爲一個生命的逃避之地。我在輔大上課，學生問我一個問題：「老師，你爲什麼不開展當代新道家呢？」今天我們有當代新儒家，唐先生、牟先生是當代新儒家的大師，我們「鵝湖」也是承續發展這條路，但這條路不僅是師門的直接繼承，而是中國文化理想的繼承，我們辦「鵝湖」，不是爲

了唐先生、牟先生，是自覺的承擔弘揚中國文化的責任。絕對不是一如某些人士所說，「鵝湖」只是爲了一個家派門戶，絕對不是。當代新儒家，廣義的說，我們每一個人都是，因爲我們是中國人。爲當代中國開展出以儒學爲主體而消化西學的新文化，這就是當代新儒家。當學生問我：老師怎麼你不開展當代新道家呢？我一想，對啊，不過當代我們講道家，不是處理中國現代化的問題，但對於整個時代的困境，每一個人的存在問題，都能有一精神的化解之道。道家不是經驗上的處理，不是技術上的處理，它是一個修養上的、精神上的處理，是一個過濾、淨化，是一種昇華、超越，怎麼樣讓生命有更大的可能性，怎麼樣開出人類無限的可能性。因爲科技壓縮了我們的心靈，也迫使自然的世界萎縮，科技獨霸，人太小了，今天我們面對科技，要讓人文涵養再度站起來。人怎樣取得跟自然世界的一種平衡，甚至由我們的心靈來主導這個自然的世界，這個科學的世界。科技是屬於客觀的第三世界，我們自己站得起來，世界才能復活，有生機，有情趣，有聲有色。有人問我：「今天的人還能講道家嗎？今天這個時代，還能講道家嗎？」我今天告訴各位道家的分位，他本來沒有正面的主張什麼，他沒有告訴你他的教義、教路在什麼地方，從來不講，他只告訴你，不管什麼教義、教路，有了我，才有你，有我才有你，「我」是無，一切的教派都是有，總要通過老子的「無」，你才「有」。我們知道，今天有很多教派，都是勸人爲善的，一貫道也是這樣，所以我們不能輕易的判它是邪教。它是否合法，是法律治安的問題，不是我們的問題。今天很多教派，他們都是接引向善，他們都有形上的世界，及無限美善的可能，都是道。但是道落在人間就有它的教義教路，因爲教義要社會化、要大衆化、要普遍化，所以教條出來了，這個教條出來了，就與其他教派的教義之間，彼此會有一個衝突與對抗，例如中西文化的論戰啦，某些宗教的戰爭啦，從這邊而起的心執與情結，就叫意識形態。意識形態本是人的限制，你的教育，你的出身，你的時代，不自覺有這個限制，但今天的人們把這一限制，加以強化並擴大宣傳，成爲黨同伐異的工具，成爲階級鬪爭的憑藉，大家大喊意識形態。道家在這樣的時代，它能給我們什麼？道家化掉我們本來講宗教信仰，本來講生命精神的涵養修持，落在人間的執著所產生的對抗，道家就化掉這些執著對抗。

今天講道家，不是像儒家正面的開展挺立出來。說到文化傳統與家國天下，當然得講儒家。道家不是佛教，也不是基督教，他什麼教都不是，什麼教都沒有，它是沒有教的教，沒有道的道，他只顯一個虛靈的作用，當人們心靈虛靜的時候，你才能讓你的教，成爲什麼教，讓你的愛心成爲眞正的愛心。「道」讓一切實現，道是隱藏在一切教義教路背後的實現原理。我這樣說，並沒有說老子比什麼都偉大，我沒有這樣的意思，剛好不是，老子什麼都不是，但是他要讓什麼都是。我們要從這個地方來面對道家，來領受道家的智慧。所以，我個人認爲，老子可以在我們不自覺的因執著而對抗的時候，他可以讓我們化掉它，讓我們看到別人的存在，讓我們看到其他的宗教，看到別人的生命，看到其他的國家，道家讓我們看到一切，但它不是一切。你有了，通過道家你才有，你沒有的話，通過道家你還是什麼都沒有。道家是靠不住的，它是不能依靠的依靠。無須依靠的人，才能依靠道家，但是道家有智慧，道家有空靈，空靈是一切生命靈感的泉源，開拓我們生命靈感的泉源，讓一切的宗教、一切的教義、一切人生正面的，都成爲可能，而不相衝突。

譬如說我們辦「鵝湖」，我們講中國文化，我們要擔負道統。但是，我告訴諸位啊，我們從來沒有覺得自己有什麼了不起，我們不斷地反省這使命感的本身，會不會是自我過度的肯定，中國道統是中國人普遍共有的道統，所以我們一向要求自己謙退一點。我們今天辦鵝湖，是大家支持我們，才辦起來的，不是我們自己辦起來的，我們是靠訂戶、靠社會的支持才站起來的，所以，文化使命感與道德使命感的本身，是不是一種意識形態呢？會不會讓我們看不到別人呢？看不到不同的家派？我們隨時面對這個問題，也反省這個問題。

在宗教方面，我們講救人、講愛人，你會不會迷於這個愛，這個救啊！救人跟愛人，也是一個執著，當別人不再被我愛的時候，當別人不再被我救的時候，生命好像突然變得空虛。不能愛人，不能救人，對某些宗教人士來說，會覺得生命失去依託與意義。所以當下對不讓我愛不讓我救的人，就有潛在的不滿。老子說：「不貴其師，不愛其資。」(註三六)善人救不善人，善人要作不善人的老師，但是你要「不貴其師，不愛其資」，不能自貴，也不能以爲自己能愛人救人。否則「雖智大迷」，假定你自以爲高貴，自以爲在愛人救人的話，本身就是一個迷，愛人救人也可能是一個迷啊，人間多少愛，都可能成爲執著，這是迷執，由迷執就會妄爲，老子告訴我們：放開這個愛吧，放開愛就叫無心，「無心」不是否定了愛，而是放開的愛，不決定的愛。無心放開，是一種心靈修養與生命境界，通過這一虛靈的作用，人間各大教才不會落入迷執妄爲的困境，也才能實現各大教的教義教路，所以道家的智慧，是實現一切宗教的實現原理。老子「上德不德」，不德是虛靈的作用，用以保存上德的實有，莊子「大仁不仁」（註三七），不仁也是虛靈的作用，用以成全大仁的實有，否則可道非道，不失德反爲下德了。有了老子的不德不仁，才能實現各大教的大德大仁。

八、結論——「魚相忘乎江湖，人相忘乎道術」

莊子說：「魚相忘乎江湖，人相忘乎道術」（註三八），今天我們活在這個世界中，各大教的教義就是道，教路就是道術，各家各派的思想，各大宗教，各大政治型態，各種不同的經濟制度，都是一個道術，人能否相忘於道術呢？就像魚，你爲什麼不相忘於江湖呢？在長江大河中，每一條魚都有自己，都可以自在自得。結果魚它一定要爭取什麼，要表現什麼，它翻到岸上，它變成魚乾，所以兩條魚要靠在一起，好可憐啊！他說：好，你不要傷心，我滋養你，你潤澤我，我吹一口氣給你，你噓一口氣給我，你我「相濡以沫，相呴以濕」（註三九），互相潤澤，互相救助，莊子說：假如你回到江湖大海的話，何須你救我，我救你呢？人假如能相忘於道術的話，我們就像魚在江湖中一樣，也不必你救我，我救你了，我們同時得救，我們同時實現了對方。

我們處在當代人生中，有自己該當擔負的使命，有自己該當擔負的責任，擔負自己，擔負別人，擔負家庭，擔負家國，擔負歷史文化，無處不擔負。人活在一天當然要有一天的擔負，但在每一個擔負的當下，你超越它，你就不累。我當然要擔負父母親，擔負天下國家，所以莊子說：「子之愛親，命也，不可解於心；臣之事君，義也，無適而非君，無所逃於天地之間。」(註四〇)人生的逍遙，是通過愛親、事君講逍遙，才有意義。我們還是有家國天下，還是有歷史文化，還是有生命理想，但在每一個當下，我們都放開，我們都忘掉，我們都不累。我不主宰別人，讓一切生命成爲可能。所以最後我還是要說一句話：道家讓一切不累，道家讓一切成爲可能，那麼我就以這一句話，奉送給各位，不論我們處理自己的問題，或他人的存在問題，多盡一點道家虛靜的智慧。今天謝謝各位來聽講，謝謝大家。

——本文是筆者在東海大學「中國文化研討會」，及耕莘文教院「現代哲學季」的演講詞，由文化大學林燕翔同學根據耕莘的錄音整理而成。

附註

註一：老子十四章。王弼注本，中華書局，五八年七月臺二版。

註二：「思想之方式」頁二三云：「具體的世界是在科學之網的孔眼中溜出了。」謝幼偉譯，德華出版社，六五年六月初版，臺北。

註三：參見「懷黑德的哲學」第三章科學觀，頁二六至五七。謝幼偉著，先知出版社，六三年十月初版，臺北。

註　四：參見「改變歷史的書」中「馬克斯及其資本論」、「達爾文及其物種原始論」及「弗洛伊德及其夢之解釋」等三篇。唐斯博士著，彭歌譯，純文學月刊社，五七年八月再版，臺北。

註　五：荀子正名篇云：「見侮不辱，……此惑於用名以亂名者也。」「荀子約注」，世界書局，六十年五月三版，臺北。

註　六：逍遙遊篇。「南華真經正義」，新天地書局，六一年十一月出版，臺北。

註　七：參見「淺見續集」中「告子可能是儒家」一文，中華書局，六十二年三月初版，臺北。

註　八：「中國哲學原論原性篇」頁一六云：「告子主義外，而兼言人性，蓋已為墨子思想之一發展。」然又自註云：「實則告子與孟子辯，固非問學於孟子者，而當謂其思想實近墨者；而刻就其即生言性，重性之可變化義言，則近道家者也。」新亞研究所，五七年二月出版，香港九龍。

註　九：孟子公孫丑上。「四書集註」，藝文印書館，六三年四月三版，臺北。

註一〇：莊子天下篇云：「慎到棄知去己，而緣不得已。……夫無知之物，無建己之患，無用知之累。……夫塊不失道，豪傑相與笑之曰：「慎到之道，非生人之行，而至死人之理。」

註一一：同前註。

註一二：參見「中國知識階層史論」（古代篇）中「古代知識階層的興起與發展」一文，頁一至頁一〇八。

註一三：論語述而篇。

註一四：老子第一章。

註一五：老子卅八章。

註一六：老子五十一章。

註一七：老子十九章。

註一八：老子三十七章。

註一九：孟子告子上篇。

註二〇：老子三十二章

註二一：老子第二章。

註二二：老子第三章。

註二三：老子四十六章。

註二四：老子四十四章。

註二五：老子第五章。

註二六：老子三十八章。

註二七：論語為政篇。

註二八：老子五十八章。

註二九：老子十九章。

註三〇：老子卅七章。

註三一：參見「國學略說」中「諸子略說」，頁一六一至一六四，其間有云：「蓋撥亂反正，非用權謀不可，老子之真實本領在此。」又云：「歷來承平之世，儒家之術，足以守成。戡亂之時，即須道家，以儒家權謀不足也。」河洛圖書出版社，六三年十月臺景印初版，臺北。

註三二：參見「中國思想史」頁五一至五八。間有云：「老子是一位精於打算的人，正因其精於打算，遂有他無為的主張。」中華文化出版事業社，五十二年三月四版，臺北。

註三三：參見：「老孔墨以後學派概觀」附載「老子哲學」，頁二十云：「小孩子可以變成大人，大人却不會再變成小孩子，想人類由愚變智有辦法，想人類由智變愚沒有辦法。」中華書局，五十九年十月臺三版，臺北。

註三四：如日本學者渡邊秀方在「中國哲學史概論」頁一〇七云：「他極力主張洗人為，返古道，……洗盡一切人為，反乎原始時代的社會狀態。」劉侃元譯，商務印書館，五十六年一月臺二版，臺北。

註三五：老子二十五章。

註三六：老子二十七章。

註三七：莊子齊物論。

註三八：莊子大宗師。

註三九：同前註。

註四〇：莊子人間世。

莊子哲學的生命精神

一、前言——何謂生命精神

各位先生，今天在座有許多前輩先生，也有許多青年學生，大家聚集一堂，對中國文化、中國哲學，甚至整個人類的思想——所謂的「巨人的心靈世界」，表達我們的關切。個人在此，對主辦單位能舉辦這樣有意義的活動，感到很敬佩。今天我講的主題是「莊子哲學的生命精神」。

談巨人的心靈世界，講莊子而不講孔孟的話，是不很恰當的。今天講中國文化、中國歷史；講中國的巨人、思想界的巨人、文化界的巨人，自是以孔孟爲最的了。還好這是一個文學系列講座，莊子正好是一個偉大的哲學家，同時也是一個偉大的文學家，基於這個理由，我今天才敢站在這個地方，講莊子哲學的生命精神，探討他巨人的心靈世界。我所謂的生命精神，是說中國道家的哲學所探討的問題，不是知識性的，跟實用技術無關的；也不是落在形軀的、生理官能的層次。不是知識性、概念性的探討，也不封閉在物質性、官能性裏面，中國哲學的特質是直接的就生命的實踐，來開顯生命的境界。此外，道家也不是儒家的進路。儒家同樣不在知識概念上構作，不在形軀官能上尋求，而追尋超越的生命價值；但是儒家把生命價值定在道德上，而莊子在這個地方不做任何的規定，他直接彰顯生命的本身，讓生命的本身自由的顯發它自己。這是道家哲學特有的生命精神。

二、道家哲學的分位——由周公、孔子到老子、莊子

今天我講「莊子哲學的生命精神」，在探討莊子哲學的生命精神之先，我想用一點時間來釐清一下道家在中國哲學的分位。我們知道莊子是道家思想的一代巨人，在莊子之先有老子，老子之先有楊朱，楊朱之先有論語的隱者。而論語隱者之先，中國三代以來，一定有從人文社會回歸自然山水這樣的一種對生命方向所作的價值決斷，這是有普遍性的。在思想發展的脈絡裏，我們大略可以說是由隱者到楊朱，到老子，到莊子。我說要從思想上先界定中國道家思想的分位，因爲老子之先是孔子——當然這一說法，馬上牽涉到考據的問題，今天我們不能條列論證——在我的理解裏面，孔夫子當然是繼承了中國三代以來的學術文化，所以諸子百家，孔子是第一。孔子是儒家，儒家當然會有他的教義教路。通過三代以來，周公的貢獻就是把每一個人的生命存在定在禮樂，人是怎樣的存在？是禮樂的存在。禮樂可以讓人是人，人成就人，這是周公的。孔子發現另一個問題，禮樂要成爲可能，請問有沒有人性

的根據？因爲周公講禮樂只限於貴族，還沒有下及平民，這叫做「禮不下庶人」（註一）。孔夫子的反省是：每個人內在生命都有一個仁，所以每一個人都是平等，人性平等，所以禮樂應下及庶人。由是禮樂的「在」，是通過人的「有」而有的。人的有就是有仁心，所以禮樂的在，才有可能性，才有活水源頭。孔夫子講仁義、講禮樂，講天道、講聖人、講家國天下、講內聖外王、講歷史文化傳統：孔夫子給我們一個多元的宇宙、多元的世界、多元的價值。每一個人在這個價值的世界裏面，可以找到他的安身立命之地。最近我們談五倫，儒家就給我們一個多重人生的分位，給我們一個多重生命的方向，給我們一個生命莊嚴的宇宙。我們很少看見一個思想家能够這樣的開出一個世界觀，讓所有的人找到他生命的安頓之所。

老子呢？老子就在反省儒家的生命進路，他也看到孔子儒學的一些問題，儒家有教義有教路，對生命的方向、整個社會的生活規範與價值基準，一定要有所規定，才能够定住人生，不會讓它風雨飄搖。但是儒家開出的教義教路，在本質上因爲他定住了，就不免僵化了。我們知道時代是變的，人心的感受是通過歷史的步伐，隨時在轉變中。儒家通過仁、義、禮來講，禮是隨着時代的因素而轉動的，禮是可變的，仁是常在的。老子看到儒家這個教義教路一規定出來的話，那麼儒家的思想就在這邊定住，定住而不能鬆動，就失去活力而漸告僵化。老子的意思是說怎麼樣才能衝破這些定著、這些規範，讓生命的創發力能够突破禮教的規範，而重新萌芽發動。所以老子的功能主要是衝破儒家的藩籬而重新開顯生命的活水源頭。儒家講仁義、講聖人、講天道、講家國天下、講歷史傳統，他已經定在那個地方，就道家的反省，儒家定在那個地方，就可能死在那個地方，不再是生動活潑的，不再是無限的可能性，因爲他已經被開發出來了。所謂「道可道，非常道；名可名，非常名。」（註二）這個名就是「正名」的名，儒家把每個人定在那個地方，正名是「君君、臣臣、父父、子子」（註三），讓人生有方向，讓生命有意義，但是道家認爲這個路向開拓的本身，就是一個限制。

另外一個反省，儒家講仁義，仁義就變成一個價值，這個價值被規範出來，每個人把仁義當作目標，但是在追求仁義價值的過程中，我們知道人的形軀官能是存有相當非理性的無明，仁義一被高懸，一被樹立，大家在追求仁義的歷程當中，也許就有所不能了，所以可能不以正當的方式去追求仁義，可能訴諸奇變的手段。這個就是老子所說的「正復爲奇，善復爲妖」（註四）。仁義本來是正道的，但是大家競逐，可能轉到最後成爲奇變，不擇手段的追求仁義。如是，仁義變成假仁假義。仁義本來是善，掉落在這樣的一種追求過程中，人被扭曲了，物也變形了，所以本來是善也變成爲惡，老子就在這個意義上講「絕聖棄智」、「絕仁棄義」（註五）。

這一反省有兩方面的意義：一是本質意義的，儒家一開出教義教路，就被定住了，就可能僵化了，所以他要衝決它、要開發它，追尋不可道的常道，不德的上德。另一是發生意義的，在追求過程中，正的被轉爲是奇的，善的被轉爲是妖的，妖就是惡的意思，所以道家就在這個扭曲變形中講「絕聖棄智」、「絕仁棄義」。他的意義是說：要絕棄發生意義的扭曲變形，只有人不講仁義的話，才沒有人假仁假義；不講聖智的話，就不會有人假聖假智。這是道家最根本的精神。在這個地方，道家不作任何的規定，沒有標準也沒有要求，所以道家不出面開出人生的教義和教路，他只是認定像儒家走在人間世裏，我們的生命可能受到污染，可能積存塵垢。道家叫我們回首過去，洗滌這些污染，淨化這些塵垢，讓生命仍然能清暢的流通下去；道家僅反省儒家的仁義道德，另求超越開放之路，而從來沒有反對儒家的仁義道德，所以說「失道而後德，失德而後仁，失仁而後義，失義而後禮。」（註六）道德不失、不掉落在人爲，仁義禮也就是自然，也就可保住。用道德的無爲，開仁義禮的無不爲。假定道家反對仁義道德的話，老莊又何足道哉？中國就沒有像老莊這樣偉大的思想家了。這就是我通過儒家對顯而出的「道家的分位」。

方才我講到「老子的分位」。我們再轉到一個問題來，老子哲學的精采與方向，我是透過孔夫子來說他。老子特別講到「天地不仁」「聖人不仁」（註七），因爲儒家認爲「天地是仁」「聖人是仁」，但是仁本身就是有心，有心本身就是人爲，有了人爲就不再是自然，不再是無爲，所以道家的自然，是相對於儒家的人文來說的，相對於儒家的有爲來說的，儒家說「天地是仁」，「聖人是仁」，老子就說「天地不仁」，「聖人不仁」，不仁就是無心自然。整個老子的思想精神，表現在他的政治智慧。道家無爲自然的遠景，小國寡民的政治，畢竟要通過聖人之治而開顯，道家給我們生活的山水田園，給我們生命的一種恬適自在，這一方面在老子的哲學裏面是透過政治的無爲而開顯無不爲的，也就是說假定生命的自然無爲是一種價值的話，照老子的哲學來說是被給與的。聖人無爲，老百姓就無不爲，我們要問，那麽老百姓呢？所以凡是講價值就一定要通過自覺性；假使不能够自覺的話，這個價值是廉價，只因爲它是被給與的，並不是通過每一個人自覺的修養、奮鬪而彰顯，這樣的話，價值就不是價值，而且人家給我們的價值是沒有保證的，沒有任何保證的。所以老子的哲學有一個危機，那就是貧乏、虛空的危機。

我們想看儒家把人定在一個社會羣倫裏面，老子發現，這一定住就是僵化，就是有限。他要把人跟這個世界的連鎖切斷，這一切斷的話，人就飄浮起來了，當然很自由自在了，但是生命歸程何處啊？我現在做個比喩說明。前兩天在電視節目看到，全國風箏協會理事長在國父紀念館放一條蜈蚣的大風箏。我們看看大蜈蚣在天空翱翔，人就是嚮往這樣。放風箏最大的意義，就是人是有限的，我們經由這個一線牽，讓風箏在天空中自在逍遙，就好像我們的生命翱翔在天空中一樣。但是放風箏要有意義的話，是因爲風箏跟人還有一線相連哪；畢竟人是站在大地上，立足大地。假定我們把這一個人跟風箏的牽連一線剪斷的話呢，它必然變成斷線的風箏哪，不知去向何處了。所以老子的哲學就有這個貧乏、虛空的危機。

莊子出來了，老子之下有莊子，就如同孔子之下有孟子一樣。莊子就是要把老子所切斷的人跟這個世界的關聯性重新接續起來。所以在莊子哲學裏面很重要的一點是他把老子所講的「道」，不再從絕對上來講它，說「道可道，非常道」。事實上，老子所講的道還是人生的路，只是他認爲這是自然的路，而跟孔夫子那個人文的路不同而已。「道」最根本的意義就是「路」，路就是人走出來的。路有正路、有大道，大道是每個人能走的路，正路是莊嚴的路，在這樣的路上可以實現每一個人的生命莊嚴就是天道。還有什麼天道不是讓每個人生命能够安穩？能够實現他自己？假定人能開出一條正大的路，讓每一個人活的很莊嚴、很眞實，在中國人的思考裏面，這就是天道。後來老子給它一個形而上的性格來講「道可道，非常道」，事實上，那就是人的路。中國儒家、道家都在找尋一條路，讓每個人活着，活的很安穩，活的很莊嚴、很眞實。莊嚴是儒家，眞實是道家。所以莊子是把老子的「道」重新落實在人的生命人格裏面。莊子從來沒有孤離的、概念式的去講一個「道」；他只講天人、至人、神人、眞人、聖人，所有的道，內在人於的生命本身，做一種全幅整體的展現，莊子的主要精神就在此。

此外我還有一個基本觀點，我認爲莊子受了儒家的影響，莊子的性格一半是儒家的。我這個說法，當然跟太史公司馬遷的說法是迥然有異！太史公認爲莊子是剽剝儒墨，詆訿孔子之徒，我個人認爲不是。莊子事實上得到儒家眞正的精神，他所以能够把老子的「道」落實在人的生命人格說，是因爲受到孔子的影響。此一影響是通過顏回而有的，在莊子內篇裏面，重要的修養理論是通過孔子跟顏回講出來的。我們沒有看到他對孔子跟顏回做了任何的嘲笑，或出以諷刺的筆調。他講到心齋坐忘，人間世的心齋與大宗師的坐忘，這兩個重大的修養工夫都是通過孔子跟顏回講出來的，孔門弟子裏面，顏回的生活型態是最道家的，「一簞食，一瓢飲，居陋巷，人不堪其憂，回也不改其樂。」（註八）所以我認爲莊子是私淑顏回，通過顏回，通向孔子的生命。他強調生命人格的修養，把道內在於人，這一點的靈感很可能從儒家轉移過來。

我剛剛說老子有一個危機：虛空、貧乏，此後有兩個思想家扭轉它：一個是莊子，把老子的「道」落在生命人格的修養中；所以莊子不講道，他講人，天人、至人、神人、眞人、聖人。另一個是荀子，荀子的哲學「天」、「性」、「心」都是老子的，老子要我們回歸自然，認爲人爲都是錯的；荀子相反，他認爲凡是自然都沒有價值，只有人爲才有價值。「人之性惡，其善者僞也。」（註九）那個「性」是自然的性，天生的自然性；這個性，沒有善，任何善都是從人爲來的。所以荀子看到人的生命就在自然的全面籠罩中，試圖去找到一個人生的路子，這就是荀子。由是我們知道荀子受了道家的影響，莊子受了儒家的影響，這個錯綜在思想交流裏面本來是不足異的。通過這樣的解釋才能夠解釋天下篇爲什麽對儒家做那樣的推崇，才能夠了解內七篇，莊子繼承老子之後，他的轉向，他的證成。從這邊，我們才會有比較清楚的了解。這個是我今天講莊子的生命精神，先提出我在哲學史上的一個觀點。這是我一切立論的根據，假定我是對的話，就對在這個地方，是錯的話，也錯在這個地方。所以我先跟各位作個說明，讓諸位了解我背後對整個哲學史的觀點是怎麽樣。

三、逍遙遊——生命的超拔提昇

莊子第一篇逍遙遊。「逍遙遊」今天我們都會說是逍遙而遊。我也看過當今一位畫家，他畫展中的一幅畫，標明主題是「逍遙遊」。我請教他，我說請問你的逍遙遊作何解釋？他拒絕解釋，他說不跟你們哲學家講話。文學藝術誠然是訴之於直覺的，哲學總是要通過概念分析，正是「妨人作樂耳」！我們今天講逍遙遊，不少人老是把逍遙兩個字連在一起來講它，事實上，逍遙遊是可以分開解析的。我這個說法是得自於王船山的啓發。所謂的「逍」，就是消解的意思。人的生命存有很多非理性的無明，這個有限性，儒家叫命限，佛家叫苦業。有這樣一個非理性的無明存在，人在追求理想的過程中，眞是處處都是障碍啊！所以人爲什麼快樂不起來呢？因爲我們有太多擔負了：社會的責任、家庭的責任，還有歷史文化的責任；儒家所給予我們的：使命感、文化理想、投入、擔負……，所以在生命的歷程中，人在很多方面是存在着限制的。當然，道家主要不是這個意思，他主要還是講到由人的感官所帶來的限制；心知的執着，與情識的纏結等，有心知、有情識，所謂的「逍」，就是消解。人如果能够消解功名利祿，消解形軀官能的侷限束縛，然後我們世界才會大，這叫「遙」，遙就是高蹈遠引。人的世界小，是因爲我們通過名言知識概念，我們有許多功名利祿的執着，讓我們的世界變得這麼小。我們在一個無限界的廣大世界裏面畫很多格子，並把自己放在一個小方格裏面，然後感慨世界很小，我一向不喜歡那支歌曲：「這個世界小小小。」在我的觀點這個世界本來是「大大大」，此所以說逍而後能遙。我們的世界那麼小，是因爲我們有太多的執着，我們在自困自苦，把自己困在一個小的世界裏面，然後說生命是失落的，生命是一種壓迫。在莊子來說，逍就是消解，消解官能、心知、情識，然後一個廣大無垠的世界就在我們面前開顯出來了，而後人間可遊。人間不是不可遊，是我們把它擠迫得不可遊，逍遙遊就是這個意義。我們直接通過這三個字的字義解析，就可以了解逍遙遊的根本精神。

底下我就講他的大鵬怒飛的寓言，莊子的思想是通過老子而來的，老子雖說：「道可道，非常道。」但是他畢竟是用概念的語言來表達，莊子則通過寓言來表現，通過文學的語言來表現，他知道概念語言的限制。我記得有一位中國的學者在歐洲參加學術會議，他在會議廳裏很感慨的說：「我們很抱歉、很慚愧，中國沒有亞里斯多德，所以我們沒有邏輯。」當時在座的西方哲學家海德格跟他說：「感謝上帝，還好中國沒有亞里斯多德。」莊子就是通過老子對語言文字概念的遮撥，不直接說理，因爲一語道破的話，言語道斷心行路絕，所以莊子重要的義理都是通過寓言來表現。

現在我解析他「大鵬怒飛」的寓言：「北冥有魚，其名爲鯤，鯤之大，不知其幾千里也。」北冥，北冥就是北海，他說「冥」，而老子說「玄」。他講北海，指的是人生命的孕育之場，但人的生命的孕育之場，是神秘不可知的。你看無窮的生命在此展現；古往今來，多少感人的生命出現了。所以他不直接講北海，他講北冥。「冥」是深遠不可知的，生命的孕育之場，一切的歷史文化在這邊展現，一切的天才、一切的思想家在這邊展現。「北冥有魚，其名爲鯤。」鯤是魚子，而魚子是小啊！他卻說「鯤之大，不知其幾千里也。」所以有位注解家楊愼大爲震驚，他說：「以至小爲至大，便是滑稽的開端。」（註一〇）他以爲莊子眞會開玩笑。事實上，莊子說他自己是「謬悠之說，荒唐之言，無端崖之詞」；又說「以天下爲沉濁，不可與莊語。」（註一一）但是我們千萬不要以爲莊子果然是在隨便說話，那只是一個文學家藝術天才的表現；所以這邊把一個至小的鯤說成幾千里的大，以至小爲至大，不是滑稽的開端，此中含有深義。我剛說北冥就是北海，就是生命的孕育之場。

什麼叫生命？生命是會成長的，才叫做生命。假定物質的話，它死在那個地方，因爲它沒有生命。你看一個嬰兒來到人世間，他是小的；曾幾何時，他長大了，他可以成爲人間的巨人。像孔子、釋迦、耶穌，這樣的生命，他們不是人間的巨人嗎？事實上，他們跟我們同樣是人。所以鯤之大不知其幾千里也，並不是滑稽的話，而是說生命是由小而大的成長。生命也有他多種的層次在飛越。人在某個階段我們會不僅在成長，而且在蛻變，生命的蛻變，往更高的層次飛昇。我相信諸位先生在人生的成長歷程中，會有類似的體驗：過了某一天突然你覺得自己長大了，但那個長大不是同一層次的長大，是往另外一個層次的長大，這叫「化」。這個化是生命的化，一個生命理境的化，生命的飛揚，這叫「化而爲鳥」。「化而爲鳥，其名爲鵬，鵬之背，不知其幾千里也，怒而飛。」這個「怒」字是奮起的意思；牠由小而大，由大而化，奮起飛揚，「其翼若垂天之雲」，牠的翅膀一拍一合之間，好像是雲垂天旁，這是描繪生命氣勢的壯大。「是鳥也，海運則將徙於南冥。南冥者，天池也。」這隻鳥啊，當海運，海上長風飛揚的時候——那是宇宙長風，宇宙到處充滿了大氣。道家要我們回歸山水田園，回歸自然的大；儒家是要我們開創人間的大。儒家的生命也是由小而大，由大而化，孟子也說過，所以偉大的生命、精神是相通的啦。孟子說：「可欲之謂善，有諸己之謂信，充實之謂美，充實而有光輝之謂大，大而化之之謂聖。」(註一二)你看，講「化」，儒家跟道家思想界的巨人，他們對生命的開展，同時講到生命的「大」跟「化」。就生命的形質來說，我們誠然是小，這叫做「可欲之謂善」；從物欲來說，人是小，人有生理官能欲求，人的有限性；但是人可以在這有限性裏面彰顯道德生命的莊嚴。可欲是我們的本心對物欲下一個可不可以的判斷。人誠然會受到欲求的牽累，可能成爲欲求的奴隸，但人也可能超越欲求，而彰顯道德生命，這叫「可欲之謂善」，你看，從可欲的小到有光輝的大，到化的聖，到不可知的神，這是孟子的話。人可能成就「大」，「大」實在沒有什麼好大不了的，你能夠再把那個「大」化掉，才是了不起的。

諸位了解一下，「大」有時候會傷人的，我們千萬不要以爲「大」就是一切噢。道家的智慧就在這個地方顯，我可以通過我的奮力飛揚，成就我自己，是「大」；但這個「大」會對別人形成壓迫感，所以你能把「大」的形象化掉，平易近人，這才是眞正的聖人，就是所謂的「大而化之之謂聖」。所以聖人一定在人間裏，一定在我們的身邊，這叫做「望之儼然，卽之也溫」。孟子從大到化，莊子也是；所以儒家的「大」跟「化」是在人間社會裏面，通過人的道德良知，去挺立生命的莊嚴。爲什麼莊嚴？因爲人有欲求，但我不是欲求的奴隸；有名利心，但是我富貴不能淫、貧賤不能移、威武不能屈。人是可以表現生命本身的莊嚴，而不會被外在的功名利祿所打散。

莊子的道家生命，不是要我們在人間世裏面去挺立生命的莊嚴。他當然也在「大」跟「化」，但他要回歸整個自然，自然是浩瀚無盡的，人的生命由大而化，就可以在一個浩瀚無盡的宇宙裏去展現生命自在的逍遙之遊。「海運則將徙於南冥」，海上長風飛起的時候，這個由大而化的大鵬鳥，要隨着宇宙長風飛到「南冥」。南冥就是南海，牠從北冥飛到南冥，莊子在這裏加了畫龍點睛的一筆，他說：「南冥者，天池也。」南冥就是天池，天池就是人間的理想境。天池，是天人合一的才叫天池。這段寓言到這邊結束了。一般的理解，莊子是在找尋一個世外桃源，這個人間世不大好，他急着成長，要自己由小而大，由大而化，好飛到新大陸去，去轉化自己的身分地位，莊子不是這個意思。各位先生，所謂的從北冥飛到南冥，而南冥就是天池，再說的眞切點，南冥就是北冥。我剛說「逍遙遊」，這個世界是小，是我們把它弄小的，是小的有限心的執着，追逐功名利祿，拉起了人的心知情識，把這個世界弄得讓人活不下去。天地這麼大，何至於沒有我們的立身之地呢？但是今天多少人流落天涯？所以，世界是小，並不是世界的本身是小。事實上，北冥就是南冥，南冥就是北冥。這個世界這麼小，是因爲人的小，假定人能够由小而大，由大而化，這個世界也隨着生命主體的開展，由小而大，由大而化；所以今天人類的問題，不是世界的問題，是人的問題。我們今天的反省不大往這邊反省，我們總是希望往外太空發展，是不是可以找另外一個世界啊？你看地球太小了，我們也許可以找到另外一個星球，把人的生命轉往另外一個星球。各位先生，像今天地球這樣的人又移到另外一個星球的話，那麼另外一個星球就是地球。

西方文學家有個妙喻：「有一天天堂開放了，所有的人可以進天堂，大家就急着排隊擠進天堂。其中有一個人卻坐在天堂門外不肯進去。」我相信那個人一定是哲學家。「人家好奇的請教他：先生，你看，我們平時所祈禱的就是盼望有一天能够進天堂。現在，天堂一朝開放，先生你竟然不進去，何以故呢？他說：當今所有的人都進去了，那麼天堂豈不是變成地獄了！」因為還是原班人馬。依道家的觀點來反省，今天人類的問題，不是這個世界太小的問題，而是人太小的問題。假定我們能够由小而大，由大而化，像那隻大鵬鳥一樣，這樣的話，人間世就是天堂，天堂就在人間。所以我剛剛說：「莊子是要把老子形而上的道，落實在人的生命本身去展現。」眞正的理想世界不在另外一個世界。那裏有桃花源，桃花源就在我們的心中開，從主體生命的修養而開。在這段寓言裏面，莊子又安排了兩個小人物出現，「蜩」與「學鳩」。蜩是蟬，學鳩是小麻雀。這二隻小蟲，看大鵬鳥的修養功夫，牠們就嘲笑牠：你何必這麼辛苦麻煩呢？要由小而大，由大而化，要「搏扶搖而上者九萬里」，翻上九萬里的高空，要「水擊三千里」，平飛直前呢？要起飛嘛！他們說：像我的話，不要，我說飛就飛。牠們的意思是說牠們像直昇機，那麼大鵬鳥就像七四七，要跑了一大段路才能够起飛昇揚。牠說：我不必，你看我說飛就飛，「決起而飛」，萬一飛不好，掉落在地上，爬起來也就是了。所以牠們問了：「大鵬鳥你為什麼要那樣的折騰飛行呢？」牠們嘲笑牠。莊子安排了這兩位配角來講這些話，後來莊子說：「此小大之辯也。」生命是有大小，我們不自知而已。這兩隻小鳥，也自許「亦飛之至也」，像我在樹枝叢上跳來跳去，你看，很逍遙啊，也算是飛的極致了！

各位先生，講「逍遙遊」，魏晉時代的郭象認爲，這個大鵬鳥跟小麻雀都一樣，你不能希望小麻雀變成大鵬鳥！當然，大鵬鳥也不能夠是小麻雀。所以他說：只要萬物各安於牠的本分，逍遙是一樣的。我這邊解釋一下。郭象處在魏晉時代，是一個不能夠講理想的時代。誠然，就一個人的形軀來說，小就是小，大就是大；就人的氣質來說，是天生的，沒有辦法反抗。魏晉講才性、講天才，天才是天生的才性，大鵬鳥跟小麻雀，當然小鳥不能成爲大鵬。但是請諸位注意一下，莊子寫的是寓言，寓言裏的主角是鳥獸蟲魚，但他所指的是人的生命啊！人的生命是可以由小到大的成長，人是不能用形軀來限定他的，人的「大」跟「化」，就在突破形軀的拘限。郭象有郭象的時代背景，郭象解莊，有了這一方面的限制，就不能夠觸及到莊子偉大的心靈境界。所以今天我們講「逍遙遊」，要講「大」，生命有大有小、生命的境界有大有小，這個是莊子哲學的第一義。

在莊子書中，他把人的生命分成幾個不同類型的表現。一個是「知效一官，行比一鄉，德合一君而徵一國者。」這個人覺得他自己有了不起的成就，擁有了榮華富貴、功名利祿，我的才能，可以盡一官的職責，我的行爲，可以得到一鄉的讚賞，我的品德，可以得到一國君王的信賴，而得到整個國度一致的禮敬。這樣的話，有些人一定會認定這是人生的最高成就，莊子卻把他擺在最淺薄的一個，格調最差，層次最低。因爲他有求於外在的功名利祿。有功名利祿，他才能够活着，才覺得可以活下去。這樣的人生是完全被外在所決定的。第二個類型是：「宋榮子猶然笑之。」宋榮子是在墨家與道家之間的一個哲學家。宋榮子嘲笑，看不起那些求富貴功名的人，宋榮子把生命定在自己的內在，把外在的世界從自己的生命中往外推出排除。他說「見侮不辱」(註一四)，我們只要把自己投到外在的世界，生命一定會受到壓縮，尊嚴已經受到傷損，所以他要見侮不辱。外在的世界隨時在迫辱我們，所以他從外在的世界退回到自己的生命裏面，拒絕一切外在的東西，不讓它闖進生命中來，我就沒有辱，這叫「見侮不辱」。宋榮子是第二個層次的，他可以不要功名利祿，他封閉了自己，躲在自己的生命裏面。第三個莊子講的是列子。列子可以「御風而行，泠然善也」。他可以免於行累，風一來他就飛起來，但是旬有五日而後返，十五天以後又被送回來。列子當然也不容易，因爲他能够消解形軀的負累，列子放開了自己，沒有自我的擔負，就可以身輕如燕，隨風飄搖。然而還是被風吹了回來，回到原來的地方。所以莊子最後提到「至人無己，神人無功，聖人無名。」只有至人、神人、聖人，他們才能够以天地自然爲自己的性，投身在六氣的變化之流中，跟自然世界合而爲一，人就在自然中，自然就在人中，毫無分別對待，所以他叫「無待」。生命的類型理境：第一層是一般講求功名利祿的人，生命是追逐於外；第二層的宋榮子不要功名利祿，隱藏在自己的內在世界，生命是困守於內；第三層的列子，他可以擺脫自己形軀的拘限，隨風飄搖，生命被外在的自然之氣所決定；第四層像大鵬怒飛的人格，至人就是大鵬，他就飛揚在天地之中，整個天地是他的世界。列子是形軀修鍊的無己，至人是精神涵養的無己。你要投入一個開濶無垠的自然，才能展現一個偉大自在的生命，這是莊子「逍遙遊」的第一義。

四、齊物論——物我的同體肯定

底下講第二方面。我剛說莊子立小大，一定有很多人會站起來反對，因爲莊子在「齊物論」，明明是破小大的。事實上兩篇所講的小大問題不一樣。在「齊物論」裏面，莊子誠然是破小大，「逍遙遊」是講生命理境的超拔提升，講生命的價值層次，此中有大小。由小而大，由大而化，從生命的價值理境來說，是有大小，所以莊子要立小大。「齊物論」裏面要破的是什麼，破的是心知情識的大小。我們立了一個標準，自以爲是完善，通過這個標準去衡定天下人，自以爲是了不起，說別人不好，這個才是一般人所謂的大小，莊子要破的就是這個心知的小大。「齊物論」要破的也是這個小大。什麼叫「齊物論」？光「齊物論」這三個字本身就煞費思量了！你是要齊「物」呢？還是要齊「物論」？這在傳統注解家裏面就有很多爭論，「莊周有齊物之論」，但是，人家懷疑，物不能齊呀！「物之不齊，物之情也。」物性本來是不同的，你怎麼可以齊呢？所以，「所可齊者，物論耳！」物論，後來有人認爲應該是物論。物論，什麼叫「物論」？對物的評價叫「物論」。對物的評價，對物的價值評估叫「物論」。這是價值觀的問題，所以有人認爲「齊物論」是知識論的問題，不對，應是價值論。就好像老子第二章也是價值論，不是知識論。「天下皆知美之爲美」，那個是就價值論講的，不是知識論。那麽「齊物論」的基礎何在？好，有的人說「齊」是齊這個物，因爲物不可齊呀！所以該講齊「物論」。「物論」是是非——對物的評價就是有是非啦！齊天下的是非，天下的是非也是很難齊啊！那眞是左右爲難，你說物也不可齊，物論也難齊，所以大家不曉得怎麽講莊子。

我現在告訴諸位：「齊物論」既齊「物」，又齊「物論」。但是他不在物的本身齊「物」，也不在物論的本身齊「物論」。若以物論的本身去齊物論的話，就變成統一思想，那思想就沒有自由啦！這樣跟法家思想又有何異？這一來把莊子講成韓非子，這個說法實在太不莊子啦！所以，莊子是提供一個宇宙觀、一個世界觀。從最高的生命境界，最高的價值頂點，往下做一個觀照，衆生平等，這就是莊子眞正的「齊物論」。我們就從家居生活來看，兄弟姊妹都是不同的，哥哥唸哲學系，弟弟唸電機系；電機的覺得唸哲學無用，哲學的說電機死板，所以兩個人像儒墨的是非一樣，老通過自己的標準看對方，相互判對方不對。若是由在上的父母親來看的話呢，兩個都是天才，一個是電機界的天才，一個是哲學界的天才。因爲從最高的精神領域往下看的話，就會對每一個存在，每一段成長，給予應有的價值肯認。「齊物論」是從最高的生命精神往下觀照，每一個物的存在，都是平等。每一個是非，每一門學問，或每一門學問的專家，都有他生命的精采，這是整體的大肯定，這叫物我的同體肯定。

莊子如何來講這個問題？現在就通過齊物論的第一段寓言來解說。齊物論一開始講到天籟、地籟、人籟。道家人物南郭子綦正在打坐，突然間他的形軀好像不存在了——這是工夫啊——這時讓站立一旁的學生顏成子游看到，不禁大吃一驚，他趕快請教：「老師，一個人可以形如槁木，也可以心如死灰嗎？」他看到老師做工夫，把形軀遺落掉了，好像形軀不存在了！所以他想老師這樣子豈不是形如槁木，而心如死灰了麼？這是一個很重要的問題。所以後來禪宗趕快死灰復燃。因爲打坐修行，到最後消解形軀的制限，形軀變成乾枯，這叫「枯木禪」。「枯木禪」變得沒有生機，沒有生趣。所以趕快來個死灰復燃。老師形如槁木，心如死灰，學生緊張了，逼問這個問題，南郭子綦回答說：「你這個問題，問得很好！但是我告訴你，你只聽到人籟，而沒有聽到地籟啊！」「籟」是聲音。「你聽到人間的聲音，你聽不到大地的交響啊！」又說：「女聞地籟，未聞天籟夫！」再進一步說，你只聽到大地的聲響，你聽不到那「天」的無聲之聲。這樣的回答，是用天籟、地籟、人籟，來回答學生的問題。

那麼，什麼是天籟？什麼是地籟？什麼是人籟呢？不管是人籟、地籟都是有聲之聲啦！而天籟則是無聲之聲。莊子寓言開始了：「大塊噫氣，其名爲風，是唯不作，作則萬竅怒呺。」大塊就是宇宙，噫氣是吐氣。寓言就像是童話一樣。這個宇宙大塊，吐出了一口氣，這個「一口氣」就是剛剛講的海運。宇宙長風吹向大地，長風本來是沒有聲音的。它吹向大地，大地的每一個竅穴，因爲風吹來而發出不同的聲音。各位，我們也是一個竅，人中的一竅。莊子說：「夫吹萬不同，而使其自己也。咸其自取，怒者其誰邪！」每一個竅因爲形狀不同，發出的聲音就不同。所以每一個生命都有他自己的特色，有他自己的表現。天道通過大地，天道通過所有人的生命，來彰顯他自己。所以不管是地籟、是人籟，都是天籟的表現。什麼叫人籟？人籟在「齊物論」裏面，莊子說是「比竹是已」。比竹，是並列的竹子，並排而立的竹子，有大有小，你一敲聲音都不一樣，這叫「比竹是已」。事實上什麼叫「人籟」？人籟就是天籟通過人的生命表現叫人籟。每一個人都有他自己的性向才情，有他的生命熱血，在人生道途上，我可以彰顯我自己，每一個人都有他生命的里程。對存在來說，每一個人獨一無二，沒有人可以取代；從這一點來說，生命很莊嚴。也許人家可以分擔我們的喜怒哀樂，但是他們絕不能够幫我們活著！從這點看來，我們都是唯我獨尊。所以人籟就是生命的樂章，如同洞簫、管樂是人吹出來的，就是人籟。這邊的意思是說，人可以吹出自己生命的樂章，屬於你的生命的樂章，這是人籟。所以人籟、地籟都是天籟。人籟的眞，地籟的全，就是天籟。這眞是整體的大肯定，宇宙長風吹向大地，大地不同的竅穴，同時發出不同的聲音，聲響是通過他自己發出來的，天籟沒有決定哦！天籟放任這個地籟自己去發出聲音。

這如同老子所講的：「天地不仁，以萬物爲芻狗。」這句話不是不好的意思，「天地不仁」是天地不做決定，讓萬物有自己，去走自己的路，這叫「天地不仁，以萬物爲芻狗。」

另外「聖人不仁，以百姓爲芻狗。」(註一五)是說聖人沒有自己，讓百姓有他自己，去走自己的路。這個是道家思想的精義，天籟不對地籟、人籟做任何決定。但是一切的生命由天籟來，因爲地籟、人籟都是天籟吹來，才發出聲響。莊子的意思到底是什麼？他說地籟、人籟，就是說人是有形軀的，他不是打坐嗎？不是遺落他的形軀嗎？那學生就很擔心他形如槁木，而心如死灰。莊子告訴他：「今者吾喪我，女知之乎！」今天我遺落了我的形軀，但是「吾」在啊！上面的「吾」，是精神主體、生命主體，也就是眞君。莊子講眞君，眞君是眞實而能做主的生命，形軀是眞君的寄寓之所。眞實的生命是眞君，而生命是通過形軀表現的，就好像天籟通過地籟，通過大地的竅穴來發聲的；人的形軀也是一個竅穴，眞實的生命，通過我們的形軀，來走人生的里程；人生的限制就在這個地方，這是人生有限制的開始。因爲人有形軀，在道家哲學裏面，主要的修養是講：「至人無己」，要無掉這個己；「今者吾喪我」，要喪掉這個我。這個己、這個我，就是指形軀的我，有形軀的我，就有形軀的束縛，有形軀的束縛，就會有心知情識的執取糾結。這是整個莊子理論的結構。

莊子是通過一個宇宙觀，通過天籟來說明人的眞君。天籟就是眞君，那麼眞君是無聲之聲啊！你只看到我形如槁木，你就斷定我心如死灰；你只看到我的生理官能，看到我的形軀生命，你何嘗體貼了我內在心靈的感受啊？心是要將心比心的啦！不能夠通過一個感官經驗來衡定一個人，所以我們要以心來與人感通。所以眞實的生命是在人的心。而這個眞實生命是通過形軀來表現，就像天籟通過地籟表現。這個是命定的必然。莊子說：「一受其成形，不亡以待盡。」人一有這個形軀，人就是有限的存在。因爲有生必有死，還是不可逃的終局。

昨天余光中先生講死亡，中國道家講死亡也是講的很深刻的，並不是講的很膚淺。當然道家不直接處理死亡的問題，而儒家處理。不是儒家不處理，儒家才處理。儒家處理死亡的問題，不像宗教講生前死後，這一段宗教可以講，哲學不能講，歷史文化不能講。歷史文化只講由生到死這個階段——人生的理。但是中國人很聰明，中國人問：我還沒有來到這個世界以前，我怎麼樣，我有祖先，我死了以後怎麼樣，我有子孫。中國歷史文化的綿延就是中國的生死觀，不是說儒家不處理生死的問題。所以從這一點來說，儒家有宗教功能。因爲他有生前死後，他有歷史文化。我穿插了這一段話，稍微表示一下儒家也講死亡的問題。

「一受其成形」，就「不亡以待盡」，這個形軀總是會毀壞的。這是第一個問題：人有形軀之後，人的形軀本身，就會「其形化」，這個「化」就是在大氣之化中，形軀是會死的啦，這叫「其形化」，叫「不亡以待盡」，一時不亡也等待終了的一天。這是存在的悲情，任何哲學家都要關心這個問題。那麼第二個問題：我有形軀之後，「其覺也形開」。形開就是通過我的感官，「與接爲構」，跟萬物相接，我看到萬物，而萬物是刹那生滅，萬象流轉的，所以才有人會葬花嘛！花開了，最燦爛，多美好，但很快枯萎。人生何其無常？只是他忘了明年春天花又開了。文學的生命是當下的哦！當下眞切的感受。我們通過感官看到世界在流轉生滅，看到自己會形化、會老死，所以人一有形軀的話，就有這兩個可能：一個是形成了是非；一個是帶來了死生。人的心，通過感官，看到世界在變動，看到生命在毀壞，他就試圖抓住變動的世界，試圖抓住短暫的生命，但願這一剎那成爲永恒。這一抓住，人就定在他抓住的地方。人生難得幾回是有緣聚首啊！相聚一堂啊！這是一個緣會。這個緣會，很快就消散了，人就是在這樣的聚散無常中。

人的心本來是眞君，眞君是在虛靜界，虛靜心是超然在形軀物象之上的；但是面對物象的流轉，面對生命的有限，「心」下來，試圖抓住物象，這樣一來心中就形成是非跟死生的分別。是非之執，死生之惑啊！那麼眞君是通過感官來捕捉物象叫心知，人的心試圖抓住什麼，人的心就開始定在這個地方，心定在這個地方，就變成價值基準，變成行爲規範。再往下講的話，人就開始有挫折感了。因爲我們追尋這個價值，而在人我競逐中，不一定能成功，我們會有挫折感，會失落，會焦慮，會苦悶，生命的沉落是這樣沉落的。從宇宙觀來看的話，生命是美好、莊嚴的；但在人生的封閉過程中，生命是有限的；因爲一通過形軀，萬象是流轉而生命是有限的。通過自己的形軀去看別人，發覺人我不同，先有了彼是之分；然後再肯定自己是對，別人不對。從是非來說，人恒自是；從情識來說，人必非他。這是莊子在「齊物論」裏面對整個人生的描繪，對人生有限性的悲情痛感。哲學家對人生的有限性，一定會有悲情痛感，他至少要表現同情或者是擔負，不能嘲笑。所以有位前輩先生認爲莊子嘲笑人間。這個說法不好。他只是通過生命的達觀與幽默的筆調，把這個人間的悲情痛感，通過文學表現出來。無可奈何的表現出來。「知其無可奈何，而安之若命。」(註一六)人生很多在心知去的無可奈何，所以生命的價值意義，不能通過形軀去講，不能通過形軀的拘限，講，也不能通過心知的執著，在情識裏面去戰鬪。這叫「與接爲構，日以心鬪」。

你在知識上分一個大知、小知，你的生命就有大恐、小恐。恐是恐懼、恐慌、失落、焦慮、苦悶。雷根總統遇刺受傷，前總統福特說了：「美國沒有恐怖份子，可怕的是畸型人。」是啊！畸型人就是那個日以心鬪大恐小恐的人，那樣才是畸型人。人生在自困自縛；我們先通過自己的主觀，去樹立一個價值基準，然後打擊自己，自己失落了，自苦自憐。心中總是浮現假想的敵人，把全世界的人當成敵人，假想自己孤零零一個人，跟全世界對抗作戰。這就是人生的失落啊！莊子對人生的全面反省，眞君通過人的形軀，往下變成心知，再往下變成情識。所以，人生要離形去知，離開我們形軀的制限，去掉知識的執著，那情識糾結就沒有了，情識解開了，叫懸解。人生的執著像人倒懸一樣，我們自是非他；我們悅生哀死，逃離死亡、恐懼死亡，在活著的時候，只想到死亡，那我們何曾活著？所以他要我們離形去知，就可以懸解，解開人生的倒懸。這樣的話，就彰顯了眞實的生命，活在沒有分別、不互相排斥的世界裏面，叫「同於大通」。

所以「齊物論」主要的精神，是通過宇宙觀、世界觀，來肯定每一個存在，每一個人生命的價值，地籟、人籟，每一個都是眞實的，都是莊嚴的。我們的問題是；老是用自己這一竅，這一竅的聲音去衡定別人；你看，我這一竅是最美的，你那一個不行。人生的問題從這邊開始。就天籟來說，地籟、人籟都是天籟；但是就人籟、就地籟的某一竅來說的話，我們看別人跟我不同，我們就「自是非他」，我這一音才是宇宙的眞音，你那個是走調的假音。除非我們通過我們的修養，跳開這一竅，擺脫這一竅的限制，然後我們才能與萬竅齊鳴，跟所有的生命做一種無分彼此的感通，也就是「同於大通」。不然的話，生命必然會束縛在這一竅裏面，然後變成心知情識，生命就落在倒懸之苦了！這個是莊子「齊物論」的主要精神。

五、大宗師——天人的契合圓融

我再講第三方面。第三方面，我是講「大宗師」。「大宗師」，有的哲學家認爲「大宗師」在歌頌大地之上的宇宙眞宰，就好像我們讚美上帝一樣，有一個宇宙的眞宰在創造這個世界，然後我們今天來歌頌他，就叫「大宗師」，我的觀點不同。「大宗師」是直指生命人格的大，可以做爲百代宗師，叫「大宗師」。莊子最重要的精神就是把無限性，把道或天落實在每一個生命中去展現。所以我剛講，他講「天籟」，又接著講「眞君」，眞君就是人的眞實生命。「大宗師」就是講他的天人觀。

大宗師第一句話——我今天所講的，都是各篇逍遙遊、齊物論，大宗師的第一段——他說：「知天之所爲，知人之所爲者，至矣。」一個人要知天之所爲，同時，知人之所爲，才是到達生命最高的理境。因爲「南冥者，天池也。」天池是天人合一嘛！所以人要知天之所爲，又要知人之所爲，這樣才是人生最高的境界。這個說法，剛好跟荀子相反。荀子謂「唯聖人爲不求知天」，又說「明於天人之分，則可謂至人矣」，在荀子說來「不求知天」、「天人分離」，才是至理。莊子是要「知天之所爲，知人之所爲」。我們現在請問怎樣才知天之所爲呢？他說：「知天之所爲者，天而生也。」怎麼樣知天之所爲？天籟，天籟是無聲的，是無聲之聲；眞君，眞君是無形的，是在形軀之上的！你怎麼跟別人的生命深處，去做一種契會溝通呢？你怎麼能體現天道呢？他說：「知天之所爲者，天而生也。」什麼叫天而生也？順著天而生的生命就知天。我們知道，天是無形的，是啊！但是天籟表現在地籟跟人籟裏面。怎麼樣知天？從人的身上就可以知天。這叫天而生也。

什麼是天而生也？人，人是順天而生的生命；通過人，才能够知天。就如同論語所講的：「天何言哉？四時行焉，百物生焉。天何言哉？」(註一七) 天是無言的，但是有四時百物，通過四時百物的生生不息，你就知道天。莊子也是一樣的思考。好，通過人可以知天，那麼我們請問：通過那些人？天涯淪落人嗎？所以他底下馬上說：「知人之所爲者」，再說怎麼樣知人。把「知天之所爲」，化爲「知人之所爲」，怎麼樣知天？知人，這是第一層。再往下，如何知人？這是第二層。他說：「知人之所爲者，以其知之所知，以養其知之所不知。」以其知之所知，我們的心知，我剛剛講的心知。人的心本來是超越的喔！虛靜的，它超越在形軀物象之上的，後來因爲形軀有限，物象流轉，所以心才下來，下凡人間，希望對有限的生命，對流轉的萬象去抓住他。人只能過一生，我總要抓住什麼，所以心才從天上下到人間，一下到人間的話，就抓住萬物，這叫「以其知之所知」。這是老子說的：「爲學日益。」（註一八）

今天我們的知識、學問都是「爲學日益」，就是做學問，每天要認取更多的知識，這叫「以其知之所知」。但是人落在「以其知之所知」的話，我們的心就定在這所知的現象裏面。從知識的活動來說，從形軀官能的活動來說，人是沒有自由的！諸位想想看，我們在各門學問的研究，是沒有自由的，因爲你主體的心，要跟客體的物相接。你不能憑自己去想像一套創造一套出來講知識，你的認知一定要存全物的客觀性。人的心就跟物糾結在一起，這叫與接爲構。物象構成心象，我們就沒有自由啦！形軀的活動更沒有自由，生理官能欲求自成一機栝，那是沒有自由的。只有兩方面有自由：儒家的道德生命的活動，跟道家的生命本身的活動。爲什麼？因爲它超越。它可以超然物外，超越的，不爲物所拘所限，不跟物糾結在一起，所以是自由的。那麼「以其知之所知」就是人的知識活動，一轉就是價値規範的活動，統統就是心知、情識，這一方面的活動就是有限的。所以怎麼樣知道人——在執著物象的生命中，我們看不到眞實的生命，因爲那個生命已經沉落，已經與物糾結在一起，所以顯發不出眞實的生命。所以非要離形去知，好好修養不可。消解形軀的拘限，取消心知的執著，這樣才能解開生命的倒懸，才能夠彰顯生命的本身。生命本身的什麼，生命本身的自由。這樣就是「以其知之所知，以養其知之所不知」。不知，就是跳開了這個知，而昇到一個「不知」

的層面，所以老子說「知不知，上。」知是有兩個層次：一個是知的層次，一個是不知的層次。在「知」的層次來說的話，老莊的反省剛好是不知，因爲你只能把弄知識概念，你的生命就被封閉在知識概念裏；在道家來說，不知才是眞正的知。因爲不知，是自由無限心，沒有任何成心偏見，可以觀照一切，可以從最高的領域往下觀照，衆生平等。這個才是眞正自由無限的精神生命的領域。知的領域，剛好是讓人的生命定限在物象，在形軀的拘限心智的執著中，所以這叫「以其知之所知」。他要我們從「其知之所知」的現象的執著，與形軀的封閉裏解放開來，彰顯生命本來的自由；一放開的話，心就回到原來的那個眞君的地位，自由無限心，沒有執著，這叫道心。道家所彰顯的就是通過修養，彰顯這個道心，彰顯生命本身的自由，這個叫「以其知之所知，以養其知之所不知。」從「知」的領域，上達到「不知」的境界。

底下莊子說了：「庸詎知吾所謂天之非人乎？所謂人之非天乎？」我儘管講知天知人，你怎麼知道我所說的天不是人，我所說的人不是天呢？問題是怎麼樣去確定啊？通過人以知天，但要通過怎樣的人呢？這是有待未定的，「知有所待而後當，其所待者特未定也」，你怎麼能够確定，從這個人的身上可以知道天呢？莊子說：「有眞人而後有眞知」。所以我說不能够是天涯淪落人，而是要通過在物象的流轉中，在形軀的死生中，能够跳開來，而彰顯生命自由的人。通過眞實的生命，就能知天。如何知天？知人；通過怎麼樣的人來知天？通過眞人，眞人是眞實的人。

這邊我們可以思考一下，西方哲學家笛卡兒說：「我思故我在。」他通過人類理性的思想活動，來肯定人類生命的存在。我們的莊子相反，「有眞人而後有眞知」，在中國哲學裏面，人的生命本身永遠是高踞首位的。有眞實的人，一切的世界才是眞實的，才是莊嚴的；這個世界的人是虛假，整個世界都是虛假，道德學問都是虛假。莊子怎麼樣講知天呢？從人的身上知天；從那些人的身上去知天的呢？從眞人的身上才能知天。所以就莊子來說的話，道是往下落實到每一個眞實生命的本身去講。

通過逍遙遊，他講生命的超拔提昇，讓生命不斷的往上昇揚；通過齊物論，他從最高的理境往下觀照，衆生平等。一切的是非，一切的生命存在，都是莊嚴，都是有價值的。從天籟來看，地籟、人籟都是美善的。生命由下而上的飛揚，再由上而下的觀照，走向一個圓融之境。我這樣說往上提升再往下肯定，事實上，天就是人，人就是天；南冥就是北冥，北冥就是南冥。這是莊子所開顯的生命精神，只有眞實生命的展現，整個宇宙才是眞實的展現，宇宙是莊嚴，人生是有價值。

所以莊子說了：「魚相忘乎江湖，人相忘乎道術。」(註一九)我們通過魚來講，魚在大江大海裏面，當然可以自在自得，他可以忘記自己，也可以不記掛別人，因爲在江海裏面，每一條魚都是魚樂也。「儵魚出遊從容，是魚樂也。」(註二〇)莊子跟惠施遊於濠梁之上，看水中的游魚，何其快樂！魚在江海的水裏，本來是快樂的。人活在道的自然中，本來也是可以忘了自己，忘了他人，每一個人都可以自在自得的，但我們卻把世界逼成小的世界，把人生擠成鬪爭的人生。就好像泉水乾涸了，魚兒乾乾的躺在泥地上，只能互相的依靠在一起，「相呴以濕，相濡以沫」（註二），你吐口水給我，我吹濕氣給你，互相潤澤對方。人們也是一樣，遠離自然，來到一個人文的世界，我給你溫暖，你給我溫暖；然後我們認爲這是人間救人救世的道德事業。依莊子的反省：爲什麼我們不回到大江大海裏面，彼此忘了對方呢？豈不是更美好的世界嗎？爲什麼要把人逼到一個不能活下去的世界裏面，然後再來我救你，你救我呢？這是「人相忘於道術，魚相忘於江湖。」

六、三則寓言的理境

(一) 罔兩問景

以上，通過三方面，講莊子的生命哲學。底下再講兩三則寓言。有兩則寓言今天登在聯合報副刊上：「夢爲蝴蝶與鑿破混沌」，這兩則寓言就不說了，我再講另外兩三則寓言。要懂莊子，一定要懂得莊子的寓言。第一則，先說齊物論的寓言，「罔兩問景」這段寓言很有意思。「罔兩問景」，「景」就是「日光」，日光照物就是「影」的意思。「罔兩」，「罔」就是迷惘的意思，不眞實的意思，影子本來就是迷離不眞實的，「兩」是重疊的意思，「罔兩」就是那個影的影，影子的重疊叫罔兩。罔兩問景曰，就是影子的影子去問影說——因爲這是寓言嘛，文學家就有這種想像——他說：「你，你閣下能不能够有特立獨操一點？你怎麼老是起坐無定，行止無常？突然間站了起來，突然間又坐了下去；一下子起步，一下子又停下來？」就好像我們搭公車一樣，那司機先生緊急剎車從來不通知我們一聲，所以車廂裏面的情景可眞是天下大亂的景像。影之影向影提出抗議：你突然剎車，我就跟著往前衝出去。所以他說：「能不能請你有特立獨操一點？」影子就回答他，他說：「你不要怪我，我是有所待才這個樣子，你不要以爲我可以決定。當然，你也不要責難我所待的那個人，因爲我所待的那個人，他也有所待啊。」影之影責問影，影說他另有所待，他所待的是什麼？是形，形軀。但形軀也只是竅，只是人寄生的一竅，眞實的生命在眞君。所以我所待的那個形，形軀的形，他也不能够決定。因爲形軀就好像蟬所脫的殼，像蛇所蛻的皮一樣，它並不是眞實的存在，它只是一個形軀，一個竅穴。「惡識所以然？惡識所以不然？」你從形軀裏面，怎麼能知道他爲什麼是如此？爲什麼不是如此的道理呢？因爲生命是眞君的表現，所以我們不要從「影之影」、「影」跟「形」去看生命。

這個寓言所顯露出來的意義，就以今天來說，假定將來諸位繼續唸書的話，我是指青年學生來說，高中的學生來說，那麼將來你唸大學，唸碩士班，唸博士班，你總是要寫論文；寫論文你就開始知道了，你的工作完全在圖書館。譬如說你研究莊子，你就要把古往今來所有注解家對莊子的理解寫出來，把當代學者對莊子的講法寫出來，然後你就成爲莊子專家。但是我們知道，莊子爲什麼是莊子？因爲他直接面對宇宙跟生命。人要眞實的面對宇宙與生命，沒有人可以幫我們活著。但是，今天的學者不直接去面對；今天的人，他不到陽明山看花，他寧可看台視盛竹如先生的轉播。我們不僅是「形」，不僅是「影」，也不僅是「罔兩」，根本就是「罔萬」，我們是人家的影之影，你什麼時候有獨立的思考？什麼時候有特立的生命？你何嘗活著？何嘗爲自己眞實的反省而活著？人家影之影還會發問反省，我們根本不發問也不反省——不過我們今天開始問了。

(二) 庖丁解牛

第二則，我想講「庖丁解牛」(註二二)，「解牛」本來很不適合文學家來寫，但是莊子寫出來了，一點血淋淋的感受都沒有，他眞的把它藝術化了。「庖丁解牛」，他並沒有說成「屠牛」或「殺牛」，就像我們的孔雀東南飛：「擧身赴清池，身掛東南枝。」在文學家、藝術家的筆下，死亡變成了美。當然，「庖丁解牛」主要不是這個意思。「庖丁解牛」，神乎其技，惠王對庖丁大加讚賞。他說：先生，你眞是高踞天下第一把交椅，位列第一高手。因爲他解牛都是在舞蹈的動作、音樂的節奏下進行的。牛在不知不覺間沒有了，它沒有感受到任何痛苦，好像塵埃飄落大地，「如土委地」，不著痕跡，但是牛被解開了。所以惠王說：先生你眞是第一高手，你的技術怎能進展到這麼高的境地呢？庖丁當下提出嚴重抗議：什麼技啊？本人是道。所以他說：我早就由技進於道的境界了。庖丁說了：一般的庖人，一個月刀就斷掉了，因爲老砍到牛的骨頭。比較高明一點的庖人，一年刀也鈍了，因爲它割到牛的筋肉。我呢，十九年了，這個刀鋒，好像「新發於硎」，剛磨出來一樣的完整無缺。莊子的意思到底怎麼樣？人活在世界上，到處都是在衝撞。所以我們說：「與接爲構，日以心鬪。」我們的尊嚴，我們的眞實生命會被剝落，會被壓縮。假定我沒有自己的話呢？以「無有入有間」，這個世界再怎麼小，總是有個空隙，你跟另外一個人狹路相逢，爲什麼跟他怒目相視呢？你爲什麼不側身而過呢？你爲什麼要帶球撞人呢？所以我們的籃球國手缺乏道家修養，不然的話，他一定會過人上籃。只要我沒有自己的話，我就不會跟人，在人間產生一種衝突對抗。

所以「庖丁解牛」，牛沒有痛苦的感覺，庖丁的刀身無厚，通過牛的血脈筋骨的空隙，顯得還很寬容，而有廻旋餘地，這叫「游刃有餘」。人假定沒有自己的話，我們怎麼會受傷呢？假定我對世界無所求的話，我不要名，我不要利，那一個人能够打擊我？我還有什麼好牽累的？人就有尊嚴，就是眞實，所以他的刀十九年若新發於硎，他的刀刃沒有受傷。刀刃是指人的精神生命，他的精神生命不受到任何損傷，儘管他活在一個無可奈何的世界裏面。有人說人間是戰場，但只要通過我們的修養，人間不是戰場，人生該是一個和平之旅。

(三) 死生夢覺

我們再講一則寓言：「死生夢覺」。「死生夢覺」是在「齊物論」裏面。這個寓言提到死生的問題。那麼莊子怎麼樣處理死生的問題？形軀是有生有死，眞君是不死不生的。他說：「入於不死不生之境」，他要「朝徹見獨」(註二三)，而後入於不死不生。從眞君來說的話，是無生無死的，落在形軀說才是有生有死。但人不必把生命落在形軀去展開，也就不必受到死生問題的困惑牽累了。在義理上，從莊子的境界來說，心是超越的，是超然在物象、形軀之上，當然就超越時空，所以它不死不生。另外莊子用一個夢境來告訴你：我們怎麼知道我追求生、喜悅這個生，不是一種迷惑呢？我怎麼知道我逃離死亡，不是像一個離家出走的小孩，他流浪街頭不曉得回家呢？或許死才是回到我們的老家吧！莊子沒有任何肯定，他只是發問，向死生發問：你怎麼曉得你對生命的執著不是一種迷惑？你對死亡的逃離不是像一個在外流浪的小孩忘記了回家一樣呢？那一個死去的人站出來說死亡是可怕的！死亡會不會是另外一個很美好、很神秘的存在方式？

所以莊子說了：我們都在夢中，那麼「方其夢不知其夢」，你在夢中不曉得是夢，夢中又有夢。愚者自以爲覺，以爲只有他最清醒、最精明；你們大家不曉得爭名利，你看，我一個人在囊括名利，他不禁竊竊自喜，這叫「愚者自以爲覺」。莊子說了：「只有大覺，然後知道人生是一場大夢。」這是「死生夢覺」的寓言，我告訴諸位，莊子是否認爲活著是一場夢？死才是覺呢？不是。我說莊子不做任何肯定！他的意思是說我們的心對生的執著、對死的逃離，這個才是一場夢。對於知識，對於名利，對於生命執著的本身就是夢；一放開它，就是覺。所以莊子說了：「予謂汝夢亦夢也。」我現在說你夢，我本身也在夢中。這句話就牽涉到邏輯上的問題——層次上的問題，今天不講它了，我們強調的是莊子的生命精神。所以對死亡的問題，莊子仍然有他的解答。就義理系統來說的話，人如何能「不死」，那就是先要能「不生」，根本不以生爲生，不執著生，那裏會有死？再說在眞實生命的發現處，那裏會有死亡？你看，千古下來，偉大的思想家，偉大的藝術家的生命，不在我們的生命中嗎？這是千古長傳的存在呼應，那一個人死了？我們唸論語，孔子永遠活著；我們講莊子，莊子永遠活著，活在今天我們的生命中。

七、結論——生也無涯，知也有涯

最後我通過「養生主」的第一句話，來作爲今天演講的結束。莊子說：「吾生也有涯，而知也無涯，以有涯學無涯，殆已！已而爲知者，殆而已矣！」這句話眞是千古不得其解。兩千年後的今天，我們試圖解解看。這句話不解好的話，整個道家就會馬上變得消極，變成頹廢。所以從老莊墮爲魏晉變爲必然，但是我們不認爲如此。「吾生也有涯，而知也無涯。」各級國文教本一定這樣說：「我們的生命是有限的，而知識學海是無涯的；你用有限的生命去追求無窮的學問，那一定是不可能的。你已知道不可能，還要去追求，那你眞是死路一條了。」各位先生，假定莊子是這樣的想法，我們今天也不要唸莊子了。莊子不講求知，不是因爲它不可能，而是因爲它不値得！不可能，像愚公一樣，一代傳一代，學術的莊嚴事業是千古的，這一代我盡到我的責任，這就是我的莊嚴，怎麼會不可能？所以，它不是不可能，它是不値得啊！怎麼說？就莊子來說，吾生本來是無限的，這個無限是就每一個當下來說，我生命虛靜，我超然物外，沒有任何負累，沒有任何執著；我心虛靜，可以跟別人感通，你之中有我，我之中有你，人生道上有我就有你，不僅有我有你，還有千古，整個歷史文化在我生命裏面，世界上的每一個人活在我的生命裏面，人何嘗孤獨？何嘗渺小？所以「吾生也有涯」，是說我們的生命本來是無限的，但是莊子說爲什麼變成有限？我們的生命爲什麼變成今天這個樣子？「吾生也有涯」是講生命沉落之後的結果，人自我封閉之後的結果，你落在形軀講，當然吾生也有涯，因爲有生必有死，是存在的困局；而「知也無涯」，知識本來是有限的，它一定在某些的預設、某些的條件之下，得到什麼樣的結果。知識是最嚴格的，在實驗室裏面，在方法的操作下，在條件的控制下，在關係的系列中，它成立，所以知識是有限的。今天的知識被無限的推廣，所以有的人認爲要科學的人生觀，用科學來衡定生命，科學變成全能，變成新的上帝。所以莊子講的：「而知也無涯。」是什麼意思？今天我樹立一個知識的標準，主觀的價值基準，然後我說別人不對，否定他人。譬如說，我是甲，就否定別人的乙、丙、丁、戊，以及其他；就乙來說的話，他也成立一個系統，去否定甲、丙、丁、戊等……，每一個都是一樣。萬竅怒呺，地籟、人籟，何止千千萬萬，古往今來每一個人都有一套，所以你反對我，我反對你，我根據你的來打他的，他根據另外一個來打我，這個就是影之影。所以知識變成無窮的推演。但是它愈推演，離生命愈遠。所以知識本來是應該有一個限界，今天被無限界的推廣，這個叫「而知也無涯」。

你把本來的無限的生命定著在有限上，這是第一度的沉落；又把這個有限的生命投入在無窮盡的知識追逐中。這個知識不是莊嚴的哦！是莫須有的，是不必有的。在莊子價值論的觀點來說的話，它是不必有的，所以說「殆已」，這是第二度的沉落。把本來可以互相感通、互相結合的生命，孤立起來，通過形軀把它孤立起來；然後把有限度的一個知識活動，做無限制的推擴，所以大的生命變成小，小的知識變成大。這眞是大顚倒，所以說「殆已」，這就是存在的困局。「已而爲知者」，你知道這個知是讓人變成有限的原因，而且這個知識又被無窮的擴大，你還要追求下去的話，「殆而已矣」，那眞是永遠掙脫不了，沒有超離的一天了。

各位先生，今天我的意思是，就莊子來說的話，生命是無限的，從存在的整體來看的話，天籟表現在地籟、人籟裏，地籟、人籟都是天籟；所以生命本來就是無比的莊嚴，世界也是無比的美好。美麗新世界，不要另外去尋求，只要我們放開我們所執著的，就可以回到自然本來的美好。所以生命應該是無限的，知識才是有限的。今天我們卻讓知識統制我們的生命，所以我們要與莊子同行，爭取生命本身的獨立自由。這就是今天我所講的莊子生命哲學的精神所在。我的演講就到此結束，謝謝各位前來聽講。

——本文是筆者在臺大、師大、輔仁、文化等學會社團及聯合報主辦的學術演講會的演講詞，由銘傳楊蘊堅同學根據臺北市政廣播電臺的轉播錄音，整理出來，再經筆者刪減增飾而成。——

附註

註一：大戴禮記禮察篇。四部叢刊初編經部册十二頁七。上海商務印書館縮印宋刊本。
註二：老子第一章。
註三：論語顏淵篇。
註四：老子五十八章。
註五：老子十九章。
註六：老子三十八章。
註七：老子第五章。
註八：論語雍也篇。
註九：荀子性惡篇。
註一〇：引自錢穆先生「莊子纂箋」頁一。五八年六月臺初版。
註一一：莊子天下篇。
註一二：孟子盡心下。
註一三：郭象注云：「苟足於其性，則雖大鵬無以自貴於小鳥，小鳥無羨於天池，而榮願有餘矣。故小大雖殊，其逍遙一也。」
註一四：荀子正名篇。莊子逍遙遊云：「定乎內外之分，辯乎榮辱之竟。」正是以內為榮，以外為辱之意，生命投靠於外，就不免見侮，生命回歸於內，就遠離外來之辱了。
註一五：老子第五章。
註一六：莊子人間世。
註一七：陽貨篇。

註一八：四十八章。
註一九：莊子大宗師。
註二〇：莊子秋水篇。
註二一：莊子大宗師。
註二二：養生主。
註二三：莊子大宗師。

從中山先生的進化人性觀
看三民主義的王道思想

一、前　言

中山先生，不僅是中國近代史上，第一個扭轉國運，打開新局的政治家，也是中國現代化過程中，所少見之不偏不倚，融貫中西的政治思想家。在他一生的救國大業中，學理與事功，堪稱彼此輝映而相得益彰；在他三民主義的思想架構中，中國傳統哲學與西方近代思潮，獲致一妥善的結合，與微妙的均衡。

個人以爲，中山先生持守的治學心態，是來自西方近世的經驗科學，而其取擇的價値歸趨，則歸本於中國傳統的儒家哲學。他的三民主義一書，雖係政論性的演講詞，而不是一系統的哲學專著，然在他本末一貫的理論系統中，卻處處流露著由進化人性觀而有的對人性尊嚴的肯定信念，與透顯了屬於中國政治學之血脈根荄的王道思想。由是以觀，他的政治思想，決不止是一「驅逐韃虜，恢復中華」所用以權變求通的應急措施；而正顯發了他承接中國古聖先賢代代相傳的智慧，會通了西方近代自然科學與社會科學的新知，汰蕪存菁，苦心孤詣所求以解決中國問題，並綢繆世界和平的具體方案。

本文之作，即試圖就其人性進化的觀點，爲其三民主義的王道思想，尋繹出其哲學的理論根基，與邏輯的必然聯貫，以證明中山先生的思想，並非將中西學術一時雜湊而成，乃有以通貫中西之自成一家的理論體系。

二、進化人性觀的證立

㈠經驗科學的心態

吾人研究中山先生的政治思想，不免存有一個疑問：他對中國傳統的政治哲學，既有其深切的同情與極高的評價（註一），何以他竟無情的抨擊屬於儒學嫡系直傳之王陽明知行合一的學說？他說：

「然陽明乃合知行於一人之身，則殊不通於今日矣。以科學愈明，則一人之知行相去愈遠，不獨知者不必自行，行者不必自知，即同為一知一行，而以經濟學分工專職之理施之，亦有分知分行者也。然則陽明知行合一之說，不合於實踐之科學

也。」（註二）

此一評述，對王陽明「心卽理」、「致良知」的哲學說來，並不對應，因爲二者指涉之範圍與其基本心態，皆迥然有別。陽明「知行合一」的知，是存乎本心的德性之知，中山先生「知難行易」的知，則爲卽物窮理的聞見之知；陽明的行，是發乎天理良知的道德實踐，中山先生的行，則是依循科學實證的社會行爲。前者是返求諸己之自我挺立，卽可獨力爲功；而後者則有待外緣之分工專職，始得共促其成。

由是可見，中山先生的治學，走的是知識的進路，而不同於儒家孔孟與陸王之道德實踐的進路；在這一方面，他的心態毋寧是近於荀子與程朱。因爲荀子與程朱的心性之學，皆有以開出人的認知之心，也承認人心的知「道」窮「理」，乃德性完成的先在條件。（註三）

再進而言之，中山先生之知識的進路，根本上就是經驗科學的路子。他說：

「孟子所謂良知良能者非他，卽生元（作者按：生元卽細胞）之知，生元之能而已！」（註四）

中山先生將孟子所謂之良知良能，本爲儒家天賦而有的善端良知，轉而歸屬於生物學上的細胞功能與其演化，加以詮釋，足見其人性觀的建立，走的是經驗科學的路子。他又說：

「這個方法，不是一個玄妙理想，不是一種空洞學問，是一種事實。這種事實，不但是外國人所獨有的，就是中國也是有的。我們要拿事實做材料，才能夠定出方法；如果單拿學理來定方法，這個方法是靠不住的。這個理由，就是因為學理有真有假的，要經過試驗才曉得對與不對。」（註五）

這段話，最足以表明中山先生持守的治學心態，他反對的是玄想空論，而強調起乎事實，訴諸實證，若以近代西方知識論的兩大流派而言，他的路數顯然是傾向英倫之經驗主義，而非歐陸之理性主義。所以說：

「凡真知特識，必從科學而來也。捨科學而外之所謂知識者，多非真知識也。」（註六）

這一番堅定的宣告，已足證他的治學心態，完全是西方近世之經驗科學的，而非中國傳統的。

(二) 由物種的進化到人性的進化

達爾文於一八五九年，提出了他震驚世界的「物種原始論」。此一生物學的新學說，無異是發動了如同天文學上哥白尼的天體運行論與物理學上牛頓的萬有引力論之另一次的大革命。其影響之大，可以說前無古人。透過他，人類從僅以幾何的空間系統說明宇宙萬象的舊有窠臼中超拔出來，而開始強化了時間之流的重要性，由生命成長的變化歷程，去揭開宇宙生命的奧秘與眞象。透過他，人類學術思想史上，以數學與物理學爲先導，著眼於靜態永恆的時代，已然過去，而開啓了以生物學與心理學爲主流，著重動態成長的新時代，他的物競天擇之說，倡言適者生存，劣者淘汰，在生物學上是有其充分證據的。問題是，此一學說，一者使大自然由生態平衡的互助互長之中，墮落而爲冷酷無情、弱肉強食的鬪爭場，二者推而至人間社會，遂有此後馬克思人類歷史的進化，來自階級鬪爭的歪曲謬論，使人的地位完全貶值，下降而與達爾文生物學上的禽獸無異。

中山先生的人性觀，受達爾文進化論的影響，卻有所取，亦有所舍，更有所進。他說：

「夫進化者，時間之作用也；故自達爾文氏發明物種進化之理，而學者多稱之為時間的大發明；與奈端氏（作者按：奈端今譯爲牛頓）之攝力，為空間之大發明相媲美。而作者以為進化之時期有三：其一為物質進化之時期，其二為物種進化之時期，其三為人類進化之時期。」（註七）

中山先生以爲第一期物質之進化，由「物質聚而成地球」，第二期物種之進化，「由生元之始而至於成人」。他接受達爾文之說者，就在此物種進化之時期。故云：

「物種由微而顯，由簡而繁，本物競天擇之理，經幾許優勝劣敗，生存淘汰，新陳代謝，千百萬年，而人類乃成。」（註八）

由此而後，進入人類進化之時期，中山先生已由達爾文物種進化之說走出來，而踏入人類進化之另一新天地矣！他說：

「人類初生之時，亦與禽獸無異，再經幾許萬年之進化，而始長成人性，而人類之進化，於是乎起源。此期之進化原則，則與物種之進化原則不同。物種以競爭為原則，人類則以互助為原則。」（註九）

「乃至達爾文氏發明物種進化之物競天擇後，而學者多以為仁義道德皆屬虛無，而爭競生存乃為實際，幾欲以物種之原則，而施之於人類之進化，而不知此為人類已過之階段；而人類今日之進化，已超出物種原則之上矣。」（註一〇）

又曰：

「卽如後達爾文而起之哲學家所發明人類進化之主動力，在於互助，不在於競爭，如其他之動物焉！」（註一一）

此一人性進化說之揭櫫，正是中山先生承達爾文物種進化說有所取，亦有所舍，更有所進的獨到之見。而人類進化以互助爲原則之說，乃中山先生比諸馬克思倡言鬪爭抹殺人性之遠爲高明之處。

(三) 進化人性觀的形成

1. 何謂「人性長成」

中山先生以爲俟人性長成之後，人類之進化由是始肇其端。此說似嫌簡略，吾人試加解析釐清如下：

其一人性長成之後，人類已脫離物種進化之時期，故人性乃指人之所以爲人，一如孟子所云「人之異於禽獸者幾希」之人性。

其二人性長成之後，人類始踏入人類進化之時期。故此一人性乃初成之人性，雖有進於物種性，然猶未擺脫諸多物種所遺傳之性。是人類進化之時期，此一人性仍在進化之中，而以化除其尚存的物種遺傳之性爲其目的。（註一二）

2. 人類進化所以成立的根據

問題在，物種之性，何以能躍升而有人性之長成，此實中山先生進化人性觀所以形成之關鍵所在。先生云：

「按今日科學所能窺者，則生元之為物也，乃有知覺靈明者也，乃有動作思想者也，乃有主意計畫者也。人身結構之精妙神奇者，生元為之也；人性之聰明知覺者，生元發之也。」(註一三)

以生命本元之細胞，兼具「人身結構的精妙神奇」與「人性之聰明覺知」二者之質性，故由「生元之始而至成人」的長期進化中，人性遂漸透顯長成。

其次，此一細胞之質能，尚有一內在的目的因。他說：

「然而人類自入文明之後，則天性所趨，已莫之為而為莫之致而致，向於互助之原則，以達於人類進化之目的矣。」(註一四)

此所謂之「莫之爲而爲，莫之致而致」，是卽天賦而有的良知良能；且此一知能，又隱然朝著一內在目的因的進化方向奔去。故曰：

「自哇里氏發明『生元有知』之理而後，則前時之哲學家所不能明者，科學家所不能解者，進化論所不能通者，心理學所不能道者，今皆可由此而豁然貫通，另闢一新天地，為學問之試驗場矣。」（註一五）

由是可見，中山先生人類進化之時期，雖舍達爾文之說，然仍依循科學知識的進路，轉以「生元有知」之說，以爲其進化人性觀之依據。是則，中山先生已由生元之科學園地，踏上目的因之哲學領域矣。

吾人試證之以今日之動物學與胚胎學，中山先生人性進化之論據，顯得更爲明確。其說有二：

其一、就物種進化之歷程而言，由原生動物門之單細胞始，其間透過海綿動物門、腔腸動物門、扁形動物門、圓形動物門、環節動物門、節肢動物門、軟體動物門、棘皮動物門等多細胞的漸次進化而至脊椎動物門；而脊椎動物門亦由魚類、兩棲類、爬蟲類、鳥類，以至於哺乳類靈長目之人科人屬人種的演進。（註一六）

其二、就生命胚胎之演化而言，亦由受精卵的（zygote）單細胞始，再經過卵割（cleavage）一個變成二個，二個變成四個，……漸漸地變成了成千成萬的小細胞，並分化出現了三個生殖胚層（trilaminar germ disc），此後外胚層（ectoderm）發育成神經系統、感覺器官與大部分的皮膚組織，內胚層（entoderm）則主要發育成消化系統及呼吸系統，其他的器官則來自中胚層（mesoderm），如肌肉、骨骼、循環系統等。此中之消化、呼吸、循環等系統與肌膚骨骼等，可以說是中山先生由生元而成之人身結構，而感覺器官、神經系統等，可以說是中山先生由生元而有之知覺靈明，而各組織系統之機能分化與統合，而長成一完整生命之有機體，正是中山先生所謂之向於互助之原則，以達人類進化之目的。

3. 人類進化的三時期與其動力的解析

在人類進化之時期，中山先生又分三階段，加以釋明：

「第一由草昧進文明，為不知而行之時期；第二由文明再進文明，為行而後知之時期；第三自科學發明而後，為知而後行之時期。……其近代之進化也，不知固行之，而知之更樂行之，此其得有今日突飛之進步也。」（註一八）

又說：

「但是世界中的進化力，不止一種天然力，是天然力和人為力湊合而成。人為的力量，可以巧奪天工，所謂人定勝天。這種人為力，最大的有兩種，一種是政治力，一種是經濟力。這兩種力關係於民族興亡，比較天然力還要大。」（註一九）

人類進化的動力，來自於生元之知，與其內在奔向互助原則之目的因，故由草昧進文明之不知而行，乃基於此一天然力的進化，此為凡由生元而來的物種之性均皆有之。故曰：

「凡為需要所迫，不獨人類能應運而出，創造發明，卽物類亦有此良能也。是行之易，知之難，人類有之，物類亦然。惟人類則終有覺悟之希望，而物類則永無能知之期也。」（註二〇）

此謂由需要所迫，而有以適應自然環境以求生存者，物類亦有此良能，此為天然力的進化，就因是來自天然力之良能，故行之易而知之難。惟人類有其聰明知覺，故行而後終有知之覺悟，而物類卻無此思想之作用，故永無覺知之期。

而由文明再進文明的行而後知，已加進了物種之性所未有的而為人性所獨有的聰明知覺，是以一者於不知中而行，順天然力以進化，二者卻於行之後而有其知之覺悟與思想之反省。是為天然力與人為力的交合時期。

至於自科學發明而後之知而後行的近代進化時期，一者「不知固行之」，此仍指天然之進化力，與前此兩個時期之不知而行，行而後知者同；惟「知而後更樂行之」，已然以人性獨有的知覺靈明，思想作用的人為知識力，加在此一天然進化力之上，是為人為之進化力，就因為此一時期，天然的進化力在人為進化力的推助之下，而有突飛的進步。

綜上言之，人類進化之三時期，第一期之由草昧進文明之不知而行，乃一如物種之性，本之於天然的進化力；第二期之由文明再進文明之行而後知，乃由天然之進化力，一轉而爲人爲進化力的過渡階段，此爲物種之性所未能有；第三期科學發明後之知而後行，乃爲由人爲進化力以推助天然進化力的時期，故有前此所未有的突飛猛進之效。

4. **人類進化之三系與其道德進化力的發顯**

人性與物種之性，雖同樣來自生元之良知良能，然後者生元之靈知猶未長成，故仍留於物種，而未進於人類。二者之分野，卽在知識進化力之有無。再進一步說，就在人類羣中，由於天賦氣禀有聖賢才智平庸愚劣之異，故在每一人身上所呈現之知識進化力，亦人人不等，故曰：

「人羣之進化，以時考之，則分為三時期。如上所述，曰不知而行之時期，曰行而後知之時期，曰知而後行之時期。而以人言之，則有三系焉：其一先知先覺者，為創造發明；其二後知後覺者，為倣效推行；其三不知不覺者，為竭力樂成。」（註二一）

在人之覺知力上，既有其天然的不平等，而知識就是力量，必然造成人類求生存的地位，包括才力與機會的不平等。故由是而有其道德進化力的轉出。蓋生元之知，有其知覺之靈明，其中又隱含一內在之目的因，即朝向互助原則之目的推進。此一互助原則之目的的尋求，就是道德力發顯的根源。蓋人體是由單細胞之受精卵，分裂增殖，逐層演化而成一機能分化與統合的生命有機體；再推之於社會言，亦分工互助，組成一社會的機能聯鎖，此就是道德力的發顯。

人類之進化，在第三期之知而後行，若僅恃生元之知的聰明才智，知識爲其進化力，必歸於物種競爭優勝劣敗之說，故必得開顯生元之內在目的因，由知識進化力，再提升一層，而有道德之進化力矣。也就是說，人天生才智的天然不平等，要以人爲之道德力使其歸於平等。故曰：

「天之生人，雖然有此聰明才力的三種不平等，但是人心必欲使之平等，這是道德上的最高目的，人類應該努力進行的。……要調和這三種人使之平等，則人人應該以服務為目的，不當以奪取為目的。聰明才力愈大的人，當盡其能力以服千萬人之務，造千萬人之福，聰明才力略小的人，當盡其能力而服十百人之務，造十百人之福，……至於全無聰明才智的人，也應該盡一己之能力，以服一人之務，造一人之福。照這樣做去，雖天生人之聰明才力，有三種不平等，而人類由於服務的道德心發達，必可使之成為平等了。這就是平等的精義。」（註二二）

在另外一段話，他說的更清晰有力：

「因為各人的聰明才力有天賦的不同，所以造成的結果，當然不同。造就既是不同，自然不能有平等。像這樣講來，不是真平等的道理。如果不管各人天賦的聰明才力，就是以後有造就高的地位，也要把他們壓下去，一律要平等，世界便沒有進步，人類便要退化。所以我們要講民權平等，又要世界有進步，是要人民在政治上的地位平等。因為平等是人為的，不是天生的，人道的平等，只有做到政治上的地位平等，故革命之後，必要各人在政治上的立足點都是平等。」（註二三）

只因爲順著天生的聰明才力，人是不平等的，所謂的平等，乃是人爲的，人道的平等。是以，在天然力的進化之中，中山先生又由此轉出知識力與道德力的兩重人爲進化力，而有其服務互助的人生觀，以求得人類進化之充量極成的發展。

5. 三種進化力的疊合與其三民主義王道思想的開出

中山先生的心態，是西方近代經驗科學的，他以進化論與生元有知說，建立了他的進化人性觀，並由此一進化人性觀，堅定其人性趨向美善的信念，轉而將其政治哲學滙歸於中國傳統「天下爲公」的王道思想之中。

他之所以強化人類知識進化力的重要性，因爲一者知識進化力，可以使人類從物種茫昧之中走出來，而踏上知而後行之路，二者知識進化力的靈明，又可以使人類從物種遺留之性的競爭中逃離，而昇華至道德進化力的互助之境。故知識進化力，本之於物種的生元之知，而歸之於人性的充量極成，正居於其中轉關的地位。他有兩段話，探討吾國民族思想之所以沒落消失，正足以說明知識力與道德力之二者不可或缺：

「便知道那些有智識階級的人是靠不住，不能藏之名山，傳之其人，所以要在下流社會中收藏起來，便去結合那些會黨。」（註二四）

「明朝遺老宣傳民族主義到下流社會裏頭，但是下流社會的智識太幼稚，不知道自己來利用這種主義，反為敵人所利用。」（註二五）

智識階級的人，僅有知識力而缺乏道德力，故爲功名利祿所誘引，掉入清廷籠絡政策之中，固爲不足；而下流社會，僅有道德力而缺乏知識力，其會黨之組織，反爲左宗棠所利用而不自知，亦同樣有缺。故曰：

「實際則物質文明與心性文明，亦相待而後能進步，中國近代文明不進步，因之心性文明之進步，亦為之稽延。」（註二六）

此言知識力所開發之物質文明，與道德力所展現之心性文明，有其相推互長之功。且知識力薄弱，物質文明不長進，則道德力所成就的心性文明，到了某一限度亦爲之滯留不前。又曰：

「所以能知與合羣，便是恢復民族主義的方法。」（註二七）

能知就是知識力，而合羣卽爲道德力。此二者之進化力，就是人爲的進化力，缺一而不可，中國在進化的過程中，道德力有其極成的發揮，知識力卻未有其充量的進展。中山先生言之曰：

「但是現在的國情，不但是不能駕乎美國之上，並且不能够和美國相提並論。此中原因，就是我們中國，只有天然的資格，缺乏人為的工夫，從來沒有很好的政府。」（註二八）

又曰：

「如果中國的桑葉蠶種和絲質沒有改良，還守著老法，中國的絲不止是失敗，恐怕

要歸天然的淘汰，處於完全消滅。」（註二九）

徒具天然的資格，而未有人爲工夫的推助，不僅將在激烈的生存競爭之中落敗，且可能在天然的淘汰中歸於消滅，故中山先生要恢復民族固有的道德與智能，重振吾國人爲的知識力與道德力，以求建立民主共國的好政府，使中國有以長久適存於世界。

他的好政府的締造，正是知識力與道德力的滙通結合，故謂堯舜禹湯文武之治平盛世，來自：

「第一種長處，是他們的本領很好能造成一個良政府，為人民謀幸福；第二種長處，是他們的道德力很好，所謂『仁民愛物』，『視民如傷』，『愛民如子』。」（註三〇）

此亦明由知識力轉出，而有其道德力，而在知識力上，中國只開出政治哲學，而欠缺科學力量的開發。且此一政治哲學，仍落在道德實踐上言之。故一者曰：

「中國沒有的東西是科學，不是政治哲學，至於政治哲學的真諦，歐洲人還要求之於中國。」（註三一）

二者曰：

「這種正心誠意修身齊家的道理，本屬於道德的範圍，今天要把他放在智識的範圍內來講才是適當。」（註三二）

也就是說，吾國當前急務，乃在開發知識力，向西方學習，就是傳統的一套政治哲學，本屬於道德修養的範圍，也應放在知識的層面去研討，才能建構其客觀的體制，發揮其固有的功能。

此就中國儒學傳統而言，中山先生所謂的道德的進化力，類同於孟子所開出之盡心知性而知天的德性心；中山先生所謂之知識的進化力，亦有近於荀子所開出之虛壹而靜以化性起偽的認知心。惟中山先生的知識力與道德力，皆同出於生元之知與其內在目的因而來，並強調由知識力而轉出了道德力。不似孟子只開出德性心，而未及外在知識領域的開拓；亦不同於荀子以為人性天生無善，而有待於知識人文之化成。故其說實近於程朱以即物窮理的聞見之知，往上翻越一層，而至誠意正心的德性之知。吾人甚且可以說，其人性進化觀，來自於「生元有知」的原理，此一心知，包括兩方面：一爲認知心，一爲德性心，孟荀各顯一端，中山先生則兼乎二者，而近於程朱理學一脈之思想。以虛靈不昧的心，去認知的具有性之衆理，如是，心知之合性理，即聞見之知進於所謂的德性之知矣。其不同在程朱是承接傳統儒家的心性之學，而中山先生則築基在近世西方經驗科學之上的「科學的哲學」。

綜括全章，中山先生的心態，是經驗科學的。其人性進化說，即築根於近世生物學的新說。惟在天然的進化力之外，又開顯人爲的進化力，此人爲的進化力，是由知識的進化力始，並轉出道德的進化力終。由知識的進化力，他創建了三民主義之救國救民的具體方案，由道德的進化力，他開出了三民主義之世界大同的王道思想。

三、三民主義的王道思想

(一) 何謂王道思想

王道思想，肇端於孔子，而伸張於孟子。

孟子曰：

「以力假仁者霸，霸必有大國；以德行仁者王，王不待大。……以力服人者，非心服也，力不贍也；以德服人者，中心悅而誠服也。」(註三三)

孟子的王霸之別，是儒家政治思想的大心胸所在。此說由孔子之思想而來，孔子曰：

「道之以政，齊之以刑，民免而無恥；道之以德，齊之以禮，有恥且格。」（註三四）

此就治國之道言，出以禮治德化，使人人有以自立向善，才是治道之本。至若僅施以刑禁政令，則人民惟求苟免，而乏道德之自覺力，是爲治道之末。此一禮治德化，卽孟子所謂之以德行仁以德服人之王道，足以令天下中心悅而誠服；而刑禁政令，卽孟子所謂之以力假仁以力服人之霸道，雖足以號令天下，然僅是力不足以相抗，並非心服。

其次，孟子曰：

「王何必曰利，亦有仁義而已矣。」（註三五）

此一義利之辨，亦發源於孔子之說：

「君子喻於義，小人喻於利。」（註三六）

此就行爲之動機言，出以仁義之心的價値判斷，才是王道之始；若出乎功利之心的實效衡量，則已屬霸道之行。

其三孟子又曰：

「惟仁者為能以大事小……惟智者為能以小事大，……以大事小者樂天者也，以小事大者畏天者也。樂天者保天下，畏天者保其國。」（註三七）

此一國與國之間的相處之道，亦可謂由孔子肇其端：

「君子和而不同，小人同而不和。」（註三八）

此就二者之統合而言，出乎仁義之心，而施以禮治德化之王道，自不必待其大，故能以大事小，或以小事大；若出於功利之爭競，而外加兵力威權，則大小交征，國危世亂矣。其中仁者之所以能以大事小，是來自道德力的顯發，智者之所以能以小事大，則為知識力的運作所致。二者之歸結，是為本乎仁心出自人為的進化力，而得以有「和而不同」之涵容異文化，相互扶持，彼此欣賞的大同世界的締造。

中山先生，對王道之詮釋，亦承自孔孟之說而來。其說曰：

「中國幾千年以來，總是實行平天下的主義，把亞洲的各小國完全征服了。但是中國征服別國，不是像現在的歐洲，專用野蠻手段去壓迫人，而多是用和平手段去感化人。所謂王道，（即是）常用王道去收服各弱小民族。」（註三九）

足見所謂王道，乃透過和平手段的道德感化，而非野蠻手段的武力征服。又曰：

「外國壓迫中國，不但是專用經濟力，經濟力是一種天然力量，就是中國所説的王道。到了經濟力有時而窮，不能達到目的的時候，便用政治來壓迫。這種政治力，就是中國所説的霸道。」（註四〇）

此說順天然力而有者，謂之王道，加之以人爲力者，則謂之霸道，然又曰：

「人為的力量，可以巧奪天工，所謂人事勝天。這種人為的力，最大的有兩種：一種是政治力，一種是經濟力。」（註四一）

這兩段話相合比觀，似乎已構成矛盾，前者謂經濟力是一種天然力，後者卻謂經濟力與政治力同屬於人爲力。此一矛盾，吾人必得有以消解。蓋經濟力若僅由各國地理環境與地下資源等天然條件而引起的貧乏與富足，尚可透過雙方的互通有無，而互補彼此之不足，則仍屬天然力的範圍；若工業先進國家，加上人爲政治力的干預，以壟斷資源，或以軍事武力爲後盾，以獨覇市場，剝削未開發國家，則已由天然力，而跨入人爲力之門檻矣。故中山先生曰：

「因為失去了民族思想，所以外國的政治力和經濟力，才能打破我們，如果民族思想沒有失去，外國的政治力和經濟力是一定打不破我們的。」（註四二）

又曰：

「我們要解決民生問題，保護本國工業，便先要有政治力量，自己能夠來保護工業。中國現在受條約束縛，失了政治的主權，不但不能保護本國工業，反要保護外國工業。」（註四三）

近代西方國家，叩關通商，是以船堅礮利爲其先鋒，俟不平等條約締造之後，又以政治力的介入，控制吾國之海關稅收，使吾國本土之國產品，未能自我保護，而完全失去了競爭生存的權利，此即以人爲之政治力，加注於天然經濟力之上的霸道，造成了所謂的經濟掠奪。

(二) 三民主義的王道思想

1. 民族主義的濟弱扶傾

吾人研究中山先生的思想，首先要正視這一句話：

「中華民國之創造者，其目的本為和平。」（註四四）

在吾國瀕臨危亡之際，他雖以民族主義號召海內外中國人自救救國，然仍出乎內在本有之道德自發力。曰：

「如果中國人入英國籍或美國籍，幫助英國或美國來打破中國，便說我們是服從世界主義，試問我們自己的良心安不安呢？如果我們自問良心不安，便是有了民族主義，民族主義能够令我們的良心不安，所以民族主義就是人類求生存的寶貝。」（註四五）

這一良心安不安的反省自問，不正是孔孟儒學的道德自覺麼？故曰：

「大凡一個國家所以能够强盛的緣故，起初的時候都是由於武力發展，繼之以種種文化的發揚，便能成功；但是要維持民族和國家的長久地位，還要道德問題，有了很好的道德，國家才能長治久安。」（註四六）

「因為我們中國的道德高尚，故國家雖亡，民族還能夠存在，不但是自己的民族能夠存在，並且有力量能夠同化外來的民族。所以窮本極源，我們現在要恢復民族的地位，除了大家聯合起來，做成一個國族團體以外，就要把固有的舊道德先恢復起來。」（註四七）

這兩段話，前者謂維繫國家民族的長治久安，關鍵在文化的發揚，在道德的問題；後者謂中國歷代恆以堅毅的文化力與高尚的道德力，去收服同化各弱小民族。故兩度亡國，民族仍然存在，且同化了外來入侵的民族。故先生高舉民族主義的大旗，其本即在道德的進化力。

另一方面，中山先生鼓吹世界大同的理想，卻堅決反對世界主義的論調。只因爲世界主義是強權宰制弱小民族的虛妄騙局，他說：

「世界上的國家，拿帝國主義把人征服了，要想保全他的特殊地位，做全世界的主人翁，便要提倡世界主義，要全世界都服從。中國從前也想做世界的主人翁，總想站在萬國之上，故主張世界主義。」（註四八）

「他們想永遠維持這壟斷的地位，再不准弱小民族復興。所以天天鼓吹世界主義，謂民族主義的範圍太狹隘。其實他們所主張的世界主義，就是變相的帝國主義，與

變相的侵略主義。」(註四九)

他反對的世界主義，就是此等屬於霸道強權之變相的帝國主義與侵略主義，而不是追尋大同理想，屬於王道和平的世界主義。

面對這一霸道強權，惟有倡言民族主義以相抗。曰：

「我們要能夠抵抗强權，就要我們四萬萬人和十二萬萬五千萬人聯合起來。我們要能夠聯合十二萬萬五千萬人，就要提倡民族主義，自己先聯合起來。推己及人，再把各弱小民族都聯合起來，共同去打破二萬萬五千萬人，共同用公理去打破强權。强權打破了以後，世界上沒有野心家，到了那個時候，我們便可以講世界主義。」(註五〇)

足見中山先生，並不反對世界主義的理想，惟旨在強調只有以民族主義打破強權之後，此一理想才有實現的可能。故中山先生之倡導民族主義，固以維護中國民族生存爲其首要目的，同時已然指向濟弱扶傾，成就大同之治的責任承擔。曰：

「我們今日要把中國失去了的民族主義，恢復起來，用此四萬萬人的力量，為世界上的人類去打不平，這才是我們四萬萬人的天職。」（註五一）「所以中國如果强盛起來，我們不但要恢復民族的地位，還要對於世界負一個大責任。如果中國不能夠擔負這個責任，那麼中國强盛了，對於世界沒有大利，便有大害。……所以我們要先決定一種政策，要『濟弱扶傾』，才是盡我們民族的天職。我們對於弱小民族要扶持他，對於世界的列强要抵抗他，如果全國人民都立定這個志願，中國民族才可以發達。……我們要將來能治國平天下，便先要恢復民族主義和民族地位，用固有的和平道德做基礎，去統一世界，成一個大同之治，這便是我們四萬萬人民的大責任。」（註五二）

這是近代全球性民族主義浪潮所僅見的偉大懷抱，在救亡圖存的艱苦奮鬥中，不滯落於獨善其身的自衞行動，而要去打不平，盡天職，當下卽呈現中國傳統之兼善天下的道德自覺。吾人深信只有在吾國儒家王道思想孕育下的中山先生，才能在革命救國的初期，卽以天下爲己任，而有其鐵肩擔道義的使命擔當。這眞是吾國歷史傳統最寶貴的文化遺產。

吾人甚且可以說，中山先生民族主義的濟弱扶傾，就是儒家「和而不同」與「以大事小」之王道思想落實於當代的具體表現。

2. 民權主義的權能區分

從中山先生三民主義的思想體系言，民族主義的濟弱扶傾，志在外抗強權，以解決民族的生存問題；民權主義的權能區分，用以內開共和，以消除中國歷代政局的治亂不定。他說：

「中國歷史常是一治一亂，當亂的時候，總是爭皇帝，外國嘗有因為宗教而戰自由而戰的，但是中國幾千年以來，所戰爭的都是為皇帝一個問題。」（註五三）

他分析中國歷史上的戰亂癥結，不似西方是爲宗教爲自由而戰，而是爲了爭皇帝而戰的。故消除紛爭之道，首在解決爭皇帝的問題，故曰：

「共和國成立了以後，是用誰來做皇帝呢？就是用人民來做皇帝，用四萬萬人來做皇帝，照這樣辦法，便免得大家相爭，便可以減少中國戰禍。」（註五四）

成立共和政體，正是以四萬萬做皇帝，如是大家不相爭，所謂逐鹿中原的亂事自可止息。而所以行之之道，就在於取法西方之民主政體。然他對西方現行的民權制度，有其批評。他說：

「歐美現行民權，人民所持的態度，總是反抗政府，根本原因就由於權和能沒有分

開。」（註五五）

基於此，他的民權主義，自不是西方的翻版，而有其獨到的發明。他自抒其抱負云：

「要用我們的民權主義，把中國改造成一個『全民政治』的真民國，要駕乎歐美之上。」（註五六）

依據他的睿智洞見，他認爲：

「所以政治之中，包含有兩個力量：一個是政權，一個是治權，這兩個力量，一個是管理政府的力量，一個是政府自身的力量。」（註五七）

取法西方體制，而去除其流弊者，就是人民有權、政府有能的權能區分。故曰：

「我現在所發明的，是要權與能分開，人民對於政府的態度，才可以改變。」（註五八）

他有一個淺顯的妙喻，天下人民有如後主阿斗的掌握大權，政府則有如諸葛孔明的治國知能：

「如果政府是好的，我們四萬萬人便把他當做諸葛亮，把國家的全權都交到他們；如果政府是不好的，我們四萬萬人可以實行皇帝的職權，罷免他們，收回國家的大權。」（註五九）

因爲人民政權在握，可以放心的把治權交在少數專家的手中，而不必多加掣肘；也由於政府被賦與完全的信任，才能發揮所長，勞而有功，也就是說：

「用人民的四個政權，來管理政府的五個治權，那才算是一個完全的民權政治機關，有了這樣的政治機關，人民和政府的力量，才可以彼此平衡，互相調劑，不相衝突。」（註六〇）

這一權能的區分，而維繫其微妙的均衡，可使一國政局從打天下爭皇帝的困局中脫拔出來，專制的弊端固可消解於無形，萬能的政府亦由是而確立。

民權主義的權能區分，其基本精神正是孟子「民爲貴，社稷次之，君爲輕」（註六一）之民本思想的承續；而人民有權，政府有能的結合無間，就是儒家「道之以德，齊之以禮，有恥且格。」與「以德行仁者王」之王道思想落實於當代的具體表現。

3. 民生主義的均富養民

中山先生的救國主義，民族主義以外抗強權，民權主義以內開共和，民生主義以富養萬民。

自西方工業革命之後，對外爲了市場與原料的開拓與獨占，而有其帝國主義海外殖民的國際戰爭；對內由於資本家的利益衝突與剝削勞工，而有其商業戰爭與階級戰爭(註六二)。使得科技成果，不僅未成人類之利，反成人類之害。

中山先生的民生主義，主張均富養民，以消除工業社會的經濟不平等。對治之策，即在平均地權與節制資本兩大端(註六三)。前者避免土地的投機集中，後者消解資本的壟斷強霸。使人人得以同享土地的增值與機器生產的福祉，而非僅歸於少數之地主與資本家所獨有，由是而有其耕者有其田、漲價歸公、發展國家實業、徵收累進稅的主張，以保護勞工與佃農，消除貧富懸殊的不平等現象，他說：

> 「工商業家壟斷物質的價值來賺錢，我們已經覺得是不公平；但是工商業家還要勞心勞力，地主只要坐享其成，毫不用心力，便可得很大的利益。但是地價是由什麼方法才能夠增漲呢？是由於衆人改良那塊土地，爭用那塊土地，地價才會增漲。」

（註六四）

土地增值，既是衆人之功，漲價歸公，自是必然之結論。又說：

「假若是由國家經營，所得的利益歸大家共享，那麼全國人民便得享資本的利，不致受資本的害。……外國因爲大資本是歸私人所有，便受資本的害，大多數人民，都是很痛苦，所以發生階級戰爭來解除這種痛苦。」（註六五）

不管是平均地權或節制資本，都是爲了均富養民，避免發生階級間的鬭爭，使經濟利益得其調和。他認爲：

「物質文明之標的，非私人之利益，乃公共之利益，其最直捷之途徑，不在競爭而在互助。」（註六六）

並由此一互助的原則，而批評馬克思的唯物史觀。

「社會上大多數的經濟利益之所以要調和的原因，就是因爲要解決人類的生存問題。古今一切人類之所以要努力，就是因為要求生存；人類因為要有不間斷的生存，所以社會才會不停止的進化。所以社會進化的定律，是人類求生存，人類求生存，才是社會進化的原因。階級戰爭，不是社會進化的原因，階級戰爭，是社會當進化的時候，所發生的一種病症。這種病症的原因，是人類不能生存；因為人類不能生存，所以這種病症的結果，便起戰爭。馬克思研究社會問題所有的心得，只見得社會進化的毛病，沒有見到社會進化的原理；所以馬克思可說是一個社會病理家，不能說是一個社會生理家。」(註六七)

民生主義旨在透過各階層經濟利益的調和互助，而非階級的對立鬪爭，以避免工業革命之後的世界三大戰爭。故民生主義的均富養民，正是承自孔孟「不患寡而患不均」(註六八)與「明君制民之產」(註六九)之均產養民的精神；而以經濟利益的調和互助解決人類生存問題，亦是儒家「君子喻於義」與「王何必曰利，亦有仁義而已矣」之王道思想落實於當代的具體表現。

綜括全章，民族主義的濟弱扶傾，民權主義的權能區分，與民生主義的均富養民，其終極歸趨皆落在吾國傳統「以德行仁者王」之王道思想的價值體系之中，三者又分別要求國際地位的平等，政治地位的平等與經濟地位的平等；而所謂之平等，依中山先生之人性觀而言，不是來自天生的，而是人為的，故其可能的根柢，就在人性進化的人為道德力。

四、進化人性觀與其王道思想

中山先生三民主義所揭櫫的理想，其所以可能的理論根基，就在於人性的進化。就由於人性不斷的進化，三民主義之世界大同的理想，才得循王道的互助原則，逐步的付諸實現。所以說：

「人類進化之目的為何？卽孔子所謂大道之行也，天下為公。」（註七〇）

而所謂的大同世界，中山先生言之曰：

「國家是人民所共有，政治是人民所共管，利益是人民所共享。……人民對於國家要什麼事都可以共，才是真正達到民生主義的目的，這就是孔子所希望的大同世界。」（註七一）

事實上，國家是人民所共有，乃民族主義奮鬬的理想；政治是人民所共管，乃民權主義型構的目標；利益是人民所共享，乃民生主義建設的鵠的。三者統合之大同世界，則是三民主義王道思想的價值歸趨。

由於人性乃由天然力之漫長的進化歷程，再轉出人爲力而日漸形成，有其知識力的突顯，與道德力的昇揚，故隨著歷史的步伐，與時勢潮流的演進，人間社會的互助原則，已取代了物種階段的生存競爭。他把這一長期由人性進化而逐步逼顯之社會進化的歷史回溯，分成四個階段，去概括說明：

第一時期：是洪荒時代，人同獸爭，用個體的氣力，在同類相助之中，以對抗洪水猛獸。

第二時期：是神權時代，人同天爭，極聰明的人，便提倡神道設教，以祈禱的方法去避禍求福。

第三時期：是君權時代，人同人爭，國同國爭，是時人民知識未開，依賴聖君賢相的引導，以求政治修明，武力強盛，與他人競爭。

第四時期：是民權時代，國內相爭，人民同君王相爭，因爲近來文明很進步，人類的智識很發達，發生了大覺悟，而有自由獨立的尋求。(註七二)

第一時期僅用暴力與猛獸爭，尙停留在物種進化的階段；第二時期極聰明的人藉神道設教，以求逃避水火風雷的天災，人類知識力已漸露端倪，開始進入人類進化的階段；第三時期在聖君賢相領導之下，藉政治與軍事之力量，以與他人相爭，此人爲之知識進化力，已發揮其功能；第四時期是人民自我覺悟，以求獨立自由的階段，由是而有「善人與惡人爭，公理與強權爭」(註七三)，已由知識力轉出道德進化力。

三民主義的建構與理想，就是第四時期的產物。他說：

「我們現在提倡改革，決不能夠說學到了像現在的歐美，便算是止境，便以為心滿意足。我們步他們的後塵，豈不是一代更不如一代，還要再起來革命嗎？」(註七四)

就在人性進化，知識力與道德力不斷的交遞昇進之中，人類的理想可以逐步的脫拔飛越，在落後國家經由科技知識的增長，亦可有後來居上的進境，惟解決人類的生存問題，不是知識力單方面的突顯所能爲功；此中尤須重在道德力的昇揚，才足以消解橫亘在人與人間，國與國間，階級與階級間的隔閡對抗。故曰：

「世界有三大問題，卽國際戰爭，商業戰爭與階級戰爭是也。在此國際發展實業計劃中，吾敢為此世界三大問題而貢一實行之解決。」(註七五)

此言其「國際共同發展中國實業計劃」，經由人類博愛之情的益加穩固，在國際合作發展中國經濟的過程中，是可消除國際戰爭、商業戰爭與階級戰爭等世界三大問題的，是則在人類知識力的擴充顯發而外，尚須道德力的自覺轉出，才能尋求人類的永久和平。由是而言，民族主義的濟弱扶傾，民權主義的權能區分，與民生主義的均富養民之理想方案，皆是人爲之知識力與道德力的雙重進化與兩相結合，始能開出與完成，此中山先生言之曰：

「法國的自由和我們的民族主義相同，因為民族主義是提倡國家自由的。平等和我們的民族主義相同，因為民權主義是提倡人民在政治地位上都是平等，要打破君權使人人都是平等的。……此外還有博愛的口號……當中的道理，和我們的民生主義是相通的，因為我們的民生主義，是圖四萬萬人幸福的，為四萬萬人謀幸福就是博愛。」（註七六）

自由、平等與博愛，也就是三民主義所追尋之大同世界的王道思想。而這一世界大同之終極理想，所以可能求其實現，就在於不斷進化之成長中的人性。

歐戰期間，中山先生拒絕了英國領事敦促中國南方政府出兵參戰之請求，曰：

「我們因為已經多進步了二千多年，脫離了講打的野蠻習氣，到了現在，才是真和平。我希望中國永遠保守和平的道德，所以不願意加入這次大戰。」（註七七）

中國愛好和平的這一道德力的進化，比其他國家前進了二千多年，是以不願成爲「不講公理的強國」，而欲「共求世界的眞和平。」（註七八）而此一道德力的進化，是可透過教育歷程的助引，使其自覺轉出而快速推動的，故曰：

「然中國人受集會之厲禁，數百年於茲，合羣之天性殆失，……西人童而習之，至中學程度，則已成爲第二天性矣。」（註七九）

合羣不過是人性之一端，其他各種德性，無不可由後天人爲的力量，加以培植而成人類的第二天性。

綜上言之，由於人性之進化成長，主要來自人爲的知識力與道德力，故當前之國與國爭，人與人爭，階級與階級爭，在知識的顯發與道德的昇揚之後，是可以消除此一既存的對立態勢，而導向天下一家的大同世界。故進化人性觀，乃其王道思想的源頭，亦是實現世界大同之所以可能的理論根基。吾人甚且可以說，中山先生三民主義之王道思想，乃由這一進化人性觀的大前提，所推演而得的結論。

五、結　論

由以上各章節的探討，中山先生三民主義的救國方案與其透顯而出之世界大同的王道思想，均可由其人性進化之哲學根基，發現其邏輯上的必然關聯。

吾人研究一家之哲學思想，必先還原出其先在的理論根基；始能釐清其哲學思想的整體架構。中山先生政治哲學的理論根基，就在他的進化人性觀。就因爲人性進化的證立，才能開出三民主義的王道思想；同時，基於人性進化的促成，此一世界大同的理想，才有實現的可能。

中山先生的學問，走的是經驗科學的路子，由物種源始論與生元有知說，建立了他的進化人性觀。他的哲學，由達爾文之進化論而來，卻拋離了其物競天擇之舊說，而另闢了人類進化來自互助原則之新論。由是他的哲學，亦與馬克思之階級鬪爭說，大相逕庭，而以世界大同爲其價值歸趨。此中轉變之關鍵，可能來自吾國儒家幾千年傳統的人性信念，故其不言性善，而在人性成長進化中，已歸本於肯認人性尊嚴之本土文化的根荄之中。

由是，吾人始能了悟，何以在救亡圖存的艱苦奮鬪中，中山先生的思想，始終未落於偏激狹隘的立場，而有廓然大公的偉大胸襟。此非來自吾國幾千年薪火永傳之道統而何！

一般說來，一位哲學家若屬經驗主義的性格，彼等觀察人性，必落於性惡的論調，如中國的荀韓，西土的馬基維利、霍布士等是；而主性善說者如孔孟，皆獨顯德性之知，而少及聞見之知。中山先生屬經驗主義的性格，卻不落於性惡說；主人性進化成長之善，又強調知識力之有助於道德力的覺醒。由是可見，他的進化人性觀，他的三民主義的王道思想，都是融會中西，自成一家之言。他是吾國近代史上，在現代化各階段的進程中，第一位不落於一偏的政治思想家。他的學說，他的理想，對當前人類說來，仍是走向未來追尋理想的生命指標。

(中華學報第十期)

附註

註一：民族主義第四講云：「中國沒有的東西是科學，不是政治哲學。至於講到政治哲學的真諦，歐洲人還要求之於中國。」民族主義第六講云：「中國有一段最有系統的政治哲學，在外國的大政治家還沒有見到，還沒有說到那樣清楚的，就是大學所說的『格物、致知、誠意、正心、修身、齊家、治國、平天下』那一段話，把一個人從內發揚到外，由一個人的內部做起，推到平天下止。像這樣精微開展的理論，無論外國什麼政治哲學家都沒有見到，都沒有說出，這就是我們政治哲學的智識中所獨有的寶貝，是應該保存的。」見「國父遺教」三民主義頁四二與頁五六，文化圖書公司，民國五二年八月再版。

註二：孫文學說第五章，「國父遺教」建國方略頁三九。

註三：孔子於人心之不安處指點仁，孟子於人心之不忍處證立仁，此心卽為德性心，而盡心知性知天，心性一也；荀子析心性為二，性天生無善，惟賴心之偽起人成，始化性而歸於善，其「心可知道」之心，是為認知心。陸王「心卽理」，心與「性」「天」為一，為德性心，一如孔孟；程朱「性卽理」，心僅能認知的去「卽物而窮其理」，與「性」「天」為二，為認知心，一如荀子。

註四：孫文學說第一章。「國父遺教」建國方略頁十。

註五：民生主義第二講。「國父遺教」三民主義頁一七四。

註六：孫文學說第五章。「國父遺教」建國方略頁四十。

註七：孫文學說第四章。「國父遺教」建國方略頁三六。

註　八：同前註。

註　九：同註七。

註一〇：孫文學說第四章。「國父遺教」建國方略頁三七。

註一一：實業計劃結論。「國父遺教」建國方略頁二一七。

註一二：實業計劃結論云：「故鬪爭之性，乃動物性根之遺傳於人類者，此種獸性，當以早除之為妙也。」見「國父遺教」建國方略頁二一七。

註一三：同註四。

註一四：同註一〇。

性一五：同註四。

註一六：參閱 Principle of Zoology，頁三一九至三三七。Johnson Delanney Williams, Cole著，茂昌圖書公司，民國六十年版。

註一七：參閱 Medical Embryology，頁二六至三二，與頁五四至六七。Jan Langman著，美亞出版有限公司，民國六二年三月三版。

註一八：孫文學說第五章。「國父遺教」建國方略頁四〇。

註一九：民族主義第二講。「國父遺教」三民主義頁一二。

註二〇：孫文學說第五章。「國父遺教」建國方略頁四一。

註二一：同前註。

註二二：民權主義第三講。「國父遺教」三民主義頁一〇二。

註二三：民權主義第三講。「國父遺教」三民主義頁九一。

註二四：民族主義第三講。「國父遺教」三民主義頁二五。

註二五：民族主義第三講。「國父遺教」三民主義頁二六。

註二六：孫文學說第三章。「國父遺教」建國方略頁二四。

註二七：民族主義第五講。「國父遺教」建國方略頁五二。

註二八：民權主義第六講。「國父遺教」三民主義頁一四四。
註二九：民生主義第四講。「國父遺教」三民主義頁二〇五。
註三〇：民權主義第五講。「國父遺教」三民主義頁一二五。
註三一：民族主義第四講。「國父遺教」三民主義頁四二。
註三二：民族主義第六講。「國父遺教」三民主義頁五六。
註三三：孟子公孫丑上。朱熹「四書集註」孟子卷三頁十一至十二，藝文印書館六十三年四月三版。
註三四：論語為政篇。「四書集註」論語卷一頁八。
註三五：孟子梁惠王上。「四書集註」孟子卷一頁一。
註三六：論語八佾篇。「四書集註」論語卷二頁一四。
註三七：孟子梁惠王下。「四書集註」孟子卷二頁三至四。
註三八：論語子路篇。「四書集註」論語卷七頁八。
註三九：民族主義第三講。「國父遺教」三民主義頁二八。
註四〇：民生主義第四講。「國父遺教」三民主義頁二〇九。
註四一：同註一九。
註四二：民族主義第三講。「國父遺教」三民主義頁三一。
註四三：民生主義第三講。「國父遺教」三民主義頁二一一。
註四四：同註一一。
註四五：民族主義第三講。「國父遺教」三民主義頁三〇。
註四六：民族主義第六講。「國父遺教」三民主義頁五二。
註四七：民族主義第六講。「國父遺教」三民主義頁五三。
註四八：民族主義第三講。「國父遺教」三民主義頁二九。
註四九：民族主義第四講。「國父遺教」三民主義頁三五。
註五〇：民族主義第三講。「國父遺教」三民主義頁三二至三三。

註五一：民族主義第四講。「國父遺教」三民主義頁三八。

註五二：民族主義第六講。「國父遺教」三民主義頁六二。

註五三：民權主義第一講。「國父遺教」三民主義頁七七。

註五四：同前註。

註五五：民權主義第五講。「國父遺教」三民主義頁一二八。

註五六：民權主義第四講。「國父遺教」三民主義頁一一五。

註五七：民權主義第六講。「國父遺教」三民主義頁一四二。

註五八：民權主義第五講。「國父遺教」三民主義頁一二六。

註五九：民權主義第五講。「國父遺教」三民主義頁一二八至一二九。

註六〇：民權主義第六講。「國父遺教」三民主義頁一四八。

註六一：孟子盡心下。「四書集註」孟子卷一四頁四十。

註六二：實業計劃結論云：「世界有三大問題，卽國際戰爭、商業戰爭與階級戰爭是也。」「國父遺教」建國方略頁二一七。

註六三：民生主義第二講云：「對於民生主義定了兩個辦法，第一個是平均地權，第二個是節制資本。只要照這兩個辦法，便可以解決中國的民生問題。」「國父遺教」三民主義頁一七一。

註六四：民生主義第二講。「國父遺教」三民主義頁一七七。

註六五：民生主義第二講，「國父遺教」三民主義頁一八五。

註六六：實業計劃結論。「國父遺教」建國方略頁二二〇。

註六七：民生主義第一講。「國父遺教」三民主義頁一六四。

註六八：論語季氏篇。「四書集註」論語卷八頁一一。

註六九：孟子梁惠王上。「四書集註」孟子卷一頁一五。

註七〇：孫文學說第四章，「國父遺教」建國方略頁三七。

註七一：民生主義第二講。「國父遺教」三民主義頁一八五至一八六。

註七二：民權主義第一講。「國父遺敎」三民主義頁六五至六九。
註七三：民權主義第一講，「國父遺敎」三民主義頁六九。
註七四：民權主義第六講。「國父遺敎」三民主義頁一三九。
註七五：同註六二。
註七六：民權主義第二講。「國父遺敎」三民主義頁八八。
註七七：民族主義第四講。「國父遺敎」三民主義頁四一。
註七八：民族主義第四講。「國父遺敎」三民主義頁四〇。
註七九：民權初步自序。「國父遺敎」建國方略頁二二四。

論孔孟儒學的安身立命之道

一、尋求安身立命的心靈鄉土

時代的巨輪，邁入了另一嶄新的世紀，做爲東亞漢字文化區的精神支柱，達二千多年之久的孔孟儒學，還能成爲貞定方向與開發動力的價值根源嗎？

當九月十一日，紐約兩棟一百一十層高的世貿大樓，在恐怖分子劫持客機，進行自殺式攻擊而崩垮的時刻，紐約人內心吶喊的是：世界上還有那一塊地方，住家過活是安全的？做爲現代西方文明的精神象徵，被攔腰切斷爆炸燃燒的冷酷鏡頭，在二十四小時的分分秒秒間，通過全球電視新聞網，進入了每一地區的每一家庭。飛機俯衝的角度，有如一把武士刀斬截地切入心臟的命脈，無情的重創了每一個人的心靈。

紐約是世界金融財經中心，世貿大樓的屹立如山，代表資本主義社會的無限向上延伸的榮景，而今被衝決坍塌，意味著這一緜延幾世紀之基督教文明的高峰，已被顚覆。果眞回耶兩大文明對決的時刻，已然來臨了嗎？東亞的儒教國家，是依循舊時傳統，追隨西方國家，來孤立或圍剿庇護恐怖組織，甚至支持恐怖活動的阿拉伯國家，還是同情阿拉伯國家，形成儒回兩大教與基督教抗衡的新態勢？此中涉及的是人道主義的價值思考，甚至等同做出了二十一世紀人類文明能否持續發皇，抑或同歸毀滅的存在抉擇！

東亞的儒教，是「道並行而不相悖」的王道文化，是「君子和而不同」的開放心靈，可以尊重與包容不同的宗教信仰與文化傳統。更重要的是，雖以儒學爲主流，而與其一體並行的卻是「虛靜觀照」與「有生於無」的老莊思想，與「不立文字，直指本心」的禪門教義，可以超離在兩大文明的歷史漩渦之外，並做爲兩大文明對話溝通的橋樑，扮演中介調和的角色。

儒道佛三大教，所追尋的不是啓示的眞理，而是體現的眞理。眞理不定在造物主或救世主的身上，說自家是惟一眞理，而異教徒則是邪門外道，而是出現在生命修養的最高境界。眞理也不從先知啓示而來，而是由每一個人自身去體現證成。此其優越在，可以消解自我中心，甚至自我膨脹所帶來的衝突與傷害，而在宗教信仰與人格修養的生命進程中，相互激盪與彼此寬容，讓不同教派的信徒，也跟自家一樣，擁有自我成長與爬登顚峰的空間。

不論任何世代，人的生命存在，總要有一個可以安身立命的心靈鄉土，總要有一個可以認同歸屬的精神天地，孔孟儒學就是東亞漢字文化區每一個生命存在的價值座標。心靈的鄉土，精神的天地與價值的座標，就在形而上的天道；而天道內在於心性，天道天理與良心善性，相即不離，一者極高明，二者道中庸，天大地大總在家常日常間，神聖與世俗同體流行。對西方世界的基督信仰，與阿拉伯世界的眞主信仰，儒教門徒會給出應有的尊重。不過，孔孟儒學，依舊是東亞漢字文化區每一個生命存在所當護持並依歸的「道」。

二、臥虎藏龍，藏身何處

由李安導演的傑出影劇——臥虎藏龍，獲得今年奧斯卡影展的最佳外語片獎。把華人的文化心靈，通過電影藝術，做一別開生面的展示。不僅票房奇佳，轟動一時，更難能可貴的是「由技進乎道」（註二）。

臥虎藏龍的主題，第一層當然是寢臥於大漠的羅小虎，與身藏於官府的玉嬌龍，大漠荒野固困不住猛虎，而官府深院也鎖不了嬌龍。如是，大漠官府形同江湖，而龍虎臥藏其間；第二層卻由大俠李慕白自我剖白而道出：人的心何嘗不是臥虎藏龍，我也不能克制自己的欲望。此說則大有問題。或許可以如斯說：藏在人心深處壓不住的情愛波濤，有如江湖霸業的波譎雲詭。

因爲，臥虎藏龍寓有價值的意涵，臥是高臥，藏是深藏，能高臥能深藏，有高度有深度的生命人格，才是人間的龍虎。有龍虎氣象的人，是可以擔當大任，且任重道遠，江湖好漢猛虎嬌龍，武功再強再狠，終究是臥不高藏不深的。身上沒有道，就算搶了把青冥劍，也學會了一套玄牝劍法，總是徒然。因爲生命老在原地打轉，難有突破，自家身上沒有「冥」的涵藏工夫，也少了「玄」的圓成智慧，終究是草莽洪荒。

生命能高臥於道，深藏於道，半截楊柳猶如一把青冥劍，隨意揮灑更勝玄牝劍法，此李慕白在竹梢上以道家的虛靜空靈，試圖開啓嬌龍的眞心悟道，此已不是技藝的演出，而是道的體現；不是武功的折服，而是道心的引領。

狂野嬌龍，藏不住自身，反抗禮教的束縛，狂傲之氣衝決而出，女俠俞秀蓮在演武廳與玉嬌龍的一場有如生死對決的拚鬥，就是依據儒家的倫理規範，來教訓這一條形同自我放逐的嬌龍。

李慕白與俞秀蓮這一對中生代的情侶，一在山上修道，一在人間行道，山上體悟的是道家道法自然的道，人間修行的是儒家人文化成的道。修道的掛礙在生命中的愛，猶虛懸掛空，而沒有在兩心間互證交融；行道的艱難在生命中的愛，承受禮教的制約，而未有抒發安頓。所以，李慕白下武當山，要與俞秀蓮做心靈的深層對話，卻無端被玉嬌龍自然狂野的生命所牽引觸動，爲了接引這一條鎖不住的嬌龍，更爲了完成薪火永傳的世代傳承，李慕白奮不顧身救了玉嬌龍，卻身中致命毒針，在生死關頭，啓動了自家生命底層最眞實的愛，也打開了俞秀蓮心中的禮教枷鎖，兩心交會，生命已無憾，道即在生死交關間全幅朗現。

此情此景，也感動化成了狂野的嬌龍。原來，生命是可以無條件付出的，愛是如此的純眞簡易，李慕白的死讓玉嬌龍走向新生之路，不再是流落江湖的野龍，而是高臥深藏的人間神龍。她上了武當山，與羅小虎會面，了卻情關，縱身深谷，如遊龍般飛去。有如跟過往的歲月告別，而接續了李慕白與俞秀蓮的修道與行道的薪火。

世貿中心坍陷，文明的根柢要藏於何處？通過臥虎藏龍的劇情主題，給出了一個解答，那就是心靈鄉土與精神天地的道。當代科技工商的高度文明，要有道的庇護，才能永享榮華。問題是，今天的人類危機，已昇高到「道」的層次，是耶穌基督與眞主阿拉的隔空相對，而彼此不相知，給不出尊重與信任，更欠缺諒解與包容。

此《論語》開天闢地直說人生三大事：

> 學而時習之，不亦悅乎；有明自遠方來，不亦樂乎；人不知而不慍，不亦君子乎！（《論語》．〈學而〉）

一在追尋自我的成長，學而時習之，會湧現成長的喜悅；二在開創天下的事業，有朋自遠方來，會擁有創業的成就感；三在體現天地的境界，人不知而不慍，會開顯自在的境界。三大事也是三進程，由自我而天下，是擴大；由天下而天地，則是升越。

實則，人生道途上，總面對不得已與無可挽回的存在處境與生命困局。云：

> 道之將行也與，命也；道之將廢也與，命也。公伯寮其如命何！（《論語》．〈憲問〉）

伯牛有疾，子問之。曰：「亡之，命矣夫，斯人也而有斯疾也，斯人也而有斯疾也。」（《論語》．〈雍也〉）

道之行廢，取決於人間天下的氣運條件，斯人有斯疾，則受制於人物自身的血氣命限。故云：

死生有命，富貴在天。（《論語》．〈顏淵〉）

死生有命，是天生本有的存在命限，富貴在天，則是後天發生的偶然遇合。二者皆不是人的修養所能主導，也不是人的意願所能扭轉。故云：

子罕言利與命；與仁。（《論語》．〈子罕〉）

利涉及富貴，命涉及死生，孔子罕言，是因爲死生窮達，各有氣質與氣運的命限，不如往仁心德行去開發人生的理想。故云：

不知命，無以爲君子也。（《論語》．〈堯曰〉）

人不知有不得已的死生命限，與無可挽回的窮達困境，在追求成長與開創事業的進程中，會引生不必要的情緒反應，反成爲莫須有的修道障礙。孔子與子貢有一段師生的對話：

> 子曰：「莫我知也夫！」子貢曰：「何爲莫知子也？」子曰：「不怨天，不尤人，下學而上達，如我者其天乎！」（《論語》‧〈憲問〉）

此「莫我知」與「人不知」，皆碰觸到「士志於道」（《論語》‧〈里仁〉）而道之不行的深層遺憾，雖說孔子有「用之則行，舍之則藏」（《論語》‧〈述而〉）的自在，而孟子亦有「窮則獨善其身，達則兼善天下」（《孟子》‧〈盡心上〉）的自覺，儘管行藏皆可，窮達皆善，「士窮不失義，達不離道」（《孟子》‧〈盡心上〉），終究是「修己以安人」之理想的挫折。這一挫折感與遺憾，要得化解，否則會守不住原則操守，也藏不住自身，而去怨天尤人，反而逼出「愛之欲其生，惡之欲其死，既欲其生，又欲其死，是惑也」（《論語》‧〈顏淵〉）的自我困惑與自我異化。

除非體認死生窮達各有命限，轉而往下學上達做工夫，開拓生命無限伸展的空間，下學詩書禮樂（註二），上達天道天理的天地境界。

儘管人間有憾，然則，天道天理終究知我。「知我其天」，是生命可以高臥可以深藏的最後依據，此老子云：

道者萬物之奧，善人之寶，不善人之所保。（《老子》・〈六十二章〉）

天道是萬物的奧藏之地，在天道的價值根源之地，善人不善人皆回歸自我，可以安於自身，而立於命限。

孔子身處「道之不行」的衰亂之世，會有「乘桴浮於海」（《論語》・〈公冶長〉）或「歸與歸與」（《論語》・〈公冶長〉）的歎惋，不過，孔子還是「知其不可而爲之者」（《論語》・〈憲問〉）。子路回應荷蓧丈人的宣告：「君子之仕也，行其義也，道之不行，已知之矣。」（《論語》・〈微子〉）可以說是孔子一生行誼最直接相應的寫照。上天知我，生命已得最後的安頓，人生路雖任重道遠，亦可「直道而行」（《論語》・〈衛靈公〉）。儒門與隱者最大的分界點，在「鳥獸不可與同群，吾非斯人之徒與而誰與」（《論語》・〈微子〉），不是回歸自然的道，而是人文化成的道，道要在人間落地生根。

心靈鄉土的道，精神天地的道，給出了自我成長與友朋相知的園地，更開發出在「人不知」，甚至「莫我知」的孤寂時刻，仍可以放下平平，而有「知我其天」的安頓空間。基督的道，眞主的道，普天之下的道，也當該如此的吧！讓人人可以高臥深藏，藏身於道，而享有人生的美善，與文明的榮景。

三、安身之道本在安心

衡諸世界各大教的文化心靈，孔孟儒學的獨特風格，就在人文精神的全幅朗現。孔子以至聖先師的身分，決定了幾千年儒教文化的走向，一者立人倫之大本，二者開人文之全局。此「致廣大而盡精微」（《中庸》．〈二十七章〉）的道，是由人性的覺醒而開發出來的。

孔子說：「人能弘道，非道弘人。」在道的價值天地中，人是自己的主人，價值根源就在人性的本身。人能弘道，走向天下有道（《論語》．〈季氏〉），而其橋樑支柱則在「士志於道」。

「士」一者在天子、諸侯、卿大夫之下，二者又在庶人之上。天子有「天下」，諸侯有「國」，卿大夫有「家」，士惟有此「身」，身不繫屬於采邑封地，四無依傍，惟「吾日三省吾身」（《論語》．〈學而〉），守住自身做修養工夫（註三）；且庶人百姓農工商各有專職，士爲四民之首，卻無固定的產業，士的階層流離在貴族與平民的常軌之外，「無恆產而有恆心者，惟士爲能」（《孟子》．〈梁惠王上〉），完全以獨立學人的身分，修德講學。「士志於道」，且「君子不器」（《論語》．〈爲政〉），不落在農工商的專技器用中，一者「士不可不弘毅，任重而道遠」（《論語》．〈泰伯〉），二者「學而優則仕」（《論語》．〈子張〉），以身修的道，去承擔齊家治國平天下的重任。孔子號稱萬世師表，就在教導貴族解體流落民間的「士」階層，以內聖的修養，完成外王的事業。儒學傳統立身當代的大學校園，理工、法商、醫農皆稱「學士」，卻獨缺「士志於道」的使命感，反而以專業器用自許，堪稱「士」的性格最大的失落。孔子云：

志於道，據於德，依於仁，游於藝。（《論語》·〈述而〉）

此爲孔子儒學的總綱。人能弘道而天下有道，端在士志於道。「道」何由開出，憑藉德行；德行之所以可能的依據，就在仁心的覺醒；而仁心養成的園地，就在詩書禮樂的涵詠化成。志乃心的動向，據於德與游於藝的能源，當在依於仁的價值感與理想性。士修德講學，就在尋求可以安立此身之「道」。人之所以爲人在仁心的覺醒，而士之所以爲士在人道的開拓。

孔子回應子路問君子，給出修養自身的三進程，由「修己以敬」再「修己以安人」，而止於「修己以安百姓」，此已爲最高境界，故以「堯舜其猶病諸」，終結子路「如斯而已乎」的英雄氣問話（《論語》·〈憲問〉）。此其根本，仍在「修己以敬」，人何以要修己，爲的是敬重自己，眞誠的面對自己，且自我負責與自我實現。修己以敬己，神似「仁者安仁」（《論語》·〈里仁〉），仁者安於仁的自身，是「人能弘道」的人性依據，是「士志於道」的價值自覺，也是「天下有道」的動力源頭。修己敬己而仁者安仁，身安於何處，安於仁心的價值認定。故安身之道，本在安心。

孔子說仁，一在仁心的隨時呈現，二在仁心的自覺常在，三在仁心的自做主宰。道德之所以成爲可能，就在仁心的隨時呈現，自覺常在與自做主宰。

(一) 仁心的呈現義

孔子與宰我有一段逼問氣答的對話：

宰我問三年之喪：「期已久矣。君子三年不爲禮，禮必壞，三年不爲樂，樂必崩。舊穀既沒，新穀既升，鑽燧改火，期可已矣。」

子曰：「食夫稻，衣夫錦，於女安乎？」

曰：「安。」

「女安則爲之。夫君子之居喪，食旨不甘，聞樂不樂，居處不安，故不爲也。今女安，則爲之。」

宰我出。

子曰：「予之不仁也。子生三年，然後免於父母之懷。夫三年之喪，天下之通喪也。予也有三年之愛於其父母乎！」（《論語》・〈陽貨〉）

宰我質疑三年之喪的合理性，兩大論據，一是人文價值的評量，堅持守喪三年，造成禮樂無人擔當的空窗期，此其後果適得其反，禮必壞樂必崩；二是自然現象的運轉，正好一年一周期，稻穀的收成，在春耕夏耘秋收冬藏間完成，而四季用的木材，也一年輪換一回。依前者言，三年太長了，依後者言，一年夠長了。一破一立，言之成理。

孔子卻不從人文價値與自然現象做出回應，反而直指本心，逼問在居喪期間，食稻衣錦會心安嗎？此與人文價値的功利評量，跟自然現象的周期運轉，根本不相干，而是發自人心的自我要求。「於女安乎」是仁心的自問自答，不能閃避，而要眞誠面對，人間道德的依據在此，沒有神話，沒有戒律，惟此一問而已！

未料，宰予竟回答「安」，師生對話，一逼問一氣答，已無迴轉的空間，孔子不能再說什麼，僅能回歸普徧人性的本身，人在居喪期間，雖食旨亦不甘，雖聞樂亦不樂，雖居處亦不安。此中食旨、聞樂與居處，乃客觀的實然存在，而不甘、不樂、與不安，卻是人心的應然感受。孔子一邊說君子不安故不爲，一邊說今女安則爲之，此話已說絕，再無退路，宰我只好離去。

而守喪三年的理由，孔子最後才點了出來，「子生三年，然後免於父母之懷」，天下子女初生人間，生命稚弱無依，父母懷抱呵護三年，父母離開人世，生命孤獨無助，試問身爲子女要不要陪伴他們三年，回報父母生育疼惜的恩情。故守喪三年，不是權威教條，而是仁心的當下呈現，只有陪伴三年，才得心安。宰予說安，不是從仁心發出來的眞情實感，而僅是師生對話逼問而出的意氣回應。

孟子亦有「今人乍見孺子將入於井，皆有怵惕惻隱之心」（〈公孫丑上〉）的析論。處在孺子將入於井的生命情境，乍看之下，心靈湧現的內涵，沒有夾雜後起人爲的功利思考，最直接也最眞實，不管是誰，都會有不安不忍的悲情痛感，這一眞切的存在感，就是仁心的呈現。

(二) 仁心的自覺義

孔孟儒學的仁心善性，第一要義就在仁心總會隨時呈現，故道德成為可能。問題是，仁心隨時呈現，也會隨時隱沒。甚至，在生活習氣的機栝操控之下，會在心不安時，由觸動而歸於無感，這是極大的弔詭，人心會安於自己的不安，此迫使道德落於不定的狀態。故仁心要由呈現義，深進一層轉出自覺義。孔子云：

> 仁遠乎哉！我欲仁，斯仁至矣！（《論語》・〈述而〉）

本來，仁心呈現，等同生命的覺醒。仁就是覺，問題在，仁心也會隱沒，則又陷于昏睡，生命就搖擺在覺醒與昏睡的兩極間，此道德沒有保證。故在覺的時刻，要自我呼喚，讓自己永遠保持清醒的狀態。「我欲仁」的「我」，指涉的是人的道德主體，也就是仁心，故等同「仁欲仁」，心覺心的自己，就是自覺，如是道德才有必然性。欲仁仁至，有如日正當中，陽光普照，可以照破滿天陰霾，照亮人間的幽暗深谷。此孟子云：

> 耳目之官不思，而蔽於物，物交物，則引之而已矣！心之官則思，思則得之，不思則

不得也。（〈告子上〉）

耳目官能沒有自我反思的能力，所以會被自己的官能性所遮蔽。物欲被物象牽引而去，不能照破自己的幽暗，而陷於物欲與物象的纏結中。心之官的善端良知，有自我照察的能力，心照心的自己，心覺心的自己，所以說思則得之，等同欲仁仁至。

(三) 仁心的主宰義

孔孟儒學，仁心的呈現義，建構了道德之所以可能的理論基礎，仁心的自覺義，更確立了道德的必然性；而仁心的主宰義，則落實在人格修養的道德實踐，心當家做主，主導形氣物欲的走向。孔子答顏回問仁，云：

克己復禮爲仁。一日克己復禮，天下歸仁焉。爲仁由己，而由人乎哉！（《論語》・〈顏淵〉）

依科學研究的界域三分而言，人的存在，亦具有三個身分，一是自然物的形氣物欲，二是社會人的禮制規範，三是人文心的情意理想。仁是人文心靈的價值源頭，在道德人格的修養實踐中，自做主宰，一者克制自然物的形氣物欲，二者實踐社會人的禮制規範。仁心就是克己復禮的根源動力。

由己與克己，指涉不同，由己的己，是人文心，克己的己，是自然物。爲仁由己，是仁從自身來，自己決定方向，又自己約束自己，良知自我立法，又自我守法，故道德既是規範，又是自由，因爲道德不來自外在的權威教條，而源自仁心的自我實現。「隨心所欲」是自由，而「不踰矩」則是規範。以是之故，禮教之所以吃人，因爲只重克己，且是由人，而抹殺了「爲仁由己」之自我做主的主宰義。此孟子亦云：

從其大體爲大人，從其小體爲小人。（〈告子上〉）

養其小者爲小人，善其大者爲大人。（〈告子上〉）

大體是心之官，小體是耳目之官，大體是道德主體，小體是官能形氣。「養」是生命人格的涵養，「從」是人生方向的貞定。大人小人的區分，就在所存養所貞定的是在心之大體，還是在官能小體。故孟子云：

先立乎其大者，則其小者弗能奪也。此爲大人而已矣。（〈告子上〉）

先立其大，是爲仁由己，小者弗能奪，則是克己復禮，兩家之分異，在孟子的道德實踐，轉向積極，不說克己，而說養氣，不僅復禮，且是知言，故不止於安身，進而立命。總持的說，仁的呈現義，是心從形氣物欲的拘限中超離出來；自覺義是心覺心的自己，是心的自我呼喚；而主宰義則是心當家做主，主導形氣物欲的走向。故安身之道，本在安心。

四、立命之道根在盡心

自然物的形氣物欲，是與生俱來的命限。孔子說知命，孟子則進而說立命。命立何處？盡心則立命。孟子云：

> 盡其心者，知其性也；知其性，則知天矣。存其心，養其性，所以事天也。殀壽不貳，修身以俟之，所以立命也。（〈盡心上〉）

孟子說心，謂「此天之所與我者」（〈告子上〉），且「君子所性，仁義禮智根於心」（〈盡心上〉），盡本心的善端良知，由心的善證成性的善，而知性即知天，知人性本善，即彰顯了天道的全體大用。而所謂事天之道，就在存養「此天之所與我者」的良心善性，這是生命的無限性。

不過，心性寄身形氣物欲，形氣會在時光流逝中歸於老死，這是生命的有限性。人生既有天性的無限，又有物命的有限，事天正所以存養生命的無限性，立命則安立生命的有限性。

形氣老死，是此生最大的命限，殀壽不貳有如死生有命，壽命的短長，不是修養與心願所能扭轉，故人生態度就在眞誠面對，不抗拒，也不逃避，此之謂修身以俟之，俟之是面對生命的有限性，修身則是存養生命的無限性，心之官的大體，與耳目之官的小體，上下兩體一體並行，就在存心養性中，來安立物「命」的意義與價值。孟子又云：

> 莫非命也，順受其正。是故，知命者，不立乎巖牆之下。盡其道而死者，正命也；桎梏死者，非正命也。（〈盡心上〉）

人世間成敗得失，沒有不受到氣命的限定。氣命天生，僅能順受。所謂知命，就在是否得其正的存在抉擇。消極而言，不立身危牆之下，也不會陷身刑牢中，此等身死即不得其正；積極的說，盡其道而死，則得其正。「仁也者，人也；合而言之，道也。」（《孟子》·〈盡心下〉）人之所以爲人在仁，人走仁心的路，就是道。故盡其道，實則盡其心。「仁，人心也；義，人路也」（《孟子》·〈離婁上〉），居仁由義（註四），雖死亦得其正。孟子云：

口之於味也，目之於色也，耳之於聲也，鼻之於臭也，四肢之於安佚也，性也，有命焉，君子不謂性也；仁之於父子也，義之於君臣也，禮之於賓主也，智之於賢者也，聖人之於天道也，命也，有性焉，君子不謂命也。（〈盡心下〉）

求則得之，舍則失之，是求有益於得也，求在我者也；求之有道，得之有命，是求無益於得也，求在外者也。（〈盡心上〉）

耳目官能之小體，與仁義禮智之大體，都是天生而有的性，也都有與生俱來的命，關鍵在，君子所認取的性，是仁義禮智根於心的心性，而不是眼耳鼻口的官能氣命，性是生命的無限性，命是生命的有限性，孟子性命對揚，就在以開發無限性來安立有限性，以盡心來立命。

性開發的是人的德行，命限定的是人的福報。德行是求則得之，舍則失之，所求的是良心的自己，求與得一體，得失皆在我，故道德有必然的保證。福報則求之有道，道在盡心，問題是，得之有命，命一者是人物才氣的氣命，二者人間遇合的氣運，有如道之行廢，涉及外在情勢的客觀條件，所以福報沒有必然的保證，因爲求與得分離，求在外不在我，故求不一定得。

生命的無限性在存心養性的德行，生命的有限性在「莫非命也」的福報。人立身處世，立命之道無他，求其盡心而已，人惟求之有道，得之與否，則留給命了。孟子另章云：

> 孔子進以禮，退以義，得之不得曰：有命。……是無義無命也。（〈萬章上〉）

人生出處進退之間，儘管錯綜複雜，不過，心性自有尺度分寸，禮是尺度，義是分寸，這是應然的價值，而得與不得的實然，那是命的限定，孟子云：

> 天下有道，以道殉身，天下無道，以身殉道，未聞以道殉乎人者也。（〈盡心上〉）

天下有道之時，道行人間，道在人身的修行踐履中朗現，道與身已然一體並行；天下無道之時，道不行人間，仁人志士惟以身從道，以自家生命爲道做見證，而從未聽聞以道做標榜，成爲世俗功利的工具。此以道從身，猶盡心以立命。如是，氣命的有限性，在存心養性的修身工夫中，已開發出無限性的價值意義來。

實則，立命的最大突破，就在養氣。「其爲氣也，至大至剛，以直養而無害，則塞於天地之間。其爲氣也，配義與道，無是餒也，是集義所生者，非義襲而取之也。行有不慊於心，則餒矣。」（《孟子》．〈公孫丑上〉）此中配義與道，也就是以道殉身，集義所生，也就是盡心立命，其極致是性命一體，全幅生命是道義，理直氣壯，且氣壯山河，塞於天地之間，也就是「上下與天地同流」的最高境界。

孔子知命，僅是人生的智慧，孟子立命，以養氣工夫做爲基底，則將智慧化成眞實的生命。

五、仁智並行，安身立命

儒學傳統，走過了二千五百多年的歷史長途，在這一嶄新世紀的時代舞台，還能生發它安身立命的教化功能嗎？在「士」的性格普遍失落的今天，儒學義理還能主導東亞漢字文化區的未來走向嗎？

儒學的原罪，在承擔治國平天下的重任，總與政治權勢結下不解之緣；儒學的苦業，就在背負千古歷史糾葛下之御用文人的不白之冤，五四新文化運動，與六十年代的文化大革命，打倒孔家店與批孔揚秦的天翻地覆，儒學似乎難逃被顛覆終結的命運。

實則，孔孟儒學仁義禮智並重，仁心的價值根源，在開啓由不安而求安的道德動力，義理的價值判斷，在尋求人人皆安的公道正義，禮制的價值通路，則建構了人人皆安的體制規範，智慧的價值權衡，在顯發權變求通的生命靈動。禮教吃人，一在義之人人皆安的調節功能停擺，二在智之權變求通的生命靈動僵化，而讓「禮」教獨大，禮成了權威教條，反而吞蝕了仁心的眞實生命。孔子云：

> 君子之於天下也，無適也，無莫也，義之與比。（《論語》・〈里仁〉）
>
> 仁者安仁，知者利仁。（《論語》・〈里仁〉）

君子立身處世，完全依據公道正義，來做爲行事的基準，而沒有主觀的偏執；且仁者安於仁的自已，智本身不是目的，完全以其智慧靈動來實現仁的價值理想。

今天，儒學義理做爲東亞漢字文化區的生命存在之理，與安身立命之道，除了接續仁的價值根源與禮的價值規範之外，還要重振「義」的價值判斷，與「智」的價值權衡，孟子說孔子是聖之時，想是爲百代傳承的文化大業預留活路與空間吧！

紐約世貿中心崩頹的恐怖事件，來自兩大文明的最高信仰，落在人間的權力抗衡，權力抗衡要有對話溝通，要能禮讓包容，問題是，最高信仰是沒有退讓空間的，一如儒學的天理良心，也是吾心之所不容已。不過，仁者誠然安於仁的自己，而智者卻可以有靈動應變的智慧。東亞儒學儒教，在耶回兩大教之間，除了自家安身立命之外，是否可以仁智並行，處在兩大教與兩大文明的衝突間，承擔起調和的中介角色呢！或許，這才是儒學走入二十一世紀的新生曙光吧！

附註

註一：《莊子》〈養生主〉：「臣所好者道也，進乎技矣！」《南華眞經正義》，頁四六，陳壽昌輯，一九七七年七月再版，新天地書局，臺北。

註二：《論語》〈泰伯〉：「興於詩，立於禮，成於樂。」《四書章句集注》，頁一〇四—一〇五，朱熹注，鵝湖出版社，一九九八年十月四版，臺北。

註　三：《論語》·〈憲問〉：「古之學者爲己。」〈衛靈公〉：「君子求諸己。」《四書章句集注》，頁一五五、一六五。

註　四：《孟子》〈盡心上〉：「王子墊問曰：士何事。孟子曰尚志。曰：何謂尚志。曰：仁義而已矣。居惡在，仁是也，路惡在，義是也。居仁由義，大人之事備矣。」《四書章句集注》，頁三五九。

「中學爲用」在當代新儒學的分位問題

一、前言

牟宗三先生，在「時代與感受」中，先後有兩段話，值得學界人士深思警惕：

「讀哲學的人對於時代沒有感覺，沒有反應。時代的問題，中國文化的問題，國家命運的問題，經濟處境的問題，他們都沒有興趣，也根本不懂。」（註一）

「我們處於一個大時代中，所謂大時代就表示我們這個時代就是出問題的時代。但是要有感覺，才能接觸問題。……對這個時代有感覺，這也不是很容易的事，這是一種智慧。」（註二）

牟先生語重心長，痛批知識分子退縮成蝸牛，躲在書房盡說作純學術的研究，而不牽涉那些空泛的大問題。實則沒有感覺，只是一味的睡覺，那就是辜負了這個大時代。（註三）言猶在耳，而今牟先生已過世三年，所謂「後牟宗三」的時代已然來臨，要怎麼走下去，成了當代儒學所當面對的共同課題。

做為牟先生的弟子，筆者發表了「論儒學客觀化的曲成問題」（註四）與「儒家人文精神的落實問題」（註五）先後爲牟先生「一心開二門」之說進一解。重點在反省「良知的自我坎陷」可能落在情識心而不必然可以開出認知心的疑慮。故以先秦諸子由孔孟而老莊，再由老莊而荀韓的轉折過程，來詮釋由德性心轉化爲虛靜心，再由虛靜心下開爲認知心，或許可以保住有執的心是價值的中立，而不會是價值的陷溺。

舍此而外，依「究天人之際，通古今之變，成一家之言」，來表述當代新儒學的三大課題。究天人之際是天道性命問題，通古今之變是傳統與現代化問題，而成一家之言是中西文化問題。這三大課題，唐、牟、徐三位先生已有了充盡極成的系統架構，而落在當前的處境與困局，我們要對時代問題有感受有回應，天人之際要轉向父子兩代的傳承問題，古今之變要貼近夫婦兩性的互動問題，一家之言要用心在海峽兩岸的統獨問題來發言，並尋求或打開可能的出路。（註六）

本文專就清中葉洋務運動以降「中學爲體，西學爲用」的應變模式，來思考當代新儒學在理論哲學的「一心開二門」之後，落在實踐哲學要如何去回應甚或解決新時代的三大問題，此即「中學爲用」在當代新儒學的分位問題。倘若儒學在今天，不能生發教化的作用，倫常禮教的常道維繫不住，而坐視兩代斷隔、兩性疏離與兩岸決裂的話，那麼我們眞的辜負了這個大時代，而迫使儒學有如文物化石一般，僅能束之高閣，供後人憑弔懷古了。（註七）

二、「中學為用」在傳統派、西化派與當代新儒學之間的分位析論

傳統派在現代化運動的大浪潮中，爲了救亡圖存，在「體常而盡變」的大前提下，權變求通的給出「中學爲體，西學爲用」的策略，試圖保住文化傳統的主體地位，並回應時代的變局。可惜的是，在體用有隔之下，西學的引進是無本的。因爲本質上是道德的中學之體，如何能開出本質上是知識的西學之用？

此所以西化派，爲了讓「西學爲用」成爲可能，要「打倒孔家店」的中學爲體，而喊出「全盤西化」，直以「西學爲體」了。此一激進的狂飆，或許爲「西學爲用」，掃除了存在於老傳統的習氣障礙，卻無端動搖了「中學爲體」的常道本位。

傳統派以精神理念層的中學之體，求以引進知識制度層的西學之用，固屬不相應，亦不可能；西化派爲了有效的引進民主科學的西學之用，而打垮了儒教常道的中學之體，更屬非理性。此所以當代新儒學，在傳統派與西化派的兩極間，一者要保住中學爲體，二者又要開

出西學爲用，故牟先生有「一心開二門」之説，試圖根本解決這一綿延一百多年守經達變的兩難問題。

此一心即是中學爲體的德性心，良知的自我坎陷而爲認知心，此適爲西學爲用之所以可能的內在依據。云：

「要使中國人不僅由其心性之學，以自覺其自我之爲一『道德實踐的主體』，同時當求在政治上，能自覺爲一『政治的主體』，在自然界、知識界成爲『認識的主體』及『實用技術的活動之主體』。」（註八）

「當其自覺求成爲認識之主體時，即須暫忘其爲道德之主體，及實用活動之主體。」（註九）

「知體明覺之自覺地自我坎陷，即是其自覺地從無執轉爲有執。自我坎陷就是執，坎陷者，下落而陷於執也。」（註一〇）

「由動態的成德之道德理性，轉爲靜態的成知識之觀解理性，這一步轉，我們可以説是道德理性的自我坎陷（自我否定）。……在此一轉中，觀解理性之自性與道德不相干的，它的架構表現及其成果（即知識）亦是與道德不相干的。」（註一一）

此道德主體是超越之體，而知識主體是內在之體。上下兩體各起其用，超越之體在價值的貞定，內在之體則在事實的認知。關鍵在，上下兩體之間可否並行不悖的問題。依「此道德的主體之要求建立其自身之兼爲一認識的主體」（註一二）看來，上下兩體同時並行。然另據「直俟此認識的主體，完成其認識之任務後，然後再施其價值判斷，從事道德之實踐」（註一三）而言，此中會出現一段價值的眞空地帶，良知在自我坎陷而暫忘其自身的時段，中學爲用的教化功能，即可能停擺。

惟當代學人對牟先生的開出說，多所質疑，卻把重點擺在「西學爲用」要如何落在複雜的現實層面去一一開出的建構問題，而走離了牟先生「西學之體」當從「中學之體」的大本原去開出的根源問題。此林毓生先生云：

> 「牟先生論說的根本癥結是，他使用具有普遍意義的形上學觀點，來面對中國歷史境況中的特殊問題，以致使得也的看法變得不甚相干。」
>
> 「對中國人在自己的泥土上，如何建立民主的制度與規範，如何建立民主的社會與文化等等重大的實際問題，變得不甚相干。」（註一四）

此一評斷，完全站在「西學之體」的知識主體發言，與牟先生源於「中學之體」之道德主體的終極關懷，堪稱不相干。

在「中體西用」的舊說之外，李澤厚先生與黃仁宇先生又開闢了「西體中用」的新說，惟已脫離了原本論述的時代脈絡。李澤厚先生云：

「儒學深層結構中可以繼承發揚的，是這種爲國爲民積極入世的情理結構，但只能把它納入我所謂的『宗教性的道德』（私德）之中，以引領個體的行爲活動，而必須與共同遵循的『社會性道德』（公德）相區別。這就是說，要注意區別理性與感性、公共道德與個人修養，雖照顧情理交融的傳統，但決不使其淹沒一切，氾濫無歸。」（註一五）

黃仁宇先生云：

「況且我們所引用的『體』與『用』也與前人所敘不同。在我看來，體是組織結構。……今日也仍是受西方的影響大，保留舊有的習慣少。……惟獨『用』乃是精神與效能的發揮，反可以保持中國人的習慣與長處，做到張之洞所謂『知本』。……有了新體制之輪廓，才能決定發揚傳統精神之出路。我的看法是中國長期革命業已成功。我們同意於張之洞的看法：既要『知本』，又要『知通』。可是在正反前後的程序上接受現實，先有現代化，才能發揮精神與效能，此即『西學爲體，中學爲用』的旨意所在。」（註一六）

兩位先生之說，皆接不上牟先生兩體兩用的哲學思考，反而以體制或生產力爲體，以精神理念或深層結構爲用，西體中用的產物，就是中國式的社會主義，甚或中國式的民主政治。（註一七）

此等西體中用之說，混淆了當代新儒學「一心開二門」之上下兩體之區分，看似簡單化了，實則更爲複雜。不過，兩位先生的「中學爲用」說，倒是點出了一百多年來中國走向現代化歷程中的重大病痛。當我們以西學的知識主體，引進西學的民主科學之後，不管走的是社會主義或資本主義的路線，中國歷史文化與中國土地人民的本位立場，豈能就此抹殺！兩位先生的「中學爲用」反而貼近洋務維新以來「中學爲體」的本有意涵，而所謂的「西學爲體」也相當切合原本「西學爲用」的外延界域了。

統觀傳統派、西化派與當代新儒學之間，都肯定「西學爲用」的必要性，爭論點集結在是中學爲體，還是西學爲體，或者是中學之體自我轉化兼爲西學之體，問題就在救亡圖存的迫切感之下，「西學爲用」的現代化與改革開放，蓆捲一切，卻共同遺忘了「中學爲用」之修養教化的功能。此在兩岸中國已帶來相當大的後遺症。因爲，物質富有的背後，就是精神的空虛貧乏，黑金官倒的惡質化社會，已掩藏不住的浮上檯面。試看在長江抗洪救災聲中，來自上海的流行歌詞，依舊盪氣迴腸的唱出：「歌繁華，頌太平，天遂人意。」吾人乍聽之下，幾有不知今夕是何夕之感。

綜合言之，「後牟宗三」的儒學課題，當往「中學爲用」要如何去開展架構的路上走，否則，「中學爲體」僅有形式意義，而未有實質的意義。

三、儒學儒教即體起用的人文化成

當代新儒學對五四新文化運動有一段精闢的批判，云：

「近代中國之學術界，自清末到五四時代之學者，都不願信西方之宗教，亦不重中國文化之宗教精神。五四運動時代領導思想界的思想家，又多是一些只崇拜科學民主，在哲學上相信實用主義、唯物主義、自然主義的人，故其解釋中國之學術文化，亦儘量從其缺宗教性方面看，而對中國之舊道德，則從其化爲形式的禮教風俗方面看，而加以打倒。於是亦視中國之倫理道德，只是一些外表的行爲規範，而無內在之精神生活之內容者。」（註一八）

這一段話，透顯出西化派人物所謂「西學爲體」僅是內在之體，而未有超越之體，既不信西方超越之體的宗教，又不重中國超越之體的儒教。如是，造成傳統世界觀的崩潰，與現代價值觀的混亂，政治人生的困頓迷失，皆由失落常道定準而來。此牟先生云：

「一個民族不能沒有常道。……常道是超然的，不能當理論看。……『道』不是一個理論。儒家所說的仁義禮智信，以及父子、兄弟、夫婦、君臣、朋友（五倫），既不是宗教裡的教條，也不是社會上平常所謂的學說。」（註一九）

「如果沒有一個常數，那麼今天往哪裡變，明天往哪裡變，這些變便沒有定準。……從民國以來，許多人專門想把這個民族的常數拉掉。」（註二〇）

此一常道常數，就在儒家。故云：

「儒家在中國是個『教』的地位，就好像西方基督教的地位一樣，而一個民族是不能沒有教的。西方人最講自由，最講人權，但是人家也沒有把基督教取消。」（註二一）

儒家的常道性格，如同家常便飯一般，它是恆常不變的，是普遍性的人性之正與人性之常（註二二）。不過，常道常數的「體」，是定盤針，只指示方向，是沒有內容的，所以倫常禮教，要生起人文教化的「用」。云：

「宋朝開國在國勢上很差，燕雲十六州一直不能收回，但是它維持三百年，靠什麼維持呢？就是靠理學家。……宋儒的文化運動和朝廷沒有關係，這只是從社會上就教

化、風化的立場來維持那個時代。」(註二三)

宋明儒之所以闢佛，就是爲中華民族立一個常道。(註二四)而常道透過書院講學的文化運動，以人文教化來維繫那個時代的精神於不墜。而當代新儒學面對的是基督教信仰隨著艦隊商團直入中土的問題。云：

「在中國，宗教本不與政治道德分離，亦非即無宗教。」(註二五)

「此所信仰的可說是仁義價值之本身，道之本身。亦可說是要留天地正氣，或爲要行其心之所安，而不必是上帝之誡命，或上帝之意旨。」(註二六)

此一者肯定儒學儒教的常道性格，二者責求基督信仰，在修證功夫上開出主體。云：

「佛家說：一切衆生皆可成佛，這一點恰好與儒家、道家相合。儘管一個成佛，一個成聖，另一個是成眞人，他們的基本教義型態，卻沒有不同的地方。既然說一切衆生皆可成佛，人人皆可爲聖人，這些都不是空話，那麼如何才能做到呢？就是要從主體著手。東方的宗教都是如此，在修證功夫上都能開出主體。」(註二七)

「耶穌也不過是個聖人，爲什麼必須通過他，始能得救呢？爲什麼單單耶穌可以直

通，我們就不能呢？這是抹殺天下人生命的本質。……主體之門不能開，對於人類的尊嚴是一大貶損。」（註二八）

基督信仰是他力教，儒學教化是自力教（註二九）。故人文教、良知教的儒學儒教，由人文化成，轉入人格修養，去提升自己，化掉罪惡劫難。云：

「東方的宗教無論儒釋道三家，在知道罪惡是無限的時候，同時也肯定理性無限。到了無限的理性全部朗現，罪惡也就統統化掉。這就是成佛、成聖、成眞人。」（註三〇）

此主體自覺的修養功夫，就孔孟儒學而言，一在先立其大，二在踐形生色（註三一）。云：

「仁遠乎哉，我欲仁，斯仁至矣。」（註三二）

「學問之道無他，求其放心而已矣！」（註三三）

「克己復禮爲仁。一日克己復禮，天下歸仁焉！爲人由己，而由人乎哉！」（註三四）

「養心莫善於寡欲。」（註三五）

孔孟儒學的心性修養功夫，簡而言之，依三部曲而朗現。一是仁心在不安中呈現，而呈現是覺，此之謂「心之官則思」。孔子逼問宰我「食夫稻，衣夫錦，於女安乎？」（陽貨篇），孟子設例「今人乍見孺子將入於井」（公孫丑上），皆給出仁心呈現的生命情境；二是仁心在覺的時候，自我呼喚而覺其自己，讓生命永遠處於覺的狀態，我欲仁與求其放心，皆是仁心的自覺挺立，故欲仁仁至；三是仁心的自作主宰，而發為行動，作克己復禮或養氣知言的實踐工夫。

人的存在處境是心在物中，呈現是心從物中超拔而起，自覺是心覺心的自己，而主宰是心貞定物的動向。因為「耳目之官不思，而蔽於物」，故有待「心之官則思」來引領帶動，生命才不會在「物交物」中牽引流落而去。

試將「克己復禮為仁」，做為儒學修養功夫的範型，並依人文心、社會人與自然物的三層次來思考。仁是人文心靈的自覺挺立，禮是人間社會的行為規範，己是物欲形氣的自然生命。人文化成的儒學儒教，首在人文心的點醒，此所謂「為仁由己」，故人文化成天下，終究還歸天下人的人格修養；而人格修養仍在禮樂教化、倫理常道的氛圍情境中去修習養成。孟子的時代禮壞樂崩，故將外在的禮制收歸在本心良知中，成為四端之一，養心功夫直接落在寡欲中自我存養擴充。不過，仍以「知言」取代「復禮」，並以「養氣」提升「克己」，只是更為艱苦而已！實則，知言旨在知心，養氣源自養心，工夫之大本仍在直指本心。

在打倒孔家店的狂飆年代，「中學為體」的文化心靈已保不住，「中學為用」的人文教養，當然失去感動力，而被冰封冷藏了。不過，此中仍有新儒學當該反思的空間，「克己」與「由己」，都是生命自我，由己是人文心的我，克己是自然物的我，人文心開發出來，自作主宰，則克己是自我克制，不會有被壓抑之感。此牟先生云：

「古人所說的『克己』，自己限制自己以成全自己，成全自己的道德人格。克己正所以容他，正是要對外敞開的。」（註三六）

且復禮的社會規範，也是出乎吾心所不容已的要求，爲情意理想開拓人我會通的管道，禮的踐履乃自我的追尋與完成，就不會有「外鑠我也」的反感抗爭。

今天，新生代與新女性的委屈，來自君父威權與大男人心態，沒有給出「爲仁由己」的空間，缺乏「而由人乎哉」的省思，且失落了倫常禮教的常道，沒了共同的管道，人人有如散兵遊勇，在四顧茫茫一無依傍中，自己找尋出路。而親人朋友不領情，彼此間缺乏敬意與了解，相互讀不懂對方的話，猜測疑慮成了最大的殺傷力，不僅兩代兩性，兩岸間亦如是，精神苦悶心情鬱卒，成了這一代中國人的共同命運。

四、結論

中學爲用的道德修養與人文化成，落在今天，一則面對宗教信仰的全面籠罩，二則承受法治體制的功能取代，似乎找不到可以安身立命的空間了。

台灣當前佛門信仰已成民間主流，政治人物爲了選票，也群集托庇在教門法師之下，甚至有朝野迎接佛牙的盛大場面出現，經由電視台現場直播，儼然成了天下大事。儒學儒教在此一時代情境中，要有感覺，要有回應。

一子不語怪力亂神。（註三七）

二祭如在，祭神如神在。（註三八）

三敬鬼神而遠之。（註三九）

民間信仰多的是怪力亂神，儒學當該正視，而以德行的實踐，來扭轉福報的祈求。且在拜鬼神祭祖宗的時節，要把重心從外在的鬼神，拉回到自家的心中。所謂的迷信，問題不在鬼神的在不在，而在心的有沒有。神在我心，祭祀才有意義。再進一步言，儘管對鬼神心存敬意，不過，仍要保持距離，不爲美感，而爲人文預留存活的空間，甚至是開闊的天地。

儒家「人能弘道，非道弘人」（論語衛靈公篇）之「下學而上達」（論語憲問篇）的路，才是光明正大，活出尊嚴的路。此一精神理念的自覺挺立，或許可以消除類似宋七力分身發功與妙天蓮座庇佑的怪力亂神現象。

佛門信仰，談三世因果，而儒學的用心卻在今生今世，儒學的世界沒有天國沒有彼岸，生人救人都在今生今世，今生今世生人救人，惟有通過人文教化，而政治、教育與文化的外王事業，要在世代傳承中行之久遠。此三代傳承的儒家理論，可與佛門的三世因果對話，甚至去消化佛門的三世因果，或許這也是人間佛教在台灣鄉土生根的可能出路。

中學爲用落在今天的另一個困局，在法治取代禮教，而權益淹沒倫常。看起來是人權得到保障了，實則人的尊嚴反見萎縮，因爲少了人文心的自覺挺立，不能自做主宰，人生路惟隨波逐流而已！孔子云：

「道之以政，齊之以刑，民免而無恥；道之以德，齊之以禮，有恥且格。」（註四〇）

「名不正則言不順，言不順則事不成，事不成則禮樂不興，禮樂不興則刑罰不中，刑罰不中則民無所措手足。」（註四一）

政令刑施就是今天的法治規制，而德化禮治是儒學儒教的修養化成。最大的分別在，仁心有無自覺做主，自覺做主才有不斷向上的動力，也才有尊嚴榮耀，成就完美的道德人格。深進一層言之，道德與法律之間，不必是對列關係，而可以是縱貫關係，禮樂教化正是法治刑罰的根本，可以防患於未然。

總括全篇，人生是人物活在人間，說得確切點，是不合理的人物，活在不合理的人間，克己是克制人物的不合理，復禮是引導人間走向合理。這樣的話，人生方可能美善合理，而其源頭就在仁心的自覺挺立。

儒學儒教是千古常道，當代新儒學爲了返本開新，以「一心開二門」來解決「中體西用」與「西體西用」的兩大難題，卻在時代的迫切感之下，獨重「西學爲用」的引進開發，而越過了「中學爲用」的教化功能。

「後牟宗三」，追隨大師的腳步，我們要去拓展「中學爲用」的路，來面對並解決新時代的兩代傳承、兩性互動與兩岸統獨的三大課題。

附註

註一：「時代與感受」頁一三四，鵝湖出版社，一九九五年九月三版，臺北。

註二：前引書，頁三三九。

註三：同註一與註二。

註四：人文學報第五期，頁四一至五四，中央大學，一九八七年六月出版，臺北。

註五：「東西文化的探索——近代文化的動向」頁三七至一五二，黃俊傑、福田殖主編，正中書局，一九九六年十一月初版，臺北。

註六：王邦雄，「追隨大師的腳步」，中央日報副刊，一九九五年五月二日，臺北。收在「牟宗三先生紀念集」，蔡仁厚、楊祖漢主編，頁一六四至一六六，東方學術研究基金會，一九九六年十二月出版，臺北。

註七：「中國文化與世界」，牟宗三、徐復觀、張君勱、唐君毅，「中華人文與當今世界」頁八七二，云：「把中國以前之學術文化，統於一『國故』之名詞之下，而不免視之如字紙簍之物，只待整理一番，以便存檔歸案的，……於是一切對中國學術文化之研究，皆如只是憑弔古蹟。」頁八七四云：「此是把人類歷史文化，化同於自然界的化石。」頁八七五云：「中國之歷史文化，在他們面前，只等於一堆無生命精神之文物，如同死的化石。」學生書局，一九七五年五月出版，臺北。

註　八：「中國文化與世界」，前引書頁八九六。

註　九：「中國文化與世界」，前引書頁八九九。

註一〇：牟宗三「現象與物自身」頁一二三，學生書局，一九七五年八月初版，臺北。

註一一：牟宗三「政道與治道」頁五八，廣文書局，一九六一年二月初版，臺北。

註一二：「中國文化與世界」、「中華人文與當今世界」頁八九九。

註一三：同前註。

註一四：「中國傳統的創造性轉化」，收在「建館四十週年文化藝術學術演講論文集」頁二〇三，國立歷史博物館，巴東主編，一九九六年四月出版。

註一五：「初擬儒學深層結構說」，收在「儒家思想的現代詮釋」頁七三，李明輝主編，中央研究院中國文哲研究所籌備處，一九九七年十月出版，臺北。

註一六：「如何確定新時代的歷史觀——西學爲體、中學爲用」，收在「建館四十週年文化藝術學術演講論文集」頁九八。

註一七：參見李澤厚「中國現代思想史論」頁三一一至三四一。「漫說西體中用」，東方出版社，一九八七年六月出版，北京。

註一八：「中國之文化與世界」、「中華人文與當今世界」頁八八〇。

註一九：「時代與感受」頁三四七。

註二〇：「時代與感受」頁三四五。

註二一：「時代與感受」頁一八四。

註二二：「時代與感受」頁二九七與一八三。

註二三：「時代與感受」頁三四四。

註二四：「時代與感受」頁三四七。

註二五：「中國文化與世界」、「中華人文與當今世界」頁八八二。

註二六：「中國文化與世界」、「中華人文與當今世界」頁八八四。

註二七：「時代與感受」頁一七八。

註二八：「時代與感受」頁一七九。

註二九：「時代與感受」頁四二一。

註三〇：「時代與感受」頁一八〇。

註三一：孟子告子上及盡心上，朱熹「四書集註」頁二八二、三〇四及二九九，臺灣書店，一九六一年十月再版，臺北。

註三二：論語述而篇，「四書集註」頁八四。

註三三：孟子告子上，「四書集註」頁二八二。

註三四：論語顏淵篇，「四書集註」頁一〇八。

註三五：孟子盡心下，「四書集註」頁三一六。

註三六：「時代與感受」頁七。

註三七：論語述而篇，「四書集註」頁八二。

註三八：論語八佾篇，「四書集註」頁五六。

註三九：論語雍也篇，「四書集註」頁七六。

註四〇：論語爲政篇，「四書集註」頁四八。

註四一：論語子路篇，「四書集註」頁一一六。

由老莊道家析論荀子的思想性格

一、前言

《史記》將孟荀同列一傳，除了性善性惡兩家異說的並列之外，最大的原因，當在孟荀皆是孔子思想的繼承者。（註一）而歷來詮釋先秦儒學，孔孟荀的序列格局，似已成定論。孔子仁義禮並重（註二），孟子重仁義，而荀子重禮義。義從仁來，仁是善端良知本心，以心善說性善，所以義的源頭活水就在性善說；義從禮來，而禮起於聖人之偽，聖人化性起偽，而人性是惡，偽何自起，荀子轉由心說，心不是德性心，而是虛靜心，此非承自孔孟儒學，而自老莊道家來。（註三）如是，理解荀子學說的重心，似乎不在性，而在心，且不必然從儒學傳統來詮釋，而大可另開一扇門，從道家思想來反思，或許會有別開生面的發現吧！（註四）

再進一步言之，孔子「仁者安仁，知者利仁」（里仁），仁是價值的根源實理，智則是價值的權衡虛用，而孟子重仁，荀子重智，孟子以仁識心，荀子以智識心。（註五）孟子仁義禮智一體並稱，荀子禮義連言。孟子身處禮壞樂崩之戰國亂局，禮制之價值規範，義理之價值判斷，與智用之價值權衡，皆收攝於內，世無堯舜，而人皆可以爲堯舜；而荀子人性是惡，心虛靜而顯智用，義不在內在之仁，而落於外在之禮，且是智心知道的產物，云：「君子處仁以義，然後仁也；行義以禮，然後義也。」（大略）此與孔子思想攝禮歸義，攝義歸仁的理路（註六），正逆向而行，仁依義而處，義據禮而行，轉關在，禮義生於聖人之僞，而非生於人之性，僞何自起，不在天道，不在人性，而僅能歸於心，此智心之虛用，又從道家來。故本文試圖從傳統之孔孟荀的詮釋觀點走出來，而轉向老莊道家來認知荀子的思想性格。

二、荀子學術性格的思想史考察

依史記孟子荀卿列傳的記載：

荀卿趙人。年五十始來游學於齊。騶衍之術，迂大而閎辯，奭也文具難施。淳于髡久與處，時有得善言。故齊人頌曰：談天衍，雕龍奭，炙轂過髡。田駢之屬皆已死。齊襄王時，而荀卿最爲老師，齊尚修列大夫之缺，而荀卿三爲祭酒焉。齊人或讒荀卿，荀卿乃適楚，而春申君以爲蘭陵令。春申君死，而荀卿廢，因家蘭陵。李斯嘗爲弟子，已而相秦，荀卿嫉濁世之政，亡國亂君相屬，不遂大道，而營於巫祝，信禨祥，鄙儒小拘，如莊周等，又滑稽亂俗，於是推儒墨道德之行事興壞序列，著數萬言而卒。（卷七四）

此段生平轉折，有三大線索可尋：

1.是趙人，而三晉則是法家思想的出生地。（註七）

2.是游學於齊，而齊學則是陰陽家的重鎮。（註八）

3.是適楚，而楚學則是道家思想的根土。（註九）

荀子思想的形成，正是出現在梁任公與胡適之所謂的「混合時代」。他是儒學宗師，卻「禮義生而制法度」（性惡），成了由儒轉法的關鍵人物。（註一〇）他的弟子李斯、韓非，一是理論家，一是實行家，終結了戰國亂局，而完成一統天下的時代課題。他學術思想的根本觀念，不論天性情欲的自然義，與心知的虛靜義，都由道家而來，然失落了道家的形上義，而落於現象義（註一一），道落在氣說，此顯然是他游學於齊，最爲老師且三爲祭酒的稷下學風。再看，〈孟子荀卿列傳〉的兩段記載：

自騶衍與齊之稷下先生，如淳于髡、愼到、環淵、接子、田駢、騶奭之徒，各著書，言治亂之事，以干世主，豈可勝道哉！淳于髡齊人也，……愼到趙人，田駢接子齊人，環淵楚人，皆學黃老道德之術。……騶奭者，齊諸騶子，亦頗采騶衍之術以紀文。於是齊王嘉之，自如淳于髡以下，皆命曰列大夫，爲開第康莊之衢，高門大屋，尊寵之，覽天下諸侯賓客，言齊能致天下賢士也。（卷七四）

此外，《史記·田敬仲完世家》亦留下幾筆：

宣王喜文學游說之士，自如騶衍、淳于髡、田駢、接子、愼到、環淵之徒七十六人，皆賜列第爲上大夫，不治而議論，是以齊稷下學士復盛，且數百千人。（卷四六）

凡此史實記載，稷下幾乎成了天下英才的知識殿堂，騶衍、騶奭、淳于　、田駢、接子固齊之土產，而愼到趙人，環淵楚人，三晉法家與楚地道家在齊地結集，形成稷下學風，且皆受黃老道德之術，此已是道家化的法家。

荀子趙人，游齊入楚，此一學思歷程，相當完整的呈現他的思想性格，他是儒學的禮義師法與人文教化，加上道家的性天自然與虛靜心知，與陰陽家「天地之變，陰陽之化」（天論）的氣化流行（註一二），而下開法家的思想家。

任繼愈先生云：

魯學派即儒家學派，對宗法制取全盤保留的態度，主張建立一個以周王朝的禮治秩序為模型的封建性的宗法等級制度，並且強調宗法道德對於鞏固封建統治的作用；三晉學派即法家學派，則恰恰相反，對宗法制取全盤否定的態度，主張建立一個絕對專制主義的王權，認為宗法道德不利於王權，應以功過標準來代替善惡標準，以法律來代替道德；齊學派即管仲學派則介乎二者之間，對宗法制取半保留半否定的態度，主張把宗法制和中央集權制有機地結合起來，把禮治和法治有機地結合起來，既強調以法律來加強王權，又重視宗法道德來鞏固封建統治。（註一三）

這段論述，比較分析了魯學派、三晉學派與齊學派的治道取向，荀子思想正處在儒法之間轉變的關鍵點，且貼近禮法並重的齊學理路，更貼切的說，他的出身三晉，游學於齊，又終老楚地，兼有法、陰陽與道三家的色彩，也消化了三家的思想特質，成就了迥異孔孟而自成一家的儒學。

不過，此所謂齊學派的管仲學派，是將《管子》書中〈心術〉、〈內業〉、〈白心〉、〈樞言〉（另說無此篇，而是〈心術〉分上下）等所謂管子四篇剔除在外（註一四），而《管子》四篇又被認為是宋尹學派或稷下黃老之學的思想（註一五），且判定是道家的支流。（註一六）

此中有一轉折，侯外廬先生斷定《老子》書是晚出的，而在《管子》四篇的文獻中，做為宇宙本體的道，還找不出足以證明此概念出於老子的證據。（註一七）卻又論斷宋尹學派的道德觀，是從道家的自然天道觀來的，並判定宋尹學派的主要論點是道家自然天道觀的倫理化，其論據則在：

是故此氣也，不可止以力，而可安以德，不可呼以聲，而可迎以意，敬守勿失，是謂成德，德成而智出，萬物畢得。（內業）

實則，「德」之意涵依老子「道生之，德畜之」（五十一章）而來，是存有論的自然天眞之義，未有儒家「道之以德」或「爲政以德」（爲政）的德行義，安以德或成德，皆就修養工夫，論如何成全天眞之意，而智出即就虛靜無心的智照而言，且清靜無爲，萬物則無不爲，是爲萬物畢得，各得生命的安頓，怎會率爾斷定「道德本體偷替了形而上的自然本體。」（註一八）

此等詮釋系統的迂迴，似乎預留了荀子思想可以加以批判扶正的迴旋空間。（註一九）實則，荀子思想與稷下學風同步並行，且荀子思想可直承老莊道家而來，不必繞道稷下，轉接黃老，此或許較切近中國哲學發展史的歷史眞相吧！

三、從老莊道家析論荀子的思想性格

荀子之學，歷來無善解。（註二〇）若依據孔孟傳承的重德哲學而言，荀子乃雜取道家墨家之言，以別立系統者，是爲儒學的歧途。（註二一）

實則，先秦學術思想，到了戰國末年，已進入了混合時代。梁啓超云：

> 當時諸派之大師，往往兼學他派之言，以光大本宗，如儒家者流之有荀卿也，兼治名家法家言者也，道家者流之有莊周也，兼治儒家言者也，法家者流之有韓非也，兼治道家言者也。（註二二）

此說極具洞見，惟所謂兼治，僅是旁涉，尙在系統外，道家老莊之於荀子，卻是直入其思想的骨架血肉中，且梁任公可能依據《史記・老子韓非列傳》，一眼看到韓非「歸本於黃老」（《史記》卷六三）的虛無術用，惜未能透視在莊子兼治儒家言之外，荀子亦深得道家之自然義與虛靜義。

本文不從孔孟儒學切入，而轉由老莊道家來解讀，且不是雜取道家之言，而是直承道家思想理念，而形成自家的學說。

㈠ 天性情欲的自然義

先秦各家的思想，除了墨家天意天志之有意志而主賞罰的宗教人格天之外，儒道兩家孔孟老莊的天道天理，皆是形上義理之天，一直到了荀子愼到，已無天道天理的價値內涵，轉爲天氣天象的現象自然之天。而「道生之，德畜之」的天生天眞亦告失落，僅餘留「物形之，勢成之」（五十一章）的自然物勢，儒道兩家的天道人性論，由道理降爲氣象，性善說失根本，天眞論無源頭，儒家的荀子走向「天生人成」與「化性起僞」的生人之行，而道家的愼到卻流落於「緣不得已」與「塊不失道」的死人之理了。（莊子天下篇）

試看，荀子說天道的運行：

> 天行有常，不爲堯存，不爲桀亡，應之以治則吉，應之以亂則凶。（天論）

天行自有常軌，卻與善惡不相干，也與吉凶無關，它既無儒家「天生德於予」（論語・述而）、「此天之所與我者」（孟子・告子上）的道德法則，亦非道家「道法自然」（老子・二十五章）、「怒者其誰」（莊子・齊物論）的形上原理，天行有常不涉及應然的評價，而僅是實然的描述。相對於儒家的道德法則而言，它是自然義，相對道家的形上原理而言，它是現象義。儒道兩家形上義理之天的道德法則與形上原理，同告失落，僅成現象的自然。抑有進者，從價値的觀點看，事實的存在亦轉成負面的意義，是被治的對象。因爲「禮義之謂治，非禮義之謂亂」（不苟），以禮義回應天行：歸於平治，是爲吉，不以禮義回應天行，則不免爭亂，是爲凶。故吉凶的福報，從治亂的德行來，而治亂的依據在禮義，荀子的價値標準，終究旁落於外在的禮義。

依老子「道沖而用之或不盈，淵兮似萬物之宗」（四章）來看，道是萬物的宗主，而其原理在道體有如深淵般，它是虛的，不求滿也不會用盡，道體沖虛，就是「天地不仁」、「聖人不仁」（五章）或「絕聖棄智」、「絕仁棄義」（十九章），不或絕棄的修養工夫，根本從心中解消了聖智仁義的道德傲慢與名號桎梏，放下高貴，才可以超離束縛。「不爲堯存，不爲桀亡」，亦符合莊子「與其譽堯而非桀也，不如兩忘而化其道」（大宗師）的自然天道觀，不過，老莊沖虛的道體，仍是價值的根源，而荀子的「天有常道」，卻是日月四時，陰陽風雨的自然現象。試看，荀子這一段論述：

列星隨旋，日月遞炤，四時代御，陰陽大化，風雨博施，萬物各得其和以生，各隨其養以成。（天論）

此說萬物得陰陽之和以生，隨風雨之養以成，萬物的生成不在天道自然，而在陰陽氣化。甚至日月有蝕，風雨不時，或是星墜木鳴，均是「天地之變，陰陽之化」（天論），天地與陰陽並言，此中的變化，已是氣化流行，而不再是「天下有始，以爲天下母」（老子五十二章）的形上原理了。

再者，荀子說性：

性者，天之就也；情者，性之質也，欲者，情之應也。（正名）

天是自然義的天，天所生成的性，做爲性之質的情，與情所感應的欲，當然也是自然義的性情欲。且天是現象義的天，與性情欲一路貫串，且一體平鋪，當然也是現象義的性情欲。由是而言，荀子的天道人性論，既無儒家的性善，也無道家的天眞，儒家存有論的「仁」，與道家存有論的「德」，兩皆不存，僅有的是有待整治的情欲之性了。云：

生之所以然謂之性，生之和所生，精合感應，不事而自然謂之性。（正名）

天地合，萬物生；陰陽接，而變化起。（禮論）

此和合感應自然生成的性，是「陰陽接」的氣質之性，生之所以然的「所以然」，不就超越意義的實現之理言，而就內在意義的形構之理言（註二三），此「天地合，陰陽接」所指涉的精和感應的生起變化，與老子「天地相合，以降甘露」（三十二章）、「精之至也」、「和之至也」（五十五章），也與莊子「德者成和之修也」、「遊心於德之和」（德充符），意義迥然有異，老莊所謂的「天地相合」是就超越意義的形上原理說，精之至、和之至，成和之修、德之和，既是存有論的眞，又是工夫論的和，是理想人格的價值內涵；而荀子卻落在陰陽氣化的現象層次說，是內在意義的形構之理。

由是言之，荀子所說的人性，與告子所說的人性，幾乎等同。（註二四）然則，告子主「性無善無不善」（告子上），而荀子卻說性惡。云：

> 人之性惡，其善者僞也。今人之性，生而有好利焉，順是，故爭奪生而辭讓亡焉；生而有疾惡焉，順是，故殘賊生而忠信亡焉；生而有耳目之欲，有好聲色焉，順是，故淫亂生而禮義文理亡焉。然則從人之性，順人之情，必出於爭奪，合於犯分亂理，而歸於暴。故必將有師法之化，禮義之道，然後出於辭讓，合於文理，而歸於治。用此觀之，人之性惡明矣，其善者僞也。（性惡）

孟子從心說性，心有善端良知，「君子所性，仁義禮智根於心」（盡心上），心善所以性善，荀子的「生之所以然謂之性」，與告子的「生之謂性」（告子上），皆從生說性，「生而有耳目之欲」，正從生而有的生理、官能，欲求來說性。（註二五）「欲者，情之應也」，而「情者，性之質也」，荀子即就耳目之欲所帶動的好聲色而說性，此近告子的「食色性也」（告子上），以天性情欲同質同層的自然觀而言，耳目之欲是自然，好聲色也是自然，亦不能有性惡的論斷，然則荀子之性惡似不在性本身說，而當從心來思考。

相對於孟子而言，孟子的良知本心，可以逆覺體證，可以不順是；荀子的心是虛靜心，不是「心之官則思」的德性心，故無「思則得之」的可能空間，其官能欲求的驅迫力，在好惡之情的牽引下，「耳目之官不思，不思則不得也」，少了價值自覺，僅能「物交物，則引之而已矣」（告子上），此所謂爭奪、殘賊、淫亂皆由「順是」而來（註二六），是人間街頭「馳騁畋獵，令人心發狂」（老子十二章）的扭曲亂象。

再深進一層言之，生而有的人性，本是天生自然，無關價值善惡，何以論定「人之性惡」，故「惡」當另有所說，此當代儒學大師各有獨到之見。徐復觀先生云：

荀子發揮了「食色性也」這一方面的意義，更補充了「目明而耳聰」的另一方面的意義，這自然比告子更爲周密。但正因爲更周密，便更應當得出「性無分於善惡」的結論。因爲食色不可謂之善，也不可謂之惡，而目明而耳聰更不可謂之惡。……荀子也是主張性無定向的，即不應稱之爲惡。……是從官能欲望的流弊方面來說明性惡。（註二七）

此所謂流弊，意不在官能欲求的本身，此如同牟宗三先生所云：

荀子所見于人之性者，一眼只看到此一層，把人只視爲赤裸裸生物生理之自然生命。此動物性之自然生命，剋就其本身之所是而言之，亦無所謂惡，直自然而已矣，惟順之而無節，則惡亂生焉。是即荀子所謂性惡也。（註二八）

此說順之而無節，已由所謂流弊，轉向客觀規範的界域。此唐君毅先生云：

乃就人之順性，必使禮義文理不存，方謂性爲惡也。（註二九）所言性惡，乃實唯由與人之僞相對較，或與人之慮積能習，勉於禮義之事相對較，而後照出的。故離此性僞二者所結成之對較反照關係，而單言性，亦即無性惡之可說。（註三〇）

此說，人之性惡當與人之僞相對較，而顯豁其義，堪稱哲人慧眼，一眼看到荀子的人性自然承道家而來，卻走出了「人爲」「人成」的人文化成之路。

再看荀子另一段話：

禮起於何也？曰人生而有欲，欲而不得則不能無求，求而無度量分界，則不能不爭。爭則亂，亂則窮。先王惡其亂也，故制禮義以分之，以養人之欲，給人之求。（禮論）

原來，所謂的惡，當從爭亂窮說，人物的爭，帶來人間的亂；人間的亂。形成人生的窮，窮困之境已無生路可走了。不過，爭亂窮不是本質的必然，而是發生的偶然，是在無度量分界之下發生的。既是發生的，就可以不讓它發生。度量分界就在禮義之道，不僅消除爭亂窮的惡，還可養人之欲，給人之求，此是歸於治的善，而禮義之道，生於聖人的僞，故善從人爲來。

由是言之。荀子所說的「人之性惡」，惡當從消極的意義說，也就是善的缺乏（註三二），意謂人天生而有的性是沒有善的，重點當在「其善者僞也」，人間一切的善都從人爲來。此與老莊道家適得其反，老莊「道法自然」，天生的天眞自然就是美善，人生的困苦都從人爲來。人爲之最大就在禮義之道，而老子卻說「禮者忠信之薄而亂之首」（三十八章）。荀子逆向而行，人生的路不能走自然順性的路，而當走人爲化性的路。人爲是僞，問題在，僞何自起。

㈡ 心知的虛靜義

解讀荀子，有一重大關鍵。荀子從生說性，不從心說性，心獨立在性情欲求之外，性情欲求的自然沒有善，善從心知的人爲來。云：

人何以知道，曰：心；心何以知，曰：虛壹而靜。（解蔽）

禮義之道由心的認知來，心的認知作用，由心的虛壹靜來。此一虛壹而靜的認知心，與孔孟不安不忍之仁心良知，分屬知識與道德的不同界域。不安不忍的仁心良知，呈現實理；而虛壹而靜的認知心，則顯發處用。它本身沒有內涵，不僅沒有怵惕，惻隱的仁，也沒有辭讓羞惡的禮義，它只顯發智心虛用，且智心本身也沒有是非，它只是如實的認知，它可以知道，然道不在心的自己，道在外，禮義在外，它僅能由後起人爲的認知道，認知禮義，來定是非善惡。（註三二）

且此一虛壹而靜的心，從形式作用而言，都直承老莊道家而來。老子「致虛極，守靜篤，萬物並作，吾以觀復」（十六章）、莊子「至人之用心若鏡，不將不迎，應而不藏，故能勝物而不傷」（應帝王），老莊的修養工夫，心虛靜如鏡，而觀照萬物，它無執著分別，也無比較得失，不排拒不迎接，它只是回應照現，萬物不必迎合討好，也無須奔競爭逐，反而可以回歸眞實的自我，有如「心齋」的「虛而待物」（人間世）般，它可以「惟止能止衆止」（德充符），它可以「虛室生白，吉祥止止」（人間世），本虛靜如鏡的心，以照現萬物的自在天眞。它盡物而不傷物，生命才氣的美好，完全朗現，沒有委曲難堪，也沒有扭曲變形，這樣的觀照萬物，等同生萬物。萬物歸止於鏡照的「止」，鏡照的「止」引來萬物來此歸止。

因爲，它是虛心，可以無限的包容，「唯道集虛」（人間世），道就在其本身的沖虛中顯現，「道者。萬物之奧，善人之寶，不善人之所保」（六十二章），就因爲不藏，所以生發奧藏之妙用，不藏是修養的工夫，奧藏是工夫的境界，正如虛靜是工夫，而照現是境界。也因爲不藏，所以無執著分別。不論善者或不善者，都可以在此休養生息，安身立命。而實現原理，就在生命主體的虛靜不藏。這樣由「致虛守靜」而「用心若鏡」所開顯的道，是道法自然的道，是形而上的天道。

荀子虛壹而靜的認知心，不是縱貫的觀照，而是橫攝的認知，不是無執的道心，而是有執的成心，不是道隱無名（四十一章），而是始制有名（三十二章），所以，心所知的道，不是回歸自然的道，而是人爲制作的道，曰：「道者，非天之道，非地之道，人之所以道，君子之所道也。」（儒效）是由「心知道，然後可道，可道然後能守道，以禁非道」（解蔽）的人爲之道，道依舊由「虛靜心」而來，卻不是觀照，而是認知，這是由老莊而荀韓的最大轉折，看似直承，實則是「爲學日益，爲道日損」（老子四十八章）的大翻轉。（註三三）

此其關鍵在，老莊凸顯的是「應而不藏」的修養工夫，荀子開發的是「虛而能藏」的認知作用。（註三四）在此荀子由「天生人成」，轉出「化性起僞」。云：

天地生之，聖人成之。（富國，大略）

天能生物，不能辨物也；地能載人，不能治人也；宇中萬物生人之屬，待聖人然後分也。（禮論）

天有其時，地有其財，人有其治，夫是之謂能參。舍其所以參，而願其所參，則惑矣！（天論）

綜觀各段之論述，「人有其治」的人文觀點，是諸子百家共同持守的立場，與共同追尋的理想，「舍其所以參，而願其所參」的困惑，也是諸子百家所要避開，並尋求解除的人間病痛。問題在，「所以參」在不同的理論系統中，會有不同的認定，從老莊說是回歸天道自然，從荀韓說卻是開創人爲禮法。自然生成是性，而人爲禮義是僞。故云：

> 禮義者，聖人之所生也，人之所學而能，所事而成者也。不可學不可事而在人者，謂之性；可學而能，可事而成之在人者，謂之僞，是性僞之份也。（性惡）

> 聖人化性而起僞，僞起而生禮義，禮義生而制法度。（性惡）

此中有一難題，「化性起僞」該如何詮釋，依常理言，性不自化，化有待禮義師法，禮義起於僞，然則，僞從何來？依荀子系統，從心之知道來。心知人爲的道，來化成自然天生的性，此有待釐清的關鍵點，以心治性，那就當該起僞以化性，而非化性而起僞，此已不是心自身何以知的問題，而是心與性的關聯問題，化性與起僞的先後問題。云：

> 天職既立，天功既成，形具而神生，好惡喜怒哀樂臧焉，夫是之謂天情；耳口鼻口形能各有接而不相能也，夫是之謂天官；心居中，虛以治五官，夫是之謂天君。財非其類，以養其類，夫是之謂天養；順其類者謂之福，逆其類者謂之禍，夫是之謂天政。……聖人清其天君，正其天官，備其天養，順其天政，善其天情，以全其天功。

（天論）

這一段話，最能凸顯荀子思想的學術風格，他在天羅地網的全面籠罩中，試圖找到人的分位，並打開人的出路，人的生理官能是天官，人的好惡之情是天情，竟連人的心也是天君，天職天功，天養天政，當眞無所不在，然則，人成要安立何處？禮義之道，固從心的認知來。而心的認知作用竟也是天生的天君，依「性者，天之就也」而言，心也當繫屬於性，否則，心豈不是成了從天外飛來的異形怪胎了！

問題在，心也是性，化性與起僞，當如何區分？又以何者爲先？爲了回應此一問題，諸多當代學人，各有精采的論述，牟宗三先生云：

> 治是從對治上著眼，一面刺出去爲被治，一面造出來爲能治，人能造治者，正所以治被治。（註三五）

此能治在心，所治在性，以心治性。而心也是性，是性一者刺出去爲被治，此所謂「人之性惡」；二者又造出來爲能治，此所謂「其善者僞也」。此所造出的能治，就是所謂「僞起而生禮義」。嚴格說來，也不是以心治性，而是起僞化性。唐君毅先生亦云：

此道初在此主客內外之間，而爲人心循之以通達於外，以使人心免於蔽塞之禍者，故此道在第一義，初當爲心之道；在第二義方爲心所知之人文歷史之道。……此道一方連於心之能知能行之一端，一方連於其所知所行之一端。（註三六）

此謂道有二義，第一義爲心本身虛壹而靜的能知道，第二義在心所知的人文歷史之道，心橫跨在內外主客之間，以心本身的能知能行，架構主客內外的所知所行。

專就起僞而化性的問題。陳大齊先生論之曰：

僞是性知能三個成分所複合而成，雖其中涵攝著性，但亦兼攝著知與能。（註三七）

此其理由就在「性之可化，對於善的發生，不無貢獻，假使人性固著於惡，頑不可化，則僞將無從起，善亦無由生。」（註三八）又云：

且荀子所說的性中，並不涵攝知與能，人人都有知與能，卻不存於性情之中。（註三九）

三位大師，牟宗三先生從「性」本身說能治與被治；唐君毅先生從「心」說能知能行之道與所知所行之道；陳大齊先生從「僞」說知與能，卻不涵攝於性情之中。不過，此進一步點出了知與能的關鍵性，卻逼出另一問題，知與能的歸屬問題。荀子論之曰：

然而塗之人也，皆有可以知仁義法正之質，皆有可以能仁義法正之具。然則其可以爲禹明矣。（性惡）

性之好惡喜怒哀樂，謂之情；情然而心爲之擇，謂之慮；心慮而能爲之動，謂之僞；慮積焉，能習焉而後成，謂之僞。所以知之在人者，謂之知，知有所合謂之知；所以能之在人者，謂之能，能有所合謂之能。（正名）

情然是性本質的實然，心知的思慮作用在實然中做出應然的抉擇，且由「能」發爲行動，這就是僞。故僞起於心慮的「知」加以行動的「能」，此如同孟子所說的良知良能，惟荀子所說的知能，並不涵蘊道德價值的意義，只是繫屬於「心」的知能作用。陳大齊先生以「僞」涵攝性知能三個成份，實則，情然的性僅是本始材朴，有待於心之知能的加工，所謂的慮積能習，而後有成，此知與能是人人皆有的可以知可以能，當繫屬於心，卻也是生而有的性。如是，荀子的理論架構，可以圖示說解：

天
↓
性 ↗ 情—欲—求—化性—不爭不亂不窮
  ↘ 心—知—能—起僞—度量分界
（起僞 → 化性；度量分界 → 不爭不亂不窮）

天生而有的人性，涵攝兩方面：一是情欲求的性，一是心知能的性，情欲求的這一面，是「人之性惡」；心知能的這一面，是「其善者僞也」。心知能生起的「僞」，可以化成情欲求的「性」，僞起的度量分界，一者可以養人之欲給人之求，二者可以解消爭亂窮的惡。在此一詮表之下，理當起僞在先，而化性在後，何以荀子要說「化性而起僞」？此一難解的問題，當在「虛壹而靜」的解蔽中找尋解答。荀子云：

> 心未嘗不臧也，然而有所謂虛；心未嘗不兩也，然而有所謂壹；心未嘗不動也，然而有所謂靜。……不以所已臧害所將受謂之虛；……不以夫一害此一謂之壹；……不以夢劇亂知謂之靜。未得道而求道者，謂之虛壹而靜。作之；則將須道者之虛則入，將事道者之壹則盡，將思道者之靜則察。（註四〇）……虛壹而靜謂之大清明。（解蔽）

心之虛壹而靜的認知功能，本在虛而後能藏，壹而後能兩，靜而後能動；問題在，藏已非虛，兩已非壹，動已非靜，故其認知功能的維持，有待在藏中虛，在兩中壹，在動中靜的工夫修養。此一修養工夫。純然是認知作用的保存。因爲心也是性，故此修養工夫稱之爲化性，這是「化性」的第一義。心由虛壹而靜，而認知禮義之道，是爲「起僞」，此當是荀子所謂「化性而起僞」的眞實意涵。

僞起而生禮義，制法度，此度量分界可以規範情欲求，使不爭不亂不窮，此當是「化性」的第二義。此一分析，如同「知之在人者謂之知」，是指涉心知本有的認知作用，「知有所合謂之知」，是指涉心知有待在藏中虛，在兩中壹，在動中靜的修養工夫，以確保不以所已藏害所將受，不以夫一害此一，不以夢劇亂知的認知效應，而虛則入，壹則盡，靜則察，三者統合的大清明心，正所以求道而得道，而免於「凡人之患，在蔽於一曲，而闇於大理」（解蔽）的自我障蔽。試看荀子如何批判諸子百家：

> 愼子有見於後，無見於先；老子有見於詘，無見於信；墨子有見於齊，無見於畸；宋子有見於少，無見於多。（天論）
>
> 墨子蔽於用而不知文，宋子蔽於欲而不知得，愼子蔽於法而不知賢，申子蔽於勢而不知知；惠子蔽於辭而不知實，莊子蔽於天而不知人。（解蔽）

「有見」是彰顯，「無見」則是遮蔽，遮蔽就從彰顯來，是爲自我的遮蔽，宋子的「有見於少」，也就是「蔽於欲」，此有如老子所說的「可道」是彰顯，而「非常道」則是遮蔽，彰顯同時遮蔽，所以說道可道，則已非常道；亦近於莊子所說的「道隱於小成」，彰顯了「小成」，則遮蔽了大道。

此「蔽於一曲」，正是「愚者爲一物一偏，而自以爲知道，無知也」（天論），故謂「闇於大理」。此與《莊子・天下篇》所謂的「天下多得一察焉以自好」、「不該不徧，一曲之士也」，理路貼近。而大清明心，正所以避開「道術將爲天下裂」的學術困局。而〈非十二子篇〉所說的「其持之有故，其言之成理」，也與〈天下篇〉所說的「古之道術有在於是者」等同，皆「蔽於一曲」與「一偏之愚」，而不見「百王之無變，足以爲道貫」的大體。

四、結論——立隆以爲極的價值根源

荀子「解蔽」的用心，近似莊子「齊物論」的精神，荀子「體常而盡變」，有如莊子「樞始得其環中，以應無窮」。問題在，荀子是心知的解蔽，莊子則是生命的超越。解蔽所以「體道」、「知貫」，超越所以「因是」、「兩行」。且荀子知類明統，在：

聖人者，以己度者也。故以人度人，以情度情，以類度類，以說度功，以道觀盡，古今一也。類不悖，雖久同理。（非相）

再看老子說觀照復歸：

以身觀身，以家親家，以鄉觀鄉，以國觀國，以天下觀天下。（五十四章）

兩家精神近似，而旨趣大異。「度」定在自身，而「觀」重在無我，

「度」是認知的歸類推理，「觀」是生命的照現歸眞。荀子「以道觀盡」，是禮義之道的價値論定，老子的「以天下觀天下」，則是天道自然的實現原理。

荀子性天的自然義，與心知的虛靜義，皆承自道家，卻反其道而行。道家天生總是自然美好，而人爲則是造作紛擾，荀子倒轉過來，天生自然沒有善，一切的善都從人爲來，荀子在天羅地網的全面籠罩下，終究爲人開拓一條生路，把「人爲」推上前所未有的高峰（註四二），是荀子思想的最大特色。

問題在。荀子失落了孔孟心性天的價値根源，又解消了老莊天道自然的形上性洛，性天是事實義，而自然僅成現象，均屬非價値的存在，心是橫攝的認知，而不是縱貫的貞定或觀照，心又僅能認知禮義，不能創造禮義。荀子一者云禮義法度生於聖人之僞，二者又說僞的慮積能習，要合於外在的禮義法度，此似乎已陷入循環論證的困境。

如是，禮義之道即成無根無本的掛空存在，禮義不能從天道天理來，也不能從善性良知來，是以如何安立其價値的源頭，成了荀子哲學的終極問題。此勞思光先生說：

倡性惡言師法，盤旋衝突，終墜入權威主義，遂生法家。……然以主體之義不顯，所言之客觀化亦無根。（註四二）

牟宗三先生亦云：

宋明儒者，因其不識性，不予尊重，故其基本靈魂遂隱伏而不彰，荀子之思路，實與西方重智系統相接近，而非中國正宗之重仁系統也。（註四三）

特順孔子外王之禮憲而發展，客觀精神彰著，而本原又不足。本原不足，則客觀精神即提不住而無根，禮義之統不能拉進來，植根于性善，則流於義外，而義外非客觀精神也。及其被誤引于法家，則任何精神亦不能說矣！（註四四）

徐復觀先生又論曰：

性惡不同於原罪，惡也一樣可以與性相離。既根本否定了形上的力量，則他所主張的「化性而起僞」，便沒有可能。（註四五）

認識心可以成就知識，而知識對於行爲的道德不道德，並沒有一定的保證。（註四六）

三位當代大師皆評斷荀子之禮義外在無本，而下開法家權威主義的歧出，此依孔孟荀序列傳統，由絕對精神，主體精神而客觀精神，是儒學的一大進展，然由其生平出身，其思想成份加入了三晉法家、齊陰陽家與楚道家的材質，不過，不是梁任公所說的混合年代，也不僅是侯外廬所說的「調和色彩」（註四七），而是消化融會之後的自成一家，此所以不是儒學的歧出，而當是儒學的特出。

本文試圖在孟子荀卿列傳的詮釋系統之外，另開老莊荀韓列傳之重新詮釋的可能性，申韓重在主體虛用的「術」，荀韓重在心知虛用以架構禮法的客觀制度。老子道的「無」與「有」的兩面向，「無」是心知的「明」，「有」是生命的「德」，老子以「無」生「有」，以「明」照「德」，以「心知」還照「生命」，莊子傳其「有」與「德」的生命一路，荀子傳其「無」與「明」的心知一路，莊子以「無」入「有」，「心知」消融在生命中，故不顯「無」的「明」，而顯「有」的「德」，不顯政治的智慧，只顯生命的清明，道就在至人、神人、聖人、眞人的生命流行中；荀子「無」脫離「有」，「明」獨立在「德」之外，「明」不照「德」，以是之故，「性」闇而不明，人性沒有善，而獨顯心知的「明」，爲「其善者僞也」留下可能的空間。（註四八）

此在孔孟荀的理路之外，另開老莊荀韓的理解系統，終究要面對價値根源無處安立的問題。此荀子在其思想系統中，也透露了根源性的思考：

禮者，法之大分，類之綱紀也。學至乎禮而止矣，夫是之謂道德之極。（勸學）

立隆以爲極，而天下莫之能損益也。（禮論）

百王之無變，足以爲道貫，一廢一起，應之以貫，理貫不亂。不知貫，不知應變，貫之大體，未嘗亡也。（天論）

夫道者，體常而盡變。（解蔽）

辨莫大於分，分莫大於禮，禮莫大於聖王。（非相）

禮者，人道之極也；……聖人者，人道之極也。（禮論）

荀子的道，不是天地之道，而是人之所以道，君子之所道，而人爲的道，是僞起而生禮義的道，此所謂「生」，不是德性心的價値創造，也不是虛靜心的縱貫觀照，而是虛靜心的構攝認知。禮義不從性天來，又在心之外，僅能認知的生禮義，而認知在主客對列中展開，也就離不開現象經驗。荀子法後王，是因爲近則論詳，粲然明備可據以明通而類，且以類度類，類同而理同，所以說雖久同理，古今一也。此一理貫不亂，歷百王而無變的貫之大體，正是法制的大本，也是類推的綱維，可據以知類明統，是統貫百代治道的文化精神。此文化精神超越在百代治道之上，它是道統，貫串在世代傳承的禮義之道中，聖人虛壹而靜的大清明心，可以體其常，從明通而類，知類明統中體現此一道貫理貫的禮義之統，再盡其變而落實構成這一世代的禮義之道。

荀子批判孟子「略法先王而不知其統」（非十二子），因爲不知其統，則不能「舉統類以應之」（儒效），不能「體常而盡變」，不能「以類行雜，以一行萬」（王制），必落在「聞見雜博」的紛擾瑣碎中，而開不出對治時代問題的禮義之道，又其奈「材劇志大」何？

荀子一者言禮是人道之極，二者言聖人是人道之極，將客觀的禮義之道，與主體的聖人之道，推上人道之極的高峰，「立隆以爲極」，此極當該是統貫禮義之道的禮義之統，所謂「道德之極」，就是荀子思想的價値根源。

原來，荀子的價値根源，不在天，不在性，也不在心，而在歷史文化的大傳統。此一統貫文化傳統的貫之大體，是「未嘗亡也」的客觀實存，代代相傳，做爲每一世代禮義之道的超越根據，它是「極」，是終極原理（註四九），是人道之極，不是天地之極，所以論斷荀子思想無根無本，實非的當之論。

由是言之，把中國人文精神推上「極」的高峰，最能體現歷史文化傳統之永恆價値的哲人，不是孔孟，而是荀子。他的弟子韓非，批判自然之勢，而架構人設之勢（難勢），正是傳承師門薪火，且開創另一家派的思想家。在此一理解脈絡之下，先秦諸子的學術開展，荀韓思想，可與孔孟、老莊，鼎足而三，所以荀子不是儒學的歧出，而當是儒學的特出。

附註

註一：任繼愈主編《中國哲學發展史》〈先秦篇〉，頁七二三云：「漢初司馬遷作《史記》，將孟軻、荀卿合傳，認爲孟荀都是孔子的重要繼承者。」（北京：人民出版杜，一九八三年）

註二：勞思光《中國哲學史》（第一卷），頁一二二云：「孔子學說中不僅『攝禮歸義』，而且『攝禮歸仁』。另一面，義又以仁爲基礎。合而言之，則『仁義禮』三觀念合成一理論主脈，不僅貫串孔子之學說，且爲後世儒學思想的總脈。」（臺北：三民書局，一九八四年）

註三：唐君毅《中國哲學原論》〈原道篇一〉，頁四四六云：「荀子言心之虛、靜與壹等，皆道家所常言，而初非孔孟之所常言。」香港九龍：新亞研究所。一九七三年五月初版。徐復觀《中國人性論史》〈先秦篇〉，頁二八四云：「虛壹而靜的觀念，從老莊來。」（臺中：私立東海大學，一九六三年）

註四：牟宗三《名家與荀子》，頁二二四云：「荀子只認識人之動物性。而于人與禽獸之區以別之眞性則不復識。此處虛脫，人性遂成漆黑一團。然荀子畢竟未順動物性而滾下去，以成虛無主義。他于動物性之自然一層外，又見到有高一層者在。此層即心（天君），故荀子于動物性翻上來，而以心治性。」（臺北：學生書局，一九七九年）

註五：牟宗三《名家與荀子》，頁二二四云：「荀子于心則只認識其思辨之用，故其心是『認識的心』，非道德的心也。是智的，非仁義禮智合一之心也，可總之曰以智識心，不以仁識心也。」徐復觀《中國人性論史》〈先秦篇〉，頁二三九—二四〇云：「孟子所把握的心，主要是在心的道德性的一面；而荀子則在心的認識性的一面，這是孟荀的大分水嶺。」

註六：同註二。

註七：梁啓超，《中國學術思想變遷之大勢》，頁二二云：「中不害韓產也，商鞅魏產也，三晉地與秦相近，法家言勃興於此間，而商鞅首實行之，以致富強。逮於韓非（筆者，韓之諸公子），以山東功利主義與荊楚道術主義合流。」（臺北：中華書局，一九七一年）

註八：胡適，《中國中古思想長編》，頁一七云：「在那個時代，東方海上起來了一個更偉大的思想大混合，……這個大混合的思想集團，向來叫做『陰陽家』，我們也可以叫他做『齊學』。」又云：「戰國的晚期，齊國成爲學術思想的一個重鎭。」（臺北：胡適紀念館，一九七一年）

註九：梁啓超，《中國學術思想變遷之大勢》，頁一九云：「北派之魁，厥惟孔子，南派之魁，厥惟老子。……

誠觀孔子……及至楚，則接輿歌之，丈人揶揄之，長沮桀溺目笑之，無所往而不阻焉，皆由學派之不同故也。……南方則多棄世高蹈之徒，接輿、丈人、沮溺，皆汲老莊之流者也。」

註一〇：徐復觀《中國人性論史》〈先秦篇〉，頁二五三云：「荀子以繼承孔子自居。然孔子思想之中心在仁，而荀子學說之中心在禮，孔子將禮內化於仁，而荀子則將禮外化而爲法。」侯外廬《中國哲學通史》〈第一卷〉，頁五七五云：「他的禮論變成了禮到法的橋樑。」（北京：人民出版社，一九八〇年二八）第二次印刷。

註一一：徐復觀《中國人性論史》〈先秦篇〉，頁二二七云：「荀子則將道家思辨性之形而上學，完全打掉，同時他更不要回歸自然。」；頁二三二云：「荀子的思想是純經驗的性格。」

註一二：徐復觀《中國人性論史》〈先秦篇〉，頁二二六云：「荀子是以陰陽言天。」又云：「以陰陽言天，完全是自然的意義。」

註一三：任繼愈《中國哲學發展史》〈先秦篇〉，頁三四七。

註一四：任繼愈《中國哲學發展史》〈先秦篇〉，頁三五三。

註一五：馮友蘭《中國哲學史新編》〈第二冊〉，頁二一五云：「管子中的白心等四篇不是宋鈃、尹文一派的著作。……這個體系就是稷下黃老之學。」（臺北：藍燈文化公司，一九九一年二月出版）

註一六：胡適《中國中古思想長編》頁六五一—七〇，論述齊學何以成了黃老之學。侯外廬《中國哲學通史》〈第一卷〉，頁三五一云：「宋鈃、尹文學派，就其思想本質言，是稷下學宮中道家的一個支流。」；頁三五二，云：「宋尹學派之不盡爲道家，及揉雜儒墨的道理，就可以理解了。」

註一七：侯外廬《中國哲學通史》〈第一卷〉，頁三五四。

註一八：侯外廬《中國哲學通史》〈第一卷〉，頁三五四—三五七。

註一九：侯外廬《中國哲學通史》〈第一卷〉，頁三五九云：「宋尹學派的道體觀是主觀唯心主義的，其自然天道的術語，只是一個不重要的形式。到了荀子手裡，這一形式才被批判地扶正過來。不但如此，在宋尹學派，道僅是道德的本體，到了荀子手裡，才把它變質而爲客觀的實在。……」且以大篇幅比較了荀子與宋尹學派的異同點。參見頁五三四—五五三、五七五。甚至頁五七五云：「這樣地無所不在的禮，不就等於宋尹的道嗎？」

註二〇：牟宗三《名家與荀子》，頁一九三。

註二一：勞思光《中國哲學史》〈第一卷〉，頁三三〇。

註二二：梁啓超《中國學術思想變遷之大勢》，頁二五。

註二三：牟宗三《才性與玄理》，頁一五六云：「道生德畜，是超越意義的生、畜，是繫屬於道與德而言者。物形勢成，是內在意義的形成，是繫屬於物與勢而言者。」又云：「長育，亭毒、養覆，亦是內在意義者，皆圍於物形而言，道生德畜是超越於物形而言者。」（九龍：人生出版社，一九七〇年）

註二四：徐復觀《中國人性論史》〈先秦篇〉，頁二三五云：「從荀子所界定的人性的內容，實與告子等同。」馮友蘭《中國哲學史新編》〈第二冊〉，頁四四三云：「荀子在這裡所舉的比喻，跟告子論性所舉的比喻是一樣的。」

註二五：徐復觀《中國人性論史》〈先秦篇〉，頁二三四云：「性、情、欲是一個東西的三個名稱，而荀子性論的特色，正在於以欲爲性。」

註二六：徐復觀《中國人性論史》〈先秦篇〉，頁二三八云：「問題會出在『順是』兩個字上，這與孟子『物交物，則引之而已矣』的說法，實際沒有多大出入。」

註二七：徐復觀《中國人性論史》〈先秦篇〉，頁二三五。

註二八：牟宗三《名家與荀子》，頁二二三。

註二九：唐君毅《中國哲學原論》〈原性篇〉（九龍：新亞研究所，一九六八年），頁五〇。

註三〇：唐君毅《中國哲學原論》〈原性篇〉，頁四八。

註三一：唐君毅《中國哲學原論》〈原性篇〉，頁五一云：「今荀子乃謂人欲善，即反證人初之無善，然此無善，是否即爲惡，則大有問題。」

註三二：牟宗《名家與荀子》，頁二二六云：「以心智之明辨治性，實非以智心本身治性，乃通過禮義而治性也。」

註三三：牟宗三《名家與荀子》，頁二二五。云：「荀子雖言虛一而靜，然亦只落於知性層，惟道家虛一而靜的道心，則屬於超知性層。」

註三四：唐君毅《中國哲學原論》〈原道篇一〉，頁四六四。云：「然荀子言心之虛，乃與心之能藏並言。要在教人善用此心之虛，以求其有所藏。此與道家莊子之言本心之虛，以直接待物，並言心之知物如鏡之照物，當應而不藏者又不同。」

北京大學哲學系《中國哲學史》〈上冊〉。頁一六三。云：「虛壹而靜，與老莊講的絕對空虛，絕對的靜是根本不同的。……荀況所講的『虛壹而靜』，是在有藏有滿和有動基礎上講的，不是虛無或絕對的靜。」（北京：中華書局，一九八○年三月第一版，一九八二年二月成都第二版。）

註三五：《名家與荀子》，頁二一五。

註三六：《中國哲學原論》〈原道篇一〉，頁四四五—四四六。

註三七：《荀子學說》，頁六。

註三八：《荀子學說》，頁五九。

註三九：《荀子學說》，頁五一。

註四○：依李滌生《荀子集釋》，頁四八六之校正。（臺北：學生書局，一九八一年）

註四一：侯外廬《中國哲學通史》〈第一卷〉，頁五三六。

註四二：《中國哲學史》〈第一卷〉，頁三三○—三三一。

註四三：《名家與荀子》，頁一九三。

註四四：《名家與荀子》，頁二○三。

註四五：《中國人性論史》〈先秦篇〉，頁二三八—二三九。

註四六：《中國人性論史》〈先秦篇〉，頁二四○。

註四七：《中國哲學通史》〈第一卷〉，頁三五二。

註四八：王邦雄《廿一世紀的儒道》（臺北：立緒出版社，一九九九年）〈莊子的形上思想及其生命理境〉，頁一二一。

註四九：牟宗三《名家與荀子》，頁二二○云：「材質不能自成，必待禮憲之道以成之。故除禮憲之爲道外，無他道也。道成就一切有，成就一切有即成全有之生生矣。故有之生生不息亦因道之提挈而始然。是乃以人爲之禮義之統而化成天，而治正天也。故曰人文化成。故全宇宙攝于人之『行爲系統』中，推其極，人之道亦即天之道。」

論身心靈三層次的生命安立之道

一、忙、茫、盲的現代街頭與身心靈的生命病痛

相應於當前學術研究的界域三分而言，人的生命存在，也具有了自然物、社會人與人文心的三個身分，分屬身心靈的三層次，身是人物自然的形氣限定，心是人間社會的心知執取，靈是人文性靈的價值覺醒。身要安身立命，心要心安理得，靈要盡性知天。

現代街頭的景觀，最直接的描述，就是忙、茫、盲，身是忙碌不堪，心是茫然不定，靈則盲昧不明，物欲的束縛，情累的牽引，與性靈的封閉，已成了生命的病痛。從身體而言，跡近工作狂，後遺症是厭食與失眠，痛失了吃得下與睡得著的生理本能；從心理而言，有如饑渴症，負作用是心情的躁鬱，在自我膨脹與自我悲憐間擺盪；從性靈而言，等同靈異團，併發症是掏空了自家的眞實內涵，而寄望奇蹟從天上掉下來。

大哲人莊子，對生命存在有痛切的析論：

一受其成形，不亡以待盡，與物相刃相靡，其行盡如馳，而莫之能止，不亦悲乎！終身役役，而不見其成功，薾然疲役，而不知其所歸，可不哀耶！人謂之不死奚益。其形化，其心與之然，可不謂大哀乎！人之生也，固若是芒乎，其我獨芒，而人亦有不芒者乎！（〈齊物論〉）

此身已然成形，且在形化中，已成定形的我，又在時間之流裡逐步老去，這一「生也有涯」的人物，落在人間，卻「知也無涯」，心知什麼都想要，且跟天下人奔競爭逐，逼自己走上「以有涯隨無涯，殆已」（〈養生主〉）的困局。此身有涯在百年大限，心知無涯卻逐物無邊，殆已的無言結局，不僅是事實的不可能，且是價值的不值得。

人生之行盡在街頭馳騁，沒有人可以停下來，因爲一駐足停留，就會失去天下，而這樣終身爲名利權勢所驅迫役使，有如無期徒刑；而名利權勢本質上是靠不住的，每天重新洗牌，堪稱緣起性空，「不見其成功」意謂老在起落不定中，一生疲累，卻不知歸程何處，這是人生的悲哀！此身盡在行馳疲役中，而心知起了執著，在分別比較患得患失中，終身與物相刃相靡，更是人生的大哀！而其根本癥結，在性靈沒有伸展的空間，這是人生的盲昧與絕望。身的忙碌，心的茫然，與靈的盲昧，果真是千古的生命大痛！

再依據道家的大宗師老子，對人生做一省察：

五色令人目盲，五音令人耳聾，五味令人口爽。馳騁畋獵，令人心發狂，難得之貨，令人行妨。（〈十二章〉）

本來人人本具目所以視五色，耳所以聽五音，口所以品五味的生理官能，未料，在五色、五音、五味的心知執著與人爲造作之下，官能受了過度刺激，感覺漸告遲鈍，遲鈍更需求刺激，而終歸痲木。

沒有感覺只好製造感覺，大痲迷幻快樂搖頭的毒品，取代了生命自然的靈動，且五色五音五味，前進爲名利權勢的難得之貨，引發人間馳騁畋獵的失控亂象，此其後果，不僅目盲、耳聾、口爽，終究心也發了狂。馳騁畋獵是與物相刃相靡，而心發狂則阻斷了性靈覺醒開悟的空間，而自我禁閉在盲昧中。老子又云：

名與身孰親，身與貨孰多，得與失孰病。是故甚愛必大費，多藏必厚亡。知足不辱，知止不殆，可以長久。（〈四十四章〉）

莊子亦云：

德蕩乎名，知出乎爭。名也者，相軋也，知也者，爭之器也。二者凶器，非所以盡行

也。（〈人間世〉）

賢名貨利，皆身外物，何者可親，何者爲重，不論就親切感與重要感而言，生命自身才是眞實的存在，甚愛名必大費身，多藏貨必厚亡身，得了賢名貨利，卻失去生命自身，不就痛失了存在的根本嗎？人的天生本德，是在爭逐名利中流落失眞，名號是心知執著的產物，卻用來做爲與物相刃相靡的利器，非所以盡行一如令人行妨，妨礙了人生的自然行程。所以，老子要我們足於生命自身，止於自然眞實，才不會掉落在患得患失的無邊大患中，而可以回歸自我的眞實，與生命的長久。老子又云：

知人者智，自知者明；勝人者有力，自勝者強；知足者富，強行者有志。不失其所者久，死而不亡者壽。（〈三十三章〉）

生命要回歸自知自勝的知足富有，不可流落在知人勝人的強行角力中。眞正的富有在天生本眞。道根德本之所，才是生命性靈可以知足知止的認同歸屬之地。在道的鄉土無庸漂泊，不必等待，不求榮耀，而遠離屈辱，所以說不失性靈的生息之所，儘管人間在「死而亡」的生滅無常中，人的性靈依舊可以「死而不亡」的來去自如。死是自然的現象，亡不亡卻是心靈的涵養，成形待盡，不過，心靈卻可以「其形化」，而其心「不與之然」，而超離在生死流轉之上。

由是而言，身的忙來自心的茫，心的茫來自靈的盲，性靈盲昧不明，心理就茫然不定，而形身也就忙碌不堪。化解之道，在敞開性靈，解消心結，而減損物欲。性靈有了伸展的空間，心理就不會痴狂纏結，而形身也不必衝刺闖蕩了。

二、戒之在色，戒之在鬥與戒之在得的人生修行

孔子對人生行程的處境難題，有人文全局的哲思洞見：

> 君子有三戒。少之時，血氣未定，戒之在色；及其壯也，血氣方剛，戒之在鬥；及其老也，血氣既衰，戒之在得。（《論語》〈季氏〉）

此言人做一個自然物的身分，少年血氣未定，壯年血氣方剛，老年血氣既衰，少中老三階段所面對的人生挑戰，也就隨著生命強度的轉換起落，而有顯著的分異，未定戒之在色，方剛戒之在鬥，既衰戒之在得。

問題在，少年血氣未定，由童年天眞轉向青春浪漫的成長蛻變，固屬自然物的層次，而壯年血氣方剛，自然生命已成定型，則已走離自然物的位階，而跨入社會人的層次。「色」

是人物自我的成長問題，「鬥」已是人間天下的創業問題，且老年血氣既衰，則已退出社會人名利爭逐權勢奔競的行列，而升進人文心的層次，「得」是人生性靈的價值問題。少年成長比才氣，中年創業比機遇，老年休閒比境界，才氣是自然物的天生而有，機遇在社會人的互動間展開，境界則是人文心的修養所得。

孔子有一段生命成長的自我剖白，云：

吾十有五而志於學，三十而立，四十而不惑，五十而知天命，六十而耳順，七十而從心所欲，不踰矩。（《論語》〈爲政〉）

兩段話做一對應的理解，少年十五二十時的「志於學」，到「三十而立」，正是「戒之在色」的成長時期；「四十而不惑」，到「五十而知天命」，正是「戒之在鬥」的創業時期；「六十而耳順」，到「七十而從心所欲，不踰矩」。正是「戒之在得」的休閒時期。

自然物的身分，不僅是血氣的強弱問題，更重要的是才氣的性向問題。少年的「才」最敏銳，而「氣」正上揚，不過，「才」會過去，「氣」可能散掉，故「才」的種籽要落在「學」的園地去生根栽培，才會長成生命的大樹，而開花結果。「氣」的生命力要立定志向，在理想的引領下，凝聚專注，才不會在人間花果飄零，而流爲庸俗氣、市儈氣與江湖氣。

血氣未定，看似不穩定，實則，未定型的柔軟，剛好留下受教化成的空間，從十五到三十，若未有「志於學」的人文教化，少年生命是挺立不起，反而掉落在青春美色的陷阱。因爲，才有高下，才高的人會有優越感的傲慢，氣有強弱，氣盛的人會有英雄氣的狂妄，在人間反而以負面的姿態出現，成了人間的棄才與天地的逸氣。若是立志向學，「士志於道」，且「博學於文，約之以禮」（《論語》〈雍也〉），才學長久，而志氣崇高，少年生命於焉長成。

社會人的身分，由於生命血氣已長成定型，青春年華的光采亮麗不再，故轉向人間社會，去尋求人生另一階段的高峰，所謂打天下，就在逐鹿問鼎，在名利圈權力場去奔馳爭逐，此名利權勢的排名排場，客觀彰顯了才學志氣的成就，擔當大任的人擁有權勢，付出奉獻的人獲取名利，這本來也合乎德行福報的正義原則。問題在，名利的奔競飆起名利心，權力的角逐隱藏權力欲，優越感升高爲名利心，英雄氣助長了權力欲，對性靈而言，則名利心形同桎梏，而權力欲讓人腐化，「戒之在鬥」，是爲了攫取名利，掌握權勢，形成只求目的，不擇手段的惡性競爭，才學相互抵消，志氣彼此抹殺，而以同歸於盡的絕滅終結。

這是最沒有智慧的中年危機，才學志氣本來爲了修己安人，未料，適得其反，自身反成了人間的災難，這不就是「既欲其生，又欲其死」的自我困惑嗎？所以「四十而不惑」，就在爭逐名利要有品格，奔競權勢要講道義，品格道義不能僅依恃才學志氣的涵養化成，而要納入結構，在客觀體制的理序常軌中，去規範運作，這才是「社會人」這一大染缸的集體自救之道。

且壯年是更年，轉身已是老年，要從名利圈權力場跳脫出來，成爲最大的困難，除非「五十而知天命」，將人間的名利權勢還歸天命，不是我的睿智，不是我的卓越，放下平平，這樣才可能功成身退，歸隱田園。

人文心的身分，是遠離了自然物的青春亮麗，也失去了社會人的名利權勢，不再成長，也無緣創業，僅得休閒，這是老天的體貼，讓血氣既衰的老年人，可以優游自得。不必戒之在色，因爲色已離身，也不用戒之在鬥，因爲鬥已除名，在一無所有中大徹大悟，戒之在得而看開看淡，放得下走得開，反得休閒，人文心的理想與情意，就可以全幅的朗現，沒有才氣的尖銳駁雜，沒有名利權勢的污染腐化，最高的理想與最後的眞情，人之所以爲人的終極原理，就在人文性靈的開顯中臨現。

就價値創造而言，理想是方向，情意則是動力，有方向有動力，生命存在的價値開發，才有源頭活水。問題在，有理想而無情意的潤澤，會成乾枯的空理，有情意而無理想的貞定，會成泛濫的濫情。所以，孔子答樊遲問仁曰「愛人」（《論語》〈顏淵〉）又說「仁者安仁」（《論語》〈里仁〉），愛是情意，總要合理才心安。戒之在得，是在人文性靈的理想與情意，未開顯朗現之際，對自然物的青春亮麗，與社會人的名利權勢，留連難捨，該退而不退，甚至退而不休，不止少了閒情，還傷感悲痛，說自己被擠下歷史的舞台，成了邊緣人物。實則，是由天下的事業，轉向天地的境界。孔子云：

志於道，據於德，依於仁，游於藝。（《論語》〈述而〉）

戒之在色的向學立志，是志於道；戒之在鬥的體制規範，是據於德；戒之在得的理想開創是依於仁，情意顯發是游於藝。少年成長的道路，中年創業的德行，與老年休閒的仁心與藝術，此亦由自然物跨入社會人，再升進人文心的人生三層境。

綜合言之，儘管人的生命存在，從血氣的未定，方剛與既衰，可以有少中老三階段的區分。問題是，人的身心靈，是一體不可分的，自然物的生命強度，會牽動社會人與人文心的心理負荷與性靈出路，所以，就有戒之在色、在鬥與在得的人生關卡。少年過成長關，中年過事業關，老年過休閒關。所謂關卡，意謂一定要通過，不然就被卡住。少年的成長，會被情愛卡住，中年的事業，會被名利卡住，老年的休閒，會被健康卡住。

少年的青春亮麗，是優點，也是缺點，沒有「志於學」的成長，與「立」的挺立，「才」是棄才，「氣」是逸氣，在人間天地飄零散落，徒留惆悵與遺憾；中年的身分地位，是優點，也是缺點，沒有「不惑」的智慧，與「知天命」的覺悟，名利直似枷鎖，權力讓人腐化，在名利心的痴迷，與權力欲的熱狂間，把天下當舞台，把天下人當道具，說是愛天下，實則害天下，說是救天下，實則是帶來災難的人（註一）。老年的退休與清閒，是優點，也是缺點，不必忙於成長，也不用茫於創業，有的是時間，卻不知如何排遣，有無處安頓之惑！若沒有「耳順」的體諒與包容，與「隨心所欲」的自在自得，青春放不下，功業忘不了，休閒的餘地空間，變質而爲無邊的煩惱傷痛。「隨心所欲」是順任理想與情意的流行，「不踰矩」則是超離在人間的體制規範之上。這已由自我的成長與天下的事業，而上達天地的境界。

此所以人生三關的修行養成，等同身心靈三層次的安頓圓融。問題是，在人生少中老的生命流程中，我們不能把價值美善交付時間自然，因爲少年不一定能長成，中年不必然能創業，老年也不見得能休閒，還得靠「戒」的戒愼惕厲。此中人文心的性靈，永遠是少年成長中年創業與老年休閒的動源。性靈朗現，心平而氣和。故在血氣未定、方剛與既衰的形化中，當有自覺的修養，不等待自然生成，而轉向人文化成。從自然物的形氣物欲，與社會人的心知情累，往上升越，去朗現人文心的理想與情意。

三、由目視、心知而神遇的生命三層境

生命存在的三個身分，由自然物、社會人而人文心的進程，此莊子「庖丁解牛」的寓言，也勾勒出這一生命三層境的輪廓。云：

> 臣之所好者道也，進乎技矣。始臣之解牛之時，所見無非牛者；三年之後，未嘗見全牛也；方今之時，臣以神遇而不以目視，官知止而神欲行。（〈養生主〉）

庖丁爲文惠君解牛，回應君王的讚歎，自我說解此非技藝的展示，而是天道的體現。此一工夫進程有三段的區分：第一關是「所見無非牛者」，第二關是「未嘗見全牛也」，第三關是「以神遇而不以目視，官知止而神欲行」。庖丁以刀解牛，刀是生命自我，而牛體則是人間世界。人生是人物自我活在人間天下，問題在，是那一層次的我？是自然物的官能物欲，還是社會人的心知執迷，抑或是人文心的性靈朗現？依「臣以神遇而不以目視」而言，第一關的「始臣之解牛之時，所見無非牛者」，是以「目視」，第三關的「方今之時」，當然是以「神遇」。關鍵在第二關的「三年之後，未嘗見全牛也」，到底用什麼眼來看。

第一關以目視牛，整頭牛在那兒，形成壓力與挑戰；第三關以神遇牛，牛體以精神性的姿態，融入人的主體心靈，那是情景兩忘，物我一體的體道境界。再依「官知止而神欲行」而言，官是官覺，知是心知，第三關的以神遇牛，是官覺與心知的作用，皆處停頓的狀態，而隨順心神自在靈活的運行，此與孔子「隨心所欲，不踰矩」的境界，幾乎等同。再看莊子另一段解說做心靈齋戒工夫的進程，云：

> 無聽之以耳，而聽之以心；無聽之以心，而聽之以氣。聽止於耳，心止於符，氣也者，虛而待物者也。唯道集虛，虛者心齋也。（〈人間世〉）

前後兩段話，並列對看，聽之以耳有如以目視牛，視覺所見無非牛體的形相；聽之以心有如以心知牛，心知所見，不再是牛體的形相，而是牛體的抽象概念，有如透視掃瞄般，只看到牛體的結構骨架，而不再著眼龐大牛體的血肉形軀，所以解牛頓顯簡易；聽之以氣有如以神遇牛，神靈所見，不再是牛體的血肉形相，也不是牛體的抽象架構，而是照現牛體的精神美感，人由肉眼看牛，進爲心眼看牛，再上升爲天眼看牛，隨著生命修養的工夫進程，有如水漲船高一般，所見的牛體，所看到的人間世，也隨之轉化，可以看到自然物象的世界，可以看到社會人間的世界，還可以看到人文心靈的世界。

戒之在色形近以目視牛，戒之在鬥直如以心知牛，戒之在得神似以神遇牛，分屬生命存在的自然物，社會人與人文心的三層次，也是生命修養由目視、心知而神遇的三層境。不痴狂於色，少年才得以成長。不執迷於鬥，中年才可能創業。不陷溺於得，老年才享有休閒。有如耳目官能僅捕捉物象的形聲，心知執取僅能責求天下人符合自己的標準，而氣是虛的，超然在官覺、心知之上，「官」與「知」皆止，「神欲行」正是「虛待物」，心的齋戒，是做「虛」的工夫，心虛靜，有如明鏡觀照萬物，照現的是物的自然天眞，是物的本來面目。

是以，庖丁解牛，從主體修養切入，「彼節者有間而刀刃者無厚，以無厚入有間，恢恢乎其於遊刃，必有餘地矣」（《莊子》〈養生主〉）。此一遊刃有餘的空間是自己無厚的工夫修行，而創發出來的天地。自我沒有厚度，天地無限寬廣，窄門本由熱門擠壓而來，心知執著，迫使街頭窄化，大家搶，所以擠迫匆忙，天下本是天下人的天下（註二），打天下的人偏要把天下打回自家，不就窄化了天下嗎？而自家豈不是被天下擠爆了嗎？

人生的智慧，端在釋放自己，也釋放天下，天下人在生命主體的虛靜觀照之下，破解禁忌，消除恐懼，無須壓抑，不用隱藏，走出委屈，而拋開難堪，眞人被照現了，眞相大白，且眞情流露，等同獲得重生。所以，主體修養所開顯的境界，是天下萬物活回來也生出來了，「虛而待物」看似橫攝，實則縱貫，看似對待，實則觀照，最貼切的理解是「虛室生白，吉祥止止」（《莊子》〈人間世〉），心室虛靈，自會透顯光明，原來人間相處之道，就在虛了自身，而「生」人間。心的虛靜觀照，待物等於生白，生出人間的光采亮麗。而「惟道集虛」，如同「吉祥止止」，「集於虛」有如「止於止」，「集」是眾鳥棲息木上（註三），上一「止」是依止停靠，下一「止」是主體虛靜，人間吉祥依止於心靈虛靜，一如天下萬物群集於道體沖虛。因爲「惟止能止眾止」（《莊子》〈德充符〉），主體虛靜，「鬼神將來舍，而況人乎」（《莊子》〈人間世〉），天下人自來歸止，如同道體沖虛，而奧藏萬物（註四），萬物不必再流落江湖，可以停泊在道體的港灣，生命存在有了終極的歸屬。

四、離形去知，同于大通的坐忘安遊

在孔子的「君子有三戒」之外，莊子另有「天下有大戒二」的人生說解。這一人間天下的兩大關卡，一是命，一是義，前者不可解，後者無所逃，正與儒家的人生三關，頗有相互印證之妙。云：

子之愛親，命也，不可解於心；臣之事君，義也，無適而非君，無所逃於天地之間。是之謂大戒。（〈人間世〉）

莊子不從天生的形氣物欲說命，轉由爲人子女總愛生身父母的心說命，而這一深藏心中的愛，是永遠解不開的，人生是人物活在人間，人物的關卡是愛親之命，人間的關卡則是事君之義，君上所代表的意涵，正是普天之下的理序常軌，臣下總要奉事君上，不管身在何處，都會有權力結構與價值規範，所以人間道義與社會責任，是永遠逃不掉的。

人生三關，是少中老三階段所要面對的關卡；天下兩大關，則是不論戒之在色、戒之在鬥與戒之在得，都得承受愛親的命，並通過事君的義。只是少年的成長關，較貼近命的不可解，中年的事業關，較符應義的無所逃，老年的休閒關，既超離人物才氣的命，與人間機遇的義，戒之在得就是看開放下，看開青春亮麗，放下名利權勢，不再以肉眼或心眼看人間，人生不再淺化或窄化，轉而以天眼看人間。天眼無執著也無分別，開顯的是天地境界，命的不可解也無須解，義的無所逃也不必逃了。

莊子在「心齋」的修養之外，另開「坐忘」的工夫：

墮肢體，黜聰明，離形去知，同於大通，此謂坐忘。（〈大宗師〉）

離形是無聽之以耳，去知是無聽之以心，同於大通是聽之以氣，此亦是由自然物的耳目官覺，進爲社會人的心知執取，再躍升爲人文心的神遇朗現的三層境。離形是跳開「身」的束縛，去知是解消「心」的執著，同於大通是性「靈」的觀照體現。也就是「天地與我並生，萬物與我爲一」（《莊子》〈齊物論〉）之物我一體，跟天地同其長久的天地境界。又云：

> 魚相造乎水，人相造乎道。相造乎水者，穿池而養給，相造乎道者，無事而生定。故曰：魚相忘乎江湖，人相忘乎道術。（《莊子》〈大宗師〉）

魚的存在世界是水，人的存在世界是道，魚在水中穿梭來去，而養分自足；道生萬物且道法自然，人無心無爲，天下無事而生命自定。相忘是相互放下，不必背負，所謂「輔萬物之自然而不敢爲」（《老子》〈六十三章〉）與「百姓皆謂我自然」（《老子》〈十七章〉），天下百姓萬物，無掉人爲造作，回歸自然天眞。倘若試圖逃離存在時空的天道自然，失落了生命的源頭，則「泉涸，魚相與處於陸，相呴以濕，相濡以沫，不如相忘於江湖」，天下人間一切救人的行動，皆知泉水乾涸，滯陷在泥地掙扎求生的魚，互吐水氣，相依潤澤，還不如投身在江湖水中，彼此相忘而自在，「與其譽堯而非桀也，不如兩忘而化其道」（《莊子》〈大宗師〉），是非同時放下，而融入在一體的道術中。

將「相忘於道術」與「坐忘」並列詮解，人所以能相忘，或當下忘了一切，重心不在

「忘」的本身，而在「道」的體現。道是終極的美善，道就是一切，人生在一切都有的時刻，才可能放下一切。此給現代社會一個發人深省的啓示，少年不耽溺，中年不執迷，老年不困苦，此中「戒」之所以成爲可能，端在自我成長，天下事業與天地境界之更高的價值來取代或提升。

人生的存在處境，就在不可解的愛親之命，與無所逃的事君之義之間，二者說爲大戒，是因爲此一存在處境，已形成人生困苦。莊子做了本質的分析，云：

自事其心者，哀樂不易施乎前，知其不可奈何，而安之若命，德之至也。（〈人間世〉）

知不可奈何，而安之若命，惟有德者能之。遊於羿之彀中，中央者中地也，然而不中者，命也。（〈德充符〉）

藏舟於壑，藏山於澤，謂之固矣，然而夜半有力者負之而走，昧者不知也。藏小大有宜，猶有所遯，若夫藏天下於天下，而不得所遯，是恆物之大情也。……故聖人遊於物之所不得遯而皆存。（〈大宗師〉）

存在的處境，是愛不可解，義無所逃，而物不得遯；人生的困苦，就在不可解卻想解開，無所逃卻想逃掉，不得遯卻想藏住；人生的智慧，就在既不可解就不求解，既無所逃就不用逃，既不得遯就不必藏。再深一層言之，自我認了心中的愛，又何須解，認了人間的道義，又何必逃，認了物化的遷移，又何用藏！問題在，不解、不逃、不藏，要自事其心，有如心齋做虛靜觀照的工夫，把想解、想逃、想藏的心知執取解開，而照現心中的愛，人間的道義與物化的遷移，在「知其不可奈何」間猶可以「安」，處於「物之所不得遯」猶可以「遊」，此其根本在「有德者」、「德之至」的修養，與「聖人」的道行，體道而坐忘，當下擁有一切，也放下一切，「形」可以「離」，「知」可以「去」，無聽之以耳，也無聽之以心，進而聽之以氣，而「遊乎天地之一氣」（《莊子》〈大宗師〉）。

落在人間而言，藏天下於天下，而不藏天下於自家，人不藏，天下即不遯，永遠是天下人的天下，不會在人間崩解消散。如同庖丁解牛，本來是要解開牛體的複雜結構，未料，莊子卻從主體刀刃無厚的工夫切入，生命主體沒有厚度，牛體骨節再狹隘，也會顯得無限寬廣，人生就可以開發出「遊刃有餘」的精神天地，讓性靈優遊自得。

此刀刃無厚，聖人不藏的自我消解，以保存天下的智慧，也顯現在「至人無己，神人無功，聖人無名」的逍遙理境。無掉自我的執著，無掉功業的狂熱，無掉聲名的痴迷，什麼都可以放下，反而什麼都回來了，「乘天地之正，而御六氣之變，以遊無窮者，彼且惡乎待哉！」（《莊子》〈逍遙遊〉）天地不可乘也不必乘，六氣不可御也不必御，心中無限制，人生也無窮盡，當下即是又所在皆是，又何須等待。人生困苦端在痴痴的等，苦苦的求，實則當下現前，本自無缺。「虛而待物」也就無待逍遙了。

此所以立身在忙、茫、盲的現代街頭，面對身、心、靈的生命病痛，深根固柢之道，在開啓生命存在的活水源頭。心中有道，性靈不再盲昧不明，在體道的工夫中朗現天地的境界，心理就不再茫然不定，而依循體制規範，去開創天下的事業，形身也不再忙碌不堪，而立志向學，去尋求自我的成長。

人生行程，年少成長，年壯創業，年老休閒，人生修養由目視、而心知，而止於神遇，實則，自然物的目視，社會人的心知，與人文心的神遇，是一體並行的，人生可以在成長中創業，在創業中休閒，一如在無奈何中可以安，在不得遯中可以遊，因爲生命血氣可以在人文教養中轉化與化成。

現代心靈要開發出不斷精進永遠上達的精神天地與價值宇宙，就不會老在功利主義與分數主義之間迂迴打轉，而可以從庸俗化的街頭與淺薄化的生命中，超拔而起，人人心中有道，老年是「不知老之將至」，中年是「富貴於我如浮雲」，而少年則「學而時習」且「不識愁滋味」了！如是，忙、茫、盲的現代街頭，理當就此改觀，而身、心、靈的生命病痛，也就自然消失於無形了。

附註

註一：《莊子》〈人間世〉：「而彊以仁義繩墨之言，術暴人之前者，是以人惡有其美也，命之曰菑人。菑人者，人必反菑之。若殆爲人菑夫。」《南華眞經正義》頁五二，淸陳壽昌輯，民國六六年七月再版，新天地書局，臺北。

註二：《老子》〈五四章〉：「故以身觀身，以家觀家，以鄉觀鄉，以國觀國，以天下觀天下。」《老子周易王弼注校釋》頁一四四。樓宇烈校釋，華正書局，民國七十年元月初版，臺北。

註三：《說文解字注》頁一四九。段玉裁注，藝文印書館，民國五三年五月五版，臺北。

註四：《老子》〈六二章〉：「道者萬物之奧。」《老子周易王弼注釋》頁一六。

老子「以天下觀天下」的無爲治道

一、天下有道

先秦諸子身處戰國亂局，儘管周王室已不復存在，然儒墨道法各家的政治思想，在「士」的修身，「卿大夫」的齊家，與「諸侯」的治國之外，總存有「平天下」的最後理想。

且在貴族腐化之餘，流落民間的「士」，試圖「士志於道」的挺身出來，擔負「平天下」的重任。不僅儒士墨俠活躍在列國間的政治舞台，崇尚清靜無爲的道家，也不願在這一歷史性的關鍵時刻缺席。此老子云：

「古之善爲士者，微妙玄通，深不可識。」（十五章）

「古之善爲道者，非以明民，將以愚之。」（六十五章）

「上士聞道，勤而行之；中士聞道，若存若亡；下士聞道大而笑之（註一），不笑不足以爲道。」（四十一章）

此一者謂善爲士者，即在善爲道，二者謂士不僅聞道，且當行道。依莊子：「道行之而成，物謂之而然。」（〈齊物論〉）上、中、下士「物謂之而然」的分等，其根據就在「道行之而成」的實踐工夫。勤行謂之上士，不行謂之下士，而不行來自不信，故「大而笑之」。另章云：「天下皆謂我道大似不肖，夫唯大，故似不肖。若肖，久矣其細也夫。」（六十七章）以爲道過於玄遠，空闊無邊，此不僅不行，甚且戲謔嘲笑。而中士則擺盪在上、下士之間，與上士爲友則勤行，與下士爲伍則大而笑之，勤行則道常存，不行則道亡失。

這一段話，直與《論語》開天闢地第一句話，意態神似。上士聞道之「勤而行之」，等同「學而時習之」；中士聞道之所以「若存若亡」，正有待「有朋自遠方來」的志同道合；下士聞道之「大而笑之」，老子自我解嘲「不笑不足以爲道」，正與「若肖，久矣其細也夫」前後呼應。此一在自我釋放中釋放天下的智慧，有如「人不知而不慍」的精神涵養，在「平天下」的任重道遠中，面對「大而笑之」，或「人不知」，要能放下包容，避開怨天尤人的情緒陷阱，才不會阻斷了「下學而上達」的生命成長路。

再看，《論語》與《老子》這兩部儒、道經典，對治時代病痛所發出的呼聲：

「天下有道，則禮樂征伐自天子出；天下無道，則禮樂征伐自諸侯出。」（〈季氏〉）

「天下有道，卻走馬以糞；天下無道，戎馬生於郊。」（四十六章）

儒、道兩家追尋的理想，都在天下有道，儒家志在重建人文理序，道家旨在回歸自然軌道。儒家建構人文以化成自然，道家解消人文以回歸自然。禮樂、征伐本是周王室維繫天下一統的兩大依據，當出自天子，而不能出自諸侯，出自諸侯則呈分裂紛亂之局，故春秋五霸取代王室領導天下，仍得尊王。到了孟子的年代，已無王室可尊，故轉言「以德行仁者王」、「以力假仁者霸」（〈公孫丑上〉）禮樂德化是王道，征伐吞併則是霸道。

老子之省思，與孟子貼近。天下有道，戰馬回歸鄉土糞田耕作，天下無道，連母馬都在戰場生下了小馬。此有道無道的區分，就在天下是否太平。所謂平天下，就是以禮樂維繫天下的理序，而不以兵戎征伐。

平天下的最終理想，要如何實現，儒家倡言人文化成，道家主張回歸自然。自然本與人文相對，然道家之自然，不是現象的自然，而是價值的自然，故亦屬人文的範疇。唐君毅先生則稱之爲超人文的思想（註二）。依老子的理念，天生自然當與人爲造作相對而顯。云：

「爲無爲，則無不治。」（三章）

「爲無爲，事無事，味無味。」（六十三章）

「取天下常以無事，及其有事，不足以取天下。」（四十八章）

「太上，下知有之。……百姓皆謂我自然。」（十七章）

「聖人無爲則無敗，無執則無失。……以輔萬物之自然而不敢爲。」（六十四章）

此言聖人無爲無事，所爲的是無爲，所事的是無事，無掉人爲造作，回歸自然天眞。引領百姓回歸自己本來如此的自在，輔助萬物回歸天生如此的自得。而無爲無事，本在無心無知。故云：

「天地不仁，以萬物爲芻狗；聖人不仁，以百姓爲芻狗。」（五章）

「聖人無常心，以百姓心爲心。善者吾善之，不善者吾亦善之，德善。」（四十九章）

「道常無爲而無不爲。侯王若能守之，萬物將自化。」（三十七章）

仁者有心，有心有知，就有執著分別。此知善知美的知，是心知的執著與主觀的偏見，把美善的標準定在自家的身上。放眼天下，不合乎我心中美善標準的人，即被貶抑流放到不美不善的邊陲地帶。故云：「天下皆知美之爲美，斯惡已；皆知善之爲善，斯不善已！」（二章）實則，人間種族膚色，信仰禮俗，甚至性向才情，本就不同，各有自家的善，各有自家的美，僅是不同的善，不同的美。然心知執著的主觀偏見，就會把不同的善，說成不善，不同的美，看成不美，形成人間最大的隔閡與裂痕。

不仁是不執著仁，仁者愛人，不仁就是不執著自己的愛，無掉心知的執著，不把美善的標準封限在自家的身上，跟我一樣的善者，我固然善之，跟我不一樣的所謂不善者，我也善之。人人回歸天生本德的善。且聖人不仁，就是聖人無常心，無掉自己定執的心，心開放出來，百姓心就是聖人心；天地不仁亦然，天地無常心，萬物心就是天地心。

此中以萬物爲芻狗，以百姓爲芻狗的說法，不是拋棄不顧的意思，而是放開萬物，讓萬物自生自長，放開百姓，讓百姓自在自得的意思。芻狗是用草作成的狗，用以祭祀，功成身退，由草叢來回歸草叢去，故以回歸自然來理解，較切合老子哲學的意涵。

由是而言，天地無心，萬物自生自長，聖心無心，百姓自在自得。也可以說天地無爲，而萬物無不爲，聖人無爲，而百姓無不爲，此即「爲無爲，則無不治」的義理，是謂無爲治道。

二、道法自然

老子所謂天下，由「天下萬物生於有，有生於無」（四十章）與「天下有始，以爲天下母」（五十二章）而言，是指涉天下萬物；再由「聖人以道蒞天下」（六十章）與「聖人抱一以爲天下式」（二十二章）而言，是指涉天下百姓。而從「不出戶，知天下；不窺牖，見天道」

而言，「以道蒞天下」之道，其依據當在天道自然，人道當走天道的路。此老子云：

「人法地，地法天，天法道，道法自然。」（二十五章）

人的存在，離不開大地無不乘載的法則；大地的存在，離不開上天無不遮覆的法則；上天的存在，離不開天道生成的法則；天道的存在，離不開它自己恆常如此的法則。（註三）

自然不論是「希言自然」（二十三章）、「道法自然」、「百姓皆謂我自然」與「輔萬物之自然而不敢爲」來看，均不指涉另一實體的存在，而僅描述其存在的性格。自然是自己如此，最顯豁的解釋，即與他然相對而言。存在的「然」，來自其自身，是謂自然；自其他外在而來，即爲他然。自然存在才有必然性，他然則存在轉成偶然。此《孟子》云：

「求則得之，舍則失之，是求有益於得也，求在我者也；求之有道，得之有命，是求無益於得也，求在外者也。」（〈盡心上〉）

求在我是謂自然，求在外則爲他然，故德行有必然性，福報則未有必然的保證，僅是偶然的遇合。

道法自然，因道「獨立不改，周行而不殆」（二十五章），道依自我而立，故謂獨立，依我不依他，故能不改。道生成萬物，它要給出自己存在的理由，也要給出萬物存在的理由，故獨立不改，解釋自己的存在，還得周行不殆，解釋萬物的存在。道自身獨立，且周行天下，自身不改，而天下不殆。道永遠是它自己，道也永遠生成萬物。另章云：

「寵辱若驚，貴大患若身。何謂寵辱若驚？寵爲下，得之若驚，失之若驚：故謂寵辱若驚。何謂貴大患若身？吾之所以有大患者，爲吾有身；及吾無身，吾有何患！故貴以身爲天下，若可寄天下；愛以身爲天下，若可託天下。」（十三章）

人活一生的存在，其價值意義若不能定在自身的美好，即「然」不在自身，「然」往外求取。爲了高貴自身，迫使自己走上街頭，去打天下，投入名利權勢奔競爭逐的行列。而打天下等同背負天下，名利權勢人人想要，而得失在人不在我，故得失皆患，患在驚恐。此向天下求取榮耀的本身就是屈辱，所以說寵爲下。而其癥結，卻在有身的自我執著，有身再求貴身，而貴不從自身來，而從天下來，故永遠在不定感的驚恐中。所謂大患，是與全天下人做無止盡的競逐，只要有人優越領先，自身就承受壓力，打天下的後果，是天下成了自己的重擔大患。

以是之故，老子認爲要把天下寄託在誰的身上，當然是聖人，聖人無常心，無爲無事，百姓無不自得。所謂「貴以身爲天下」、「愛以身爲天下」，即在自身與天下之間，做一價値比重的權衡。此老子另章云：

「名與身孰親，身與貨孰多，得與亡孰病？是故甚愛必大費，多藏必厚亡。知足不辱，知止不殆，可以長久。」（四十四章）

天下的名與貨，比起自身，何者爲親，何者爲重？得了天下名利，而痛失自身生命，何者是人生的大痛！甚愛名必大費身，多藏貨必厚亡身，是則打天下，何止傷了天下，也害了自身。名利是身外物，追求賢名貨利，而傷害了自身，豈非不知輕重本末！所以老子云：「奈何萬乘之主，以身輕天下。」（二十六章）爲了榮顯尊貴自身，而輕用天下，打亂了天下。老子要天下人覺悟，知足於自身的「然」，止於自身的天眞，不會往外求取投靠，才不會反受屈辱，人生美好才不會毀壞，而可以長久。

所以，把自身視爲比天下還可貴的人，把自身看作比天下還可愛的人，則可以把天下寄託交付在他的身上（註四）。一個不要天下的人，無須打天下來榮耀高貴自己的人，才能承擔天下的重任。他不會把天下當成舞台，不會把天下人當成玩偶，而去演出一場獨夫大戲。他自身完足，天下對他而言，是多餘的，他無爲無事，天下卻無不治。云：

「挫其銳，解其紛，和其光，同其塵，是謂玄同。故不可得而親，不可得而疏；不可

得而利，不可得而害；不可得而貴，不可得而賤，故爲天下貴。」（五十六章）

「道者萬物之奧。善人之寶，不善人之所保。……人之不善，何棄之有。……古之所以貴此道者何，不曰以求得，有罪以免耶！故爲天下貴。」（六十二章）

「道生之，德畜之，物形之，勢成之。是以萬物莫不尊道而貴德。道之尊，德之貴，夫莫之命而常自然。」（五十一章）

一個挫損自己的鋒銳，解開自己的紛擾，消融自己的光芒，混同自己於塵土的人，也就是玄同於道的人，可以超離親疏、利害與貴賤之上，他知足不辱，知止不殆，他是天下最高貴的人。此外，在道的奧藏之地，無美醜善惡的分別，善人固然是一塊寶，不善人也可以得到保護。沒有人被拋棄，沒有人被遺忘，所有的人都被包容尊重。此另章云：「常善救人，故無棄人；常善救物，故無棄物。」（二十七章）人人皆有與生俱來的常善，道是天下人高貴的源頭，所以爲天下之最貴。

實則，就存有論而言，道生萬物，德養萬物，道超越於萬物之上，它是「無」，道又內在於萬物之中，它是「有」，道既超越又內在，它又無又有，道體的本身是「無」，道生成萬物的作用是「有」，萬物的德，由道而有，所以以道爲尊，以德爲貴，此一尊貴，自然而然，莫之命而常自然。道是終極原理，它自己如此。道不離它自己永遠如此的法則，道的生成原理，就在道法自然。

三、以天下觀天下

天下有道，而道法自然。不過，自然不是自然現象，而是修養的境界。老子云：

「希言自然。飄風不終朝，驟雨不終日，孰爲此者？天地。天地尚不能久，而況於人乎？」（二十三章）

由「聽之不聞名曰希」（十四章）與「大音希聲」（四十一章）來說解，「希言」是不言之言，而大音天籟是無聲之聲。老子說聖人「行不言之教，處無爲之事」（二章），又云：「悠兮其貴言。」（十七章）貴言由悠閒自在來看，亦當是不言無爲之意。自然而然，正如無聲之聲，不言之言，又何須言語人爲！

以天地自然現象爲例，狂風刮不了一個早上，暴雨下不了一整天。試問狂風暴雨是誰造作出來的，答案是天地，天地有心有爲，尚且不能長久，何況是人的有心有爲！此謂「天地尚不能久」與另章所云之「天長地久」（七章）看似矛盾，實則，天地自然的本身，當然長久，不能長久是因爲天地的有爲造作，悖離了自己的法則，終究在「知和曰常」（五十五章）的常道理序中，歸於風平浪靜。故云：「物壯則老，謂之不道，不道早已。」（三十二章）萬物自我執著與自我膨脹，在壯大氣盛的過程中，一者過度燃燒透支，二者與物相刃相靡，而加速衰老，早已是早亡，當然不能長久，理由就在不道。

由是而言，長久與否，取決於合乎道，還是悖離道。天地萬物皆然，平治天下亦然。老子云：

「以正治國，以奇用兵，以無事取天下。」（五十七章）

乍看之下，老子似乎就治國、用兵與取天下之道，分別作出表述。治國當以正道，用兵出以奇變，至於取天下則以無爲無事爲依歸。王弼注云：

「以正治國，則奇正起也。……以正治國，則不足以取天下，而以奇用兵也。」（註五）

此注極具洞見。下章云：

「禍兮福之所倚，福兮禍之所伏，孰知其極，其無正。正復爲奇，善復爲妖，人之迷其日固久。」（五十八章）

這段義理，旨在打破禍福的執著分別。看來是禍，福卻靠在門邊，看來是福，禍卻藏在門後。禍福之間，不過一門之隔而已，誰能指出它最後的分界點，那是給不出究竟的解答。此其理由，就在標榜正道，會逼出奇變的回應，執著善德，會逆轉而爲妖惡。正道善德來自心知的執著，標準定在自家的身上，相對於天下人而言，那是主觀的偏見。以此主觀偏見去責求天下人，無異迫使天下人扭曲變形，委屈自我生命的眞實，而去迎合世俗名利的標準，等同仿冒作假，此正道自我異化爲妖道，而善德也自我異化爲惡德了。天下人竟無所覺悟，還沈迷其中，驕狂傲慢呢！其無正，由於正一定會帶動奇，善則轉爲妖，列國間以正治國的自我標榜，會逼出以奇用兵的對等回應，以取得平衡均勢，解決之道，就在不正，也就不奇，不善，也就不妖，超離在正奇、善妖的二分對抗之上，此謂之無事，反而可以取天下。「孰知其極，其無正」，與「莫知其極，可以有國」（五十九章）可以相互印證。莫知其極，由早服道重積德而來，生命內斂含藏，沒有執著造作，沒有期盼等待，也就沒有亟待克服的生命缺憾。莫知其極，也就是孰知其極，在位者本身「其無正」，而「清靜爲天下正」（四十五章）與「我好靜而民自正」（五十七章），此清靜無爲的治道，可以作爲天下人的「正」，此正是不正之正，實則讓天下人自得其正，回歸每一個人自身的正，而不會在正道善德的規範責求中，被逼而墮爲奇變妖惡。另章云：

「善建者不拔，善抱者不脫，子孫以祭祀不輟。修之於身，其德乃眞；修之於家，其德乃餘；修之於鄉，其德乃長；修之於國，其德乃豐；修之於天下，其德乃普。故以身觀身，以家觀家，以鄉觀鄉，以國觀國，以天下觀天下。吾何以知天下然哉？以此。」（五十四章）

道家義理，善在無心自然。善建者建於德，德爲天生本有的天眞；善抱者抱於道，道爲天地萬物的生成原理。道生萬物，德養萬物，道超越於萬物之上，德內在於萬物之中，道天生，德天眞。從存有論而言，道內在萬物，而爲萬物的德，故永不可拔除，永不會脫落。蘇轍注云：「實無所立，而其建有不可拔者；實無所執，而其抱有不可脫者。」呂吉甫注云：「凡物以建而立者，未有不拔者也；凡物以抱而固者，未有不脫者也。」（註六）天生天眞，自然而然，不建所以不拔，不抱所以不脫，此是存有的必然。不過，人的存在，有心有氣，心會起知的作用，「心使氣曰強」（五十五章）而「強行者有志」（三十三章），心知執著形氣物欲，也驅使形氣物欲，且心知執著，而志氣跟進，執著強者的聲勢形象，會逼使自己走向「知人則智」與「勝人者有力」（三十三章）的打天下之路，此其後果，終必落在「馳騁畋獵，令人心發狂；難得之貨，令人行妨」（十二章）的天下大亂之局。

故存有論的天生天眞，仍得開出修養論的工夫，「虛其心」、「弱其志」（三章）心知不執著啓動，意志不強行堅持，則可「專氣致柔」（十章），癥結在心知，工夫在心上做，心知消解，不干擾不助長，氣回歸氣的本身，氣只是氣的自然，而回歸「自知者明」、「自勝者強」與「知足者富」（三十三章）的自在自得。德永不拔除，道永不脫落，可以長久，所以說子孫以祭祀不輟。

修養論的工夫進程，由身家而鄉國而天下。此中最値得深思的是，在儒學的身家與國、天下之間，多出了「鄉」土，此是在人文化成的序列中，被遺忘甚至失落的生命根土，禮失求諸野，質勝文則野，在文明爛熟禮制僵化之餘，當透過道家護持存全的鄉土素樸，去尋求隱藏在禮文之後的生命實質。儒道互補會通，此爲一線索一橋引。

修之於身家、鄉國與天下，「之」指涉存有論的道德，「大道廢，有仁義」（十八章），「失道而後德，失德而後仁」（三十八章），人心的執著造作，會悖離道，失落德，故修養工夫旨在把在人間失廢的天生天眞，修養回來，故自身眞實，家有餘，鄉成長，國豐厚，而天下平治。此爲身家、鄉國與天下的存在眞實。問題在，癥結既在心知，工夫也當在「心」上做。云：

「致虛極，守靜篤，萬物並作，吾以觀復。」（十六章）

此一修養工夫的主體在心，而病痛源頭也在心。故心致心的虛，心守心的靜，致虛至極，守靜至篤，工夫做到極致篤實，虛不執著，靜不造作，心既虛且靜，而虛靜如鏡，不正自不奇，不善自不妖，不以心知執著主觀偏見，去期許責求天下人。所謂「萬物並作」，意謂天下萬物都在相互牽引中，一起發作，作是人爲造作，發動者即是心知執著，由知善知美（三章），到尚賢貴貨（三章），形成可道可名（一章），而正復爲奇，善復爲妖，馳騁畋獵，在狂熱中決裂，而冷酷收場。吾心虛靜觀照並作中的萬物，不被牽引帶動，不再痴迷熱狂，可以從街頭紛擾，流行新潮中回歸自己，「復」就是「夫物芸芸，各復歸其根，歸根曰靜，是謂復命。」（十六章）歸根是「歸復於樸」，復命是「復歸於嬰兒」（二十八章），吾心靜觀，萬物自得，在擾攘街頭的並作間，找回生命的根土，與童年的天眞。

故所謂的修，就是致虛守靜，所謂的德，就是歸根復命，觀復就是在觀照中回歸，在吾心虛靜觀照中，萬物回歸自在天眞。心無執著，不起人爲造作，身家、鄉國、天下，都在並作中歸復，回歸根土，照現天眞。所謂以身觀身，以家觀家，以鄉觀鄉，以國觀國，以天下觀天下，也就是在虛靜觀照中，身回歸身的自己，家回歸家的自己，鄉回歸鄉的自己，國回歸國的自己，天下回歸天下的自己。沒有人有身貴身，沒有人打天下傷天下，此之謂以無事取天下。「吾何以知天下然哉，以此」，何以知天下本來如此的眞相，就以此心的虛靜觀照。身家鄉國一體放下，也一體照現，還天下於天下，也就是莊子所說的「藏天下於天下」（〈大宗師〉），天下不可藏，也藏不住，人生的覺悟與政治的智慧，就在「不藏」。

四、天下神器

天下神器，神用無方，此指涉道的生成作用。道在器中，而道法自然，自己如此不假外求，老子云：

「將欲取天下而爲之，吾見其不得已。天下神器，不可爲也，爲者敗之，執者失之。」（二十九章）

「聖人無爲故無敗，無執故無失。」（六十四章）

依王弼注：「萬物以自然爲性，故可因而不可爲也，可通而不可執也。」（註七）故易順鼎曰：「按『不可爲也』下，當有『不可執也』一句。」（註八）神無形無方，「大象無形」、「大方無隅」（四十一章），當然不可執，也不可爲。心知所執的是「得」，而得失相對並起，所爲的是「成」，而成敗亦相對同在，故執著不一定得，也可能失；爲者不一定成，也可能敗。不如，無執無爲，不求得就不會失去，不求成就不會落敗。然則，何以謂「執大象，天下往」（三十五章），執是虛說，大象無形不可執，有如「爲無爲，則無不治」，回歸自然，天下人自來歸往。老子云：

「我有三寶，持而保之。一曰慈，二曰儉，三曰不敢爲天下先。慈故能勇，儉故能廣，不敢爲天下先，故態成器長。」（六十七章）

老子現身說法，自謂活出一生的三大依據，一是慈心，二是儉約的智慧，三是不敢爲天下先的守柔不爭。慈心是天地間生物的奧祕，飛禽走獸皆然，「天將救之，以慈衛之」（六十七章），無心的慈，是與生俱來，讓生物永不斷滅的活水源頭。慈無心，儉無爲，儉是「旨約而易操，事少而功多」的智慧，聖人無爲，而百姓無不爲，無心放開，百姓自在自得。故聖人行道人間，「行不言之教，處無爲之事」。不言無爲，而百姓皆謂我自然，這不是絕高智慧的無爲治道嗎？

老子說慈故能勇，而勇不僅要有慈心作根柢，也要有智慧，因爲「勇於敢則殺，勇於不敢則活」（七十三章），故人間行走，要「勇於不敢」，不敢爲天下先，以天下爲重，才能成爲眾器之長。云：

「天長地久。天地之所以能長且久者，以其不自生，故能長生。是以，聖人後其身而身先，外其身而身存。」（七章）

「重爲輕根，靜爲躁君。是以聖人終日行不離輜重，雖有榮觀，燕處超然。」（二十六章）

「樸散則爲器，聖人用之，則爲官長，故大制不割。」（二十八章）

天地生萬物的原理，在天地不自生，故能長久的生萬物，聖人生百姓的原理，也在聖人不自生，故能長久的生百姓。天地聖人不把生定限在自己，才會給出萬物百姓生長的空間，聖人把自己放在最後面，百姓就處在最前面而獲得成全；而百姓在前面，等同聖人在前面，故云後其身而身先。聖人把自己放在最外頭，百姓就處最裡頭而得到保護，而百姓在裡頭，也等同聖人在裡頭，故云外其身而身存。因爲聖人生成了百姓，等同生成了自己。

重爲輕的根本，靜爲躁的君主，此重非輕重相對的重，靜也不是動靜相對的靜，而是超越在輕重之上的絕對的重，超越在動靜之上的絕對的靜。如同超越在正奇善妖之上的無事，無事取天下，聖人守靜持重，終日行而不離輜重，輜重是行旅後車，前後有蔽而負載重物（註九），不離輜重，不耽溺榮觀之美，亦即以天下爲重，而不會以身輕天下。

道的本身是樸，樸散開，內在於器物中，聖人依據樸，以治天下，可以做爲百官之長。百官皆器，所以統御百官者在道。另章云：「始制有名，名亦既有，夫亦將知止，知止可以不殆。」（三十二章）樸散爲器，始制有名，制度名器，職責分工名位分層，而走向割裂，故名號當止於眞實，而器物不離樸質，是爲大制，大制等同神器，無執無失，無執無敗，永不會割裂。

天下有道，而道法自然，自然在以無事取天下，且以天下觀天下，沒有人打天下，沒有野心家逐鹿問鼎，天下回歸天下的自己，天下自己如此。而平天下的最終理想，得從國治做起。云：

「治大國，若烹小鮮。以道蒞天下，其鬼不神；非其鬼不神，其神不傷人；非其神不傷人，聖人亦不傷人。夫兩不相傷，故德交歸焉！」（六十章）

「大國者下流，天下之交，天下之牝。牝常以靜勝牡，以靜爲下。故大國以下小國，則取小國，小國以下大國，則取大國。……大者宜爲下。」（六十一章）

戰國政局，篡奪吞併，試圖以兵強霸天下。消解之道，一者治大國若蒸小魚，不能炒作，而以道臨現天下，聖人不造作傷人，牛鬼蛇神也就失去威力，兩者都不傷人，在天下人間失落的德，又回歸到每一個人的身上。二者大國要居於下流，處於天下的交會之地。不論大國小國，都要處下不爭。不過列國折衝之間，大國理當放下自己，後其身而身先，反而以靜勝牡，而生成天下，成爲天下之牝，天下之母。

治大國若烹小鮮，與大國者下流，都僅是過渡，終究要「以道蒞天下」，以實現「天下之牝」的終極理想，而其嚮往的天下圖相就在：

「小國寡民，使民有什佰之器而不用，使民重死而不遠徙；雖有舟輿，無所乘之，雖有甲兵，無所陳之，使人復結繩而用之。甘其食，美其服，安其居，樂其俗。鄰國相望，雞犬之聲相聞，民至老死，不相往來。」（八十章）

小國寡民，有如莊子所說的「無何有之鄉，廣漠之野」（〈逍遙遊〉），心中無所執著，天地就無限寬廣。「小」跟「寡」不是數量的寡小，而是品質的素樸。老子云：

「道常無名，樸雖小，天下莫能臣也。侯王若能守之，萬物將自賓。」（三十二章）

「常無欲，可名於小。」（三十四章）

「侯王自謂孤寡不穀。」（三十九章）

「人之所惡，唯孤寡不穀，而王公以爲稱。故物或損之而益，或益之而損。」（四十二章）

道的無欲是小，道常無名的樸是小，此小不是小大相對的小，而是「無」的小。無是修養的智慧，侯王守住無名的樸，萬物就可以賓至如歸，自在自得了。孤寡不穀，王公用以自稱，此非後世稱孤道寡，天下獨尊之意，而是自我謙退，自謂孤立無助亟需支持，寡德不善亟待輔佐，以邀請天下才士共成大業。所以說有時減損反而增益，有時增益反倒減損。此中減損與增益，正是「爲學日益，爲道日損」的工夫區分，自謂孤寡不穀是自我的減損，卻是爲道的工夫進路。

由是而言，「小」跟「寡」，是無名無欲的修養工夫，所朗現的素樸自在的境界。而不是王弼注所云：「國既小，民又寡，尚可使反古，況國大民眾乎！」（註一〇）此注大有問題，一者將小與寡，執實的解爲數量的寡小。二者又將小國寡民，判定是反古，且做出不合常理的論斷，說小國寡民尚且可以反古，何況大國眾民乎！當代學人，也有判定老子是倒退的歷史觀，且是逃避矛盾的消極幻想。（註一一）

老子不是在描述原古的社會情狀，抒發思古之幽情，實則，什佰之器無所用之，舟輿無所乘之，甲兵無所陳之，此中「無所」，是心知無執著，沒有存在的空間，無爲無事，雖有文明，仍還歸平淡。老子的政治理想，仍主「治大國若烹小鮮」、「大國者下流」，還是治大國，並未拘限在小國寡民的格局。

故小國寡民，當是「以道蒞天下」、「天下神器」的理想藍圖，是老子思想落實人間的眞實寫照。陶淵明的桃花源，正是詩人回應哲人的理境再現。雖不能至，而心嚮往之。

附註

註一：俞樾曰：「按王氏念孫《讀書雜志》曰：『大笑之，本作大而笑之，猶言迂而笑之也。《牟子》引《老子》，正作大而笑之。《抱朴子》〈微旨篇〉亦云：大而笑之，其來久矣。是牟、葛所見本，皆作大而笑之。』今按王說是也。」引自朱情牽（謙之）《老子校釋》頁一〇七至一〇八。里仁書局，一九八〇年十月，臺北。

註二：唐君毅《中國人文精神之發展》頁二四至二七。學生書局，一九七四年五月臺初版，臺北。

註三：王弼注云：「法謂法則也。人不違地，乃得全安，法地也；地不違天，乃得全載，法天也；天不違道，乃得全覆，法道也；道不違自然，乃得其性。」王弼以「不違」解，可能源自《論語》孔子說顏回「不違如愚」（〈爲政〉）之說，本文採取《莊子》〈天下篇〉「不離於宗」的「不離」來說解。

註　四：《莊子》〈在宥篇〉：「故貴以身於爲天下，則可以託天下，愛以身於爲天下，則可以寄天下。」語句較完整，「若」作「則」。

註　五：《老子周易王弼注校釋》頁一四九。樓宇烈，華正書局，一九八一年九月初版，臺北。惟《校釋》頁一五〇云：「『正』借爲『政』」，又據陶鴻慶說，將「奇正起」校改爲「奇兵起」。二說非是。

註　六：引自焦竑《老子翼》頁三二八至三三九。廣文書局，一九七七年七月再版，臺北。

註　七：《老子周易王弼注校釋》頁七七。

註　八：引自朱情牽《老子校釋》頁七四。

註　九：參見前引書頁六七。

註一〇：《老子周易王弼注校釋》頁一九〇。

註一一：《中國哲學史》上册頁九五，北京大學哲學系中國哲學史教研室，中華書局，一九八〇年出版，北京。

老莊道家論齊物兩行之道

一、前言——道者萬物之奧

近代中國，依然保有廣土眾民的一貫形態，儘管「書同文、車同軌」，卻是多種族的國度，加上幾千年來多元文化的匯合與分流，地域色彩相當濃厚，且方言也形成隔閡，地方性的風土人情、禮俗節慶與教派信仰，各有獨特的風貌，即以先秦而言，魯學儒家、齊學陰陽家、三晉法家、楚地道家，已各有人文精神的傳承，更別說政治格局的三國鼎立與南北朝對峙的分裂情勢了。

自清中葉以降，西方列強的勢力，挾著船堅炮利，直入傳統中國的天地，通商傳教，且逼迫租借港灣，甚至割地賠款，在不平等條約的壓迫下，許多地區已成西方或日俄的勢力範圍，如東三省、山東半島、新疆、西藏、蒙古、港澳、台灣等地，甚至淪爲多國勢力的角逐之區，幾近瓜分的態勢。

而今不平等條約雖不復存在，各國勢力已然退出，然餘留下來的文化軌跡與心理陰影，一時尚難消除。加上新時代迸現的投資設廠、人才培訓與資訊傳播的熱潮，不僅擋不住，根本就無所不在，此一新潮形成的沖擊，衡諸清末民初，只有過之而無不及。雖在國家主權的操控統攝之下，仍顯波譎雲詭。故除了政經國防的因應之外，也要有文化心靈的省思，如何建構「一體多元」的價值體系，藉以消除不論來自傳統或時局的隔閡與心結，而讓不同種族、教派、禮俗或政治體制下的中國人，都能化解歧異，在一個終極之道的引領下，給出價值認同與文化歸屬的超越根據。

而所謂的終極之道，乃既貞定方向，也開發動力的存在之理。以最高的理想與最後的眞情，來擔負萬物的存在，解釋萬物之所以存在的理由。依數千年文化傳統而言，此一終極之道，天經地義落在居於主流核心地位的孔孟儒學。

問題在：儒學三大支柱人禽之辨、義利之別與王霸之分，是與夷夏之防同體連線的。孔子一者云：「微管仲，吾其被髮左衽矣！」（《論語》〈憲問〉），二者云：「夷狄之有君，不如諸夏之亡也。」（《論語》〈八佾〉）而孟子云：「吾聞用夏變夷者，未聞變於夷者也。」（《孟子》〈滕文公上〉）尊王攘夷與人文化成的價值理念，內諸夏而外夷狄，雖屬文化的捍衛，而非封閉排外，然畢竟擺出天朝上國的優越姿態。在近代中國之洋務與維新運動，形成極大心理障礙，且可能引生少數民族與邊陲地區的反感，不僅未見心悅而誠服，反成了分離的勢力，此《莊子》有兩段寓言式的批判：

故昔者堯問於舜曰：「我欲伐宗、膾、胥敖，南面而不釋然，其何故也？」舜曰：「夫三子者，猶存乎蓬艾之間，若不釋然，何哉！昔者十日並出，萬物皆照，而況德之進乎日者乎！」（〈齊物論〉）

昔者堯攻叢枝、胥敖，禹攻有扈，國爲虛厲，身爲刑戮，其用兵不止，其求實無已，是皆求名實者也。而獨不聞之乎！名實者，聖人之所不能勝也，而況若乎！（〈人間世〉）

堯舜禹在儒家的詮釋系統中，是歷朝各代所僅見之政權禪讓的聖王，在莊子的筆下，卻成了負面的教材，此與韓非所言：「夫古之讓天子者，是去監門之養，而離臣虜之勞也，古傳天下而不足多也！」（《韓非子》〈五蠹〉）頗有異曲同工之妙。韓非顛覆聖王禪讓說，著眼在堯舜禹的年代，天子要率先下田耕作，且居茅屋、食野菜、著葛衣，而勞累如奴僕，不讓又何待！

莊子的道家思考，直接質疑儒家「天下有道，禮樂征伐自天子出」（《論語》〈季氏〉）的價值認定。內聖外王而化成天下，怎麼可以容許三小國，竟然流落在人文化成之外，而成了化外之民！如是，所謂聖王豈不是成了名實不副的空名了嗎？天下三小國，若不接受「禮樂」教化，即以「征伐」聲討，來維繫天下有道的人文理序，此一堅持，莊子判爲「師心」、「好名」者也，竟連聖人都不能克服免除這一心知的執著所帶來的病痛。

而征伐的結局，一定是「國爲虛厲，身爲刑戮」，田園荒蕪，親人離散，此其後果是救人竟成了災人。

堯想去攻打三小國，身爲天子，不解自己何以心頭沈重，三小國竟成了自己良心的負擔，舜回應說，三小國隱藏在天地的一角，猶如蓬蒿艾草一樣的卑微，你怎麼不能放開他們呢？何況人的德行可以越過太陽呢！

因爲陽光普照，帶來溫暖與熱力，卻灼熱傷人，人的德行修養，可以內斂涵藏，消解愛的癡迷熱狂所散發的殺傷力，可以「光而不耀」（《老子》〈五八章〉），可以「和其光，同其塵」（《老子》〈五六章〉）。此「德之進乎日」的價值源頭，就在老莊道家所體現的形上道體，老子云：

「道沖而用之或不盈，淵兮似萬物之宗。」（〈四章〉）

「道者萬物之奧，善人之寶，不善人之所保。」（〈六二章〉）

道體沖虛，而妙用無窮，水不斷注入不會盈滿，不斷倒出也不會竭盡，有如深淵般，可以生養花草樹木與鳥獸蟲魚，成爲萬物生命所從來的宗主。且道體是無限的奧藏，人間街頭的價值二分，不論是善者或不善者，都可以得到包容與保護。

這一道體沖虛奧藏萬物所構成的價值體系，雖一體而包容多元，可以成爲多元文化的生命共同體，多種族人民在此安身立命，而有一價值的認同與文化的歸屬。

二、成心構成的儒墨是非——道隱於小成

《莊子》〈養生主〉開宗明義，點出生命存在的兩大困境：

「吾生也有涯，而知也無涯，以有涯隨無涯，殆已！已而爲知者，殆而已矣！」

此生有限，一在「成形」，二在「形化」。「一受其成形，不亡以待盡」（《莊子》〈齊物論〉），成形是你我他的不同形身，形化是少中老的不同年歲，我僅是我，且會在歲月中老去，這就是「吾生有涯」，此生有涯的存在處境，仍是天生的自然，轉成困苦卻在「知也無涯」的人爲造作。知的主體是心，本質是執，「其形化，其心與之然」（〈齊物論〉），不是認識論的意義（註一），而是價值的自我執取。青春不再，年華老去，形身變化，心情也會隨之而轉，蒼涼悲感總會襲上心頭。心知執著「成形」而有是非之分；執著「形化」，而有死生之別。由心知的執著，轉爲人爲的造作，就是「以有涯隨無涯」、「年命在身有盡，心思逐物無邊」（註二），名利權勢什麼都想抓住擁有，且如滾雪球般停不下來，「與物相刃相靡，其行盡如馳，莫之能止」（〈齊物論〉），注定是一生一世的漂泊，且「終身役役，

而不見其成功」（〈齊物論〉），不僅是事實的不可能，抑且是價值的不值得，所以說是「殆己」！倘若，仍不知回頭，還是往心知執著人爲造作的無涯路走下去，莊子下了一個無情的斷言，「殆而已矣」，人生就此走入死巷，再也找不到出路了。

本來，「成形」僅有「彼是」的區分，心知介入而起執著，「彼是」轉成「是非」，把「是」定在自身的「此」，而把異於是的「彼」，貶爲「非」了，此莊子云：

「隨其成心而師之，誰獨且無師乎？……未成乎心而有是非，是今日適越而昔至也。」

「其分也，成也；其成也，毀也。凡物無成與毀，復通爲一。」（〈齊物論〉）

此一套是非的標準，由執著而起分別，由於「是」來自成心的執著，而不是客觀的認識，就價值的執取與分判而言，已成主觀的偏見。分別心構成一套是非的價值標準，且試圖「放諸四海而皆準」，對天下人而言，已形成壓力，甚至傷害，此老子云：

「天下皆知美之爲美，斯惡已；皆知善之爲善，斯不善已！故有無相生，難易相成，長短相較，高下相傾，音聲相和，前後相隨。是以聖人行不言之教，處無爲之事。」（《二章》）

心知執著美之所以成爲美，善之所以成爲善的內涵條件，從而建構美善的價值標準，凡不符合吾心認定之美善標準，一概判爲不善不美，此即「與物相刃相靡」，成就了自家的美善，而毀了天下人的榮耀尊嚴。

老莊道家在此有一慧解洞見，古往今來，人生的困苦恆來自價值觀的自我執著，而形成人我之間的傲慢與偏見，實則，人我之間，僅是不同的美，不同的善，然心知執著卻把美善定在自身，就把不同的美，看成不美，不同的善，判爲不善。推其極，把不同種族視同叛徒，把異教徒說成邪惡。

有無、難易、高下、長短、前後，甚至得失、成敗、禍福、榮辱的分別，都是相對而立，相因而成，互相以對方爲原因而成立。此莊子亦云：

> 「彼出於是，是亦因彼，彼是方生之說也。雖然，方生方死，方死方生；方可方不可，方不可方可；因是因非，因非因是：是以聖人不由，而照之於天，亦因是也。」
> （〈齊物論〉）

彼是同時並生，生死、是非、可不可，皆如連體嬰一般，一體並生，此不是存有論的轉化（註三），而是價值論的執定，你執著生的美好。就面對死的壓迫，你成了心知的是非，就毀了生命的自在。老子云：

「爲者敗之，執著失之，是以聖人無爲故無敗，無執故無失。」（〈六四章〉）

「禍兮福之所倚，福兮禍之所伏，孰知其極，其無正。」（〈五八章〉）

「寵爲下，得之若驚，失之若驚，故曰寵辱若驚。」（〈一三章〉）

爲者志在求成，卻可能落敗；求者意在求得，卻可能失去。你以爲禍患難逃嗎？福就靠在門邊，你以爲幸福光臨了嗎？禍卻藏在門後，誰知道禍福之間的分界點，那沒有究竟的答案（註四），你想得到別人恩寵的本身，就是屈辱，因爲得失都驚恐，主權在人不在我。所以，你不求得，就不會失去，不求成，就不會落敗，不求福報，就遠離災禍，不求榮寵，就避開屈辱，超離在是非、生死、得失、成敗、禍福、榮辱之上，此即「行不言之教，處無爲之事」，不言是無掉心知的執著，無爲是無掉人爲的造作，聖人不落在兩端的對立中，莫若以明或照之於天，從內心的清明或超越的天道，去觀照天下萬物，朗視天下萬物的自在美好。莊子云：

「彼是莫得其偶，謂之道樞，樞始得其環中，以應無窮。是亦一無窮，非亦一無窮也，故曰莫若以明」（〈齊物論〉）

彼是相對而立，相因而成，一者不可能取代，二者也不能被抹殺！只有跳開兩極對立，而站在道的樞紐上，居環中圓心，以回應天下無窮的是非。莊子又云：

「道惡乎隱而有眞僞，言惡乎隱而有是非；道惡乎往而不存，言惡乎存而不可；道隱於小成，言隱於榮華。故有儒墨之是非，以是其所非，而非其所是。欲是其所非，而非其所是，則莫若以明。」（〈齊物論〉）

此道與言並列而論，正從老子「道可道，非常道；名可名，非常名」一脈相承而來。一者，人生道路與生命內涵，是一體不可分；二者引導總要通過言說。本來，道無往而不存，言無存而不可，道是大道，言是眞言。而今道竟有眞僞之非，言竟有是非之別，意謂大道已在人間隱退，眞言已在世上失落。此中癥結，就在道求其小成，因而失落其無往而不存的「大」，言求其榮華，因而失落其無存而不可的「眞」。

儒墨的是非，由「其分也，成也」的成心架構而成，兩家以榮華而失眞的言辯，自是而非他，把對方排除在大道之外，正是「其成也，毀也」的寫照。所成者自家之道的小，所毀者百家之道的大，自成一套封閉的價值系統，而看不到另一家派所抉發的「是」，故跳開儒墨，才能同時看到儒墨，用內在的清明，照現對方的「是」，此之謂「因是」，儒墨兩家皆是而無非，皆眞而無假，兩家的道得以並行於世，此之謂「兩行」。

三、儒墨兩行的理論根據——怒者其誰

《莊子》〈齊物論〉一者分析儒墨之是非，由心知執著的成心架構而成，各是其所非，而非其所是，「自彼則不見，自知（是）則知之」，互相看不到對方的「是」，故惟有走出自家的「是」，才能朗現另一家派的「是」，這就是「莫若以明」或「照之於天」的「因是」，雙方的「是」並行，是謂「兩行」。

二者儒墨因是兩行的理論根據，就在天籟齊物之論的建構，莊子平齊萬物的理念，當爲價值觀點，因爲事實觀點，則「物之不齊，物之情也」（《孟子》〈滕文公上〉），不必有平齊的省思，而價值評斷，出乎價值源頭的思想體系，故平齊萬物之道，就在齊「物論」。

此中「物論」有二義：一是俗諦，指涉的是「此亦一是非，彼亦一是非」的儒墨是非，各成一套論斷萬物是非的價值體系；二是眞諦，指涉的是給出萬物存在之理的存有論，只有「物論」平齊，在「物論」詮釋下的萬物，其存在之意義與價值，才有獲致平齊的可能。

莊子的年代，有儒墨的是非，今天的年代，有五大教的是非，不論是昔日的儒墨，還是今日的五大教，每一家派或每一教派，各有自成一家之言的「物論」，藉以解釋萬物的存在，並給出萬物存在的理由，是各文化地區，各宗教信仰，與各思想流派的終極之道。而終極之道，是最高也是最後的惟一眞理，已無退讓的空間。如是，各地區各族群的文化心靈與宗教眞理之間，原本屬於眞諦的「物論」，下降而爲俗諦的「是非」。

「物論」開發出價值的天地，精神的宇宙與心靈的世界，讓每一個人可以安身立命，心安理得；未料，「物論」與「物論」之間，形成對峙，保護傘成了意識形態，把彼此相對的教義或思想，推向絕對化，「物論」就此成了人類心靈最沈重的負擔，與世界和平最嚴重的障礙。

問題在，「物論」不能取消，因爲欠缺人之所以爲人的價值自覺，生命存在又回到與鳥獸同群的赤裸裸的自然，沒有存在的尊嚴，也失落價值的遠景；另一方面，「物論」也不能統一，那會是一場專制獨斷的大災難，一如秦皇李斯，「以法爲教」與「以吏爲師」（《韓非子》〈五蠹〉），而抑制儒墨顯學，天下人民成了富國強兵的工具。莊子就在「物論」既不能取消，更不能統一的兩難困局中，開拓了第三條出路，那就是超越各家派各教派的思想教義，而去建構「物論」可以平齊的理論根據。

此一理論根據，就在「萬竅怒號」的主題寓言：

「夫大塊噫氣，其名爲風，是惟無作，作則萬竅怒號。」（〈齊物論〉）

大塊吐出了天地的氣息，這是宇宙的長風，風本無聲，穿過山河大地的萬種不同的竅穴，就生發萬種不同的聲音。「泠風則小和，飄風則大和，厲風濟，則眾竅爲虛，而獨不見之調調之刁刁乎」，天地吐出的氣息微小，則萬竅小聲唱和，吐出的氣息強大，則萬竅大聲唱和，且強風停息，萬竅歸於寂靜無聲，你獨獨沒看到樹梢枝葉還在搖擺未定嗎？

萬竅怒號是存在的自然顯發，而不是心知的人爲造作，莊子就以天籟、地籟、人籟，來建構天地萬物的存在之理。云：

子游曰：「地籟則眾竅是已，人籟則比竹是已，敢問天籟！」子綦曰：「夫吹萬不同，而使其自己也。咸其自取，怒者其誰邪？」（〈齊物論〉）

萬竅怒號是大地交響樂，比竹鳴奏則是生命的樂章。前者是地籟之和，後者是人籟之眞，地籟人籟的有聲之聲，皆從無聲之聲的天籟來。怒者其誰，有兩層意思，一是肯定有一發動者，大塊總要吐出天地的氣息；「作則萬竅怒號」的「作」，就是「怒者其誰」的「怒」；二是「其誰」的反問，又解消了「怒者」的「實體」義，而僅存「虛用」義。風本無聲，使其自己與咸其自取，意謂讓萬物通過它自己特有的形狀，發出它自己獨具的聲音，道體把自身化掉，而生發「無」了才「有」的妙用，把怒號留給萬竅，道體不干預，不宰制，而讓萬物「使其自己」的自生自長，也「咸其自取」的自在自得。老子云：

「故道大，天大，地大，人亦大。」（〈二五章〉）

「天下萬物生於有，有生於無。」（〈四十章〉）

「功成而弗居，夫唯弗居，是以不去。」（〈二章〉）

「生而不有，爲而不恃，長而不宰，是謂玄德。」（〈十章〉、〈五一章〉）

道「寂兮寥兮」，無聲無形，而無形亦無名，故謂「道隱無名」（〈四一章〉）。又云：「吾不知其名，字之曰道，強爲之名曰大。」（〈二五章〉）名是客觀形狀的抽象名號，字則發自主體的理念稱謂，有如法號道號，天地萬物理當由終極之「道」而來，人間語言「大」字差堪可用以說「道」。

道體本身是大，道生天生地，故天地人一體皆大。此與莊子說天籟無聲，通過地籟、人籟彰顯其自己；而地籟的和與人籟的眞，也就是天籟了。此即「夫唯道，善貸且成」（〈四一章〉）的最佳注腳，道沒有自己，就在賦予萬物中完成它自己，有如人間銀行在融資廠商創業中，成就它自己一般。

依老子的詮釋系統，道體又無又有，超越的無，可以獨立而不改，內在的有，可以「周行而不殆」，前者解釋道自己的存在，後者解釋萬物的存在。

無跟有，是道的兩面向，又是道的雙重性。天下萬物生於「道的有」，而「道的有」生於「道的無」。此一「有生於無」的形上智慧，堪稱老子思想最深刻的體會，生、爲、長是有，功成也是有，問題在，若功成而居，一如生而有，爲而恃，長而宰，會陷於自我矛盾自我異化的困境。因爲，我生了你，所以你歸我所有，那意謂你還沒有生成；我爲你做了一切，所以我恃爲己恩，那意謂你根本沒有爲我做了一切；我帶你長大，所以你要接受我的主宰，那意謂你並沒有帶我長大。老子在此有一根本的翻轉，聖人功成而弗居，天下人民才不會承受你功成的壓力，「百姓皆謂我自然」（〈一七章〉），「然」從我自身來，我才有尊嚴，故弗居才算是眞正的功成，生而不有，不歸你所有，才算生成；爲而不恃，不恃爲己恩，才算爲他做了一切；長而不宰，不必聽你主宰，才算帶他長大。生、爲、長的功成，是「有」；還要「不有」、「不恃」、「不宰」的弗居，是「無」，弗居才功成，不有才生，不恃才爲，不宰才長，也就是「無」了才「有」，此就修養功夫說、就生成原理說，那就是「有生於無」。

生、爲、長的功成，是第一序的生成原理，也是實有形態的形上道體；不有、不恃、不長的弗居，是第二序的生成原理，也是境界形態的形上道體。老子「道沖而用之或不盈」，莊子「咸其自取，怒者其誰」，皆是第二序的生成原理，是境界形態的形上道體。

老莊思想，就以第二序的生成原理，或境界形態的形上道體，來化解與消融第一序的生成原理，或實有形態的形上道體之間，所可能引發的對立與決裂，將天下百家的物論，納入萬竅怒號的詮釋系統中，每一家每一教都是地籟之一，也都是天籟，讓儒墨「自是而非他」的「是非」紛擾，回歸儒墨「皆是而無非」的「物論」自在。

這就是在物論既不能取消，更不能統一的兩難困境中，莊子天籟齊物之論所開拓出來的第三條出路，以超越儒墨來明照儒墨之因是兩行的大智慧。

四、虛而待物的實現原理——惟道集虛

天地萬物的生成原理，在天籟、地籟與人籟的詮釋系統，而落在人物生命的修養工夫來說，無聲之聲的天籟，就是無形之我的眞君，有聲之聲的地籟，就是有形之我的百骸、九竅、六藏，怒者天籟退藏於虛，給出地籟人籟自己發聲的空間，眞君主體也當致虛守靜，以明照儒墨是非，而開發因是兩行的空間。莊子云：

「名實未虧，而喜怒爲用，亦因是也。聖人和之以是非，而休乎天鈞，是之謂兩行。」（〈齊物論〉）

猴公分發水果，朝三暮四，眾猴皆怒，說朝四暮三，眾猴皆悅，數量不增不減，而效應截然不同。猴公不必有自己的堅持，可以放下權威，消融在天然的均平上，猴公與眾猴間的心意願望，不用隱藏，無須壓抑，更沒有委屈，雙方的「是」，得以兩行成全。

人活在人間，從自家說「因是」，從人我互動說「兩行」，問題在，要放下自己的「是」，才會看到他人的「是」，解消自身的「然」，才可能照現他人的「然」。云：

「致虛極，守靜篤，萬物並作，吾以觀復。夫物芸芸，各復歸其根，歸根曰靜，是謂

復命，復命曰常，知常曰明。」（《老子》〈一六章〉）

「至人之用心若鏡，不將不迎，應而不藏，故能勝物而不傷。」（《莊子》〈應帝王〉）

心致心的虛，心守心的靜，主體在心，工夫在心上做，心虛靜如鏡，可以在萬物相互牽引的紛擾間，通過吾心的虛靜觀照，讓天下人可以回歸自我的眞實，與生命的鄉土，不必流落街頭，而無家可歸。

用心若鏡，而鏡照人間，明鏡無心無知，無執著無分別，面對天下人，不會心生抗拒，也不會刻意迎接，僅是回應返照，不會留存收藏，所以永保清明虛靜，任何時刻，都可以照現萬物的眞實面貌，沒有人會被掩蓋或抹殺。

就存有論的天生自然而言，「物固有所然，物固有所可」，通過修養工夫的虛靜觀照，「無物不然，無物不可」的一體多元，就此眞實而充盡的朗現。莊子云：

「道行之而成，物謂之而然。」（〈齊物論〉）

此凸顯出修養實踐的關鍵地位（註五），「道」成於「行之」的工夫，「物」然於「謂之」的肯定。人物在道的物論中，找到自己存在的分位，通過「行之」的實踐工夫，而有「謂之」的價值肯定，如是，道成而物然，「然」就是存在價值的實現。若無工夫做保證，道僅成空的形式，而未有實質的內涵。莊子工夫論，一在心齋，二在坐忘。云：

「無聽之以耳，而聽之以心；無聽之以心，而聽之以氣。聽止於耳，心止於符，氣也者，虛而待物者也。惟道集虛，虛者心齋也。」（〈人間世〉）

「墮肢體，黜聰明，離形去知，同於大通，此謂坐忘。」（〈大宗師〉）

心齋與坐忘的修養工夫，統合比觀，無聽之以耳，就是墮肢體的離形，無聽之以心，就是黜聰明的去知，聽之以氣的虛而待物，就是當下放下一切的同於大通。此一由耳聽而心聽而氣聽的修養進程，與庖丁解牛由目視而心知而神遇（〈養生主〉）的工夫次第，頗有前後印證與相互呼應之妙。

耳聽的功能，充其量僅能捕捉外在的聲音；心知的功能充其量僅能執著自我而要求天下人符合我認取的標準；而聽之以氣，卻是虛而待物。若以莊子心與形、心與氣連言並舉來看，氣與形屬同一層次，如是則「聽之以氣」又如何能與「聽之以耳」在層次上區分開來？實則，聽之以氣的意涵，當由無聽之以心來界定，聽之以耳是停留在官覺印象，聽之以心是心知的自我執著，皆與物有隔，且傷害物的自然；無聽之以心就是以無心聽，心虛靜，不執著形氣，也不禁閉形氣，形氣從心知的制約中釋放了出來，得到了伸展的空間，而顯發生命本身的光采亮麗。此老子云：「專氣致柔。」（〈十章〉）致柔是「無聽之以心」，專氣則是

「而聽之以氣」。

此虛而待物，就是無待。云：「乘天地之正，而御六氣之變，以遊無窮者，彼且惡乎待哉！」（〈逍遙遊〉）天地不可乘也不必乘，六氣不可御也不必御，與天地同在，與六氣同行，就是無待的自在逍遙，這也就是「天地與我並生，萬物與我爲一」（〈齊物論〉）之道通爲一的理境，亦即「遊乎天地之一氣」（〈大宗師〉）之同於大通的境界。

無待的工夫，在「至人無己，神人無功，聖人無名」（〈逍遙遊〉），無掉自我的執著，功名頓失依附之所，既無求於外，不投靠，不攀緣，不奔競，不就可以回歸自我的眞實嗎？「無」是修養的工夫。云：

「知不知，上；不知知，病。」（《老子》〈七二章〉）

「知止其所不知，至矣！」（《莊子》〈齊物論〉）

「聞以有翼飛者矣，未聞以無翼飛者也；聞以有知知者矣，未聞以無知知者也。瞻彼闋者，虛室生白，吉祥止止，夫且不止，是之謂坐馳。」（《莊子》〈人間世〉）

「知天之所爲者，天而生也；知人之所爲者，以其知之所知，以養其知之所不知。」（《莊子》〈大宗師〉）

知是有執的心，是心知的執著，而有心即有爲，有爲是人爲的造作；不知是無執的心，無掉心知的執著，且無心即無爲，進而無掉人爲的造作，而回歸天生的自然。所以說由「知」進爲「不知」，是生命的大智慧；反之，由「不知」掉落「知」，是生命的大病痛。

「知」當止於「不知」，止有依止停靠的意涵，因不知無心，是修養的上乘境界，且虛靜觀照，而照現生命的眞實。「庸詎知吾所謂知之非不知耶，吾所謂不知之非知耶」（〈齊物論〉）就道家而言，不知才知，知反而不知，有知的知，是主觀的偏見，無知的知，則是主體的明照。以其知之所知，以養其知之所不知，也就是由「知」進爲「不知」，以無知知的眞人修養工夫，解消人爲虛假，回歸自然眞實，且有眞人而後有眞知，眞知是知天知人的最高境界。

「虛而待物」，道家的形上智慧，在縱貫橫講，看似對待，實則照現，照現是生，生成是縱貫，而原理在虛靜觀照的橫講。虛室透顯光明，而吉祥止於虛靜（止），且「惟止能止眾止」（〈人間世〉），自身虛靜止息，自會引來萬物來此依止生息。所以說：「鬼神將來舍，而況人乎！」（〈人間世〉）

「唯道集虛」，集是眾鳥來此歸止，道體是虛的，因而生發了奧藏包容的妙用。文化心靈的一體多元，在此朗現，一體的道，以其沖虛，而引來多元來此結集，有如一棵大樹，在夏日午後，可以蔽蔭數千頭的牛隻，讓千乘的馬車，來此藏身避暑。

倘若，一體之道悖離了道體的沖虛，而以實有的姿態出現，反與多元並列，諸多不必有的爭端，因而湧現。老子云：

> 「正復爲奇，善復爲妖，人之迷其日固久。」（〈五八章〉）
>
> 「以正治國，以奇用兵，以無事取天下。」（〈五七章〉）

正道與奇變、善德與妖惡，是人間天下有心有爲拖帶出來的扭曲與變質，不是現象界的矛盾過渡（註六），而是價値論的對應平反，善德有心，正道有爲，以仁義善德自我標榜，再以聖智正道責求天下。把美善定在自身，迫使天下人落在不美不善的困苦中，自救之道，就在仿冒作假，以奇變回應。

有聖智仁義的高貴，就有假聖假智、假仁假義的師心好名，而「德蕩乎名，知出乎爭」（《莊子》〈人間世〉），落在名號的爭逐，天生本德因而流蕩失眞，本是善德，反成妖惡，此所以老子要絕聖棄智與絕仁絕義，絕棄是不執著也不造作，「始制有名，名一既有，夫亦將知止，知止可以不殆！」（《老子》〈三二章〉）名號名器，當止於眞實，不容許有炒作造假的空間，以避開正復爲奇，善復爲妖的迷離困惑。此所以「以正治國」的自我標榜，會引生「以奇用兵」的強力對抗，不如一體放下，無正亦無奇，而歸於「以無事取天下」。莊子云：

> 「泉涸，魚相與處於陸，相呴以濕，相濡以沫，不如相忘於江湖。與其譽堯而非桀也，不如兩忘而化其道。」（〈大宗師〉）

此所謂兩忘，就是放下堯舜與桀紂之善惡兩極的的二分，不起執著與造作；化其道就是消融於道的無分別中。在道的終極根源之地，一切可以放下，因爲一切就在這裡，可以在此安身立命，依止停靠，此即「坐忘」的根本道理。魚的存在根源是水，人的存在根源是道，在江水湖水中，魚不必互以水氣滋潤對方，而可以彼此相忘；在道術的活水源頭，堯舜與桀紂的名號分別，是多餘的，況且天下人都是爲了想當堯舜，反而成了桀紂，「其用兵不止，其求實無已」（〈人間世〉），這正是「正復爲奇，善復爲妖」與「以正治國，以奇用兵」的絕佳註解。所以不標榜堯舜，就不會扭曲變質，反成了桀紂，不如堯舜、桀紂兩忘，化解執著與造作，沒有假相，沒有虛妄，而回歸一體皆眞而多元並行的整體和諧。

五、結論——大者宜爲下

在廣土眾民的國度，多種族多元文化之間，要有一文化共同體的道，做爲價值認同與生命歸屬的終極之地。此一道體，要能沖虛，沖虛能容，而能容乃大；且虛靜觀照而照現萬物。由人籟之眞而成地籟之和，由「精之至」而有「和之至」（《老子》〈五五章〉），「知和曰常」（〈五五章〉）和諧才是人間的常道。老子云：

> 「和大怨，必有餘怨，安可以爲善。是以聖人執左契，而不責於人。」（〈七九章〉）

「爲無爲，事無事，味無味。大小多少，報怨以德。……是以聖人終不爲大，故能成其大。」（〈六三章〉）

「大國者下流，天下之交，天下之牝。牝常以靜勝牡，以靜爲下。故大國以下小國，則取小國；小國以下大國，則取大國。……大國不過欲兼畜人，小國不過欲入事人，夫兩者各得其所欲，大者宜爲下。」（〈六一章〉）

老子問人間怨何自起？答案是起於大小、多少的分別比較，再問報怨之道何在？根本在無怨。德是無心天眞，無掉大小、多少的分別與比較，怨無由生起，「德者成和之修也」（《莊子》〈德充符〉），而回歸自然的均平和諧，不能等大怨已成，再求和解，餘怨在心頭而難以消除（註七）。故聖人無心無爲，執左契而與天下人自然契合，不會「心止於符」的責求天下人符合我的標準，那就會形成大怨，怨在心頭打結，若加上意識形態的推波助瀾，則無異死結，那就求解無門。

在小大之間，要守柔處下，小國以下大國，則得到大國的保護；大國以下小國，則獲致小國的擁戴。此「欲上民必以言下之，欲先民必以身後之」的道家智慧，值得當代中國人深思。

依老子的思考，在上下、先後、動靜、輕重之間，看似負面的比較貼近道「無」的性格。云：

「重爲輕根，靜爲躁君。」（〈二六章〉）

本來輕重、動靜相對而立，然虛靜無心，穩重無爲，輕舉妄動是有心有爲，守靜持重是無心無爲。說重爲輕的根本，靜爲動的君主，此時之重跟靜，已從相對中升越，而處於道的位置（註八）。「牝常以靜勝牡」、「大國者下流」，均「處眾人之所惡，故幾於道」（〈八章〉），看似處下居弱，實則以道治天下。故云：

「故聖人云：受國之垢，是謂社稷主；受國不祥，是謂天下王。」（〈七八章〉）

塵垢不祥，是自處卑下的涵養，社稷主與天下王的根基，都在道的沖虛無爲。落在大國與小國的應對之間，大國要能承受塵垢不祥，大者宜爲下，因爲大者有迴旋的餘地，而小者已無退讓的空間，聖人終究不自以爲大，反而能成就他自身的大。此莊子云：

「彼節者有間，而刀刃無厚，以無厚入有間，恢恢乎其於遊刃必有餘地矣。」（〈養生主〉）

庖丁解牛，而牛體複雜，如同多種族文化的龐大架構；不過，既屬結構體，其間有如牛體骨節，總有空隙，只要刀刃無厚，再狹窄的空間，也可遊刃有餘，且迎刃而解。文化共同體的一體，要能沖虛，如同刀刃之無厚，那麼來自傳統或時局的多元隔閡與紛擾，也可遊刃有餘，且迎刃而解了。

在人間天下多元的架構中，能超離相對，就是與道同在，與道同行。老子云：

「不可得而親，不可得而疏；不可得而利，不可得而害；不可得而貴，不可得而賤：故爲天下貴。」（〈五六章〉）

能超越在相對的親疏、利害與貴賤之上，才是天下之最貴。心中無多少，才是眞正的多，心中無大小，才是眞正的大，報怨以德，就在以「道之尊，德之貴，夫莫之命而常自然」（〈五一章〉）的無爲智慧，由解構而重構這雖多元而一體的泱泱大國。

附註

註　一：馮友蘭先生云：「齊物論是莊周哲學的相對主義，和不可知論的認識論的一個總括性的概論。」《中國哲學史新編》第二冊，頁一一八，藍橙文化公司，一九九一年十二月初版，臺北。另劉笑敢先生云：「把懷疑主義同直覺主義結合起來，是莊子認識論的主要特點。」《莊子哲學及其演變》頁一七四，中國社會科學出版社，一九八八年二月第一版，北京。張恆壽先生云：「這種懷疑，仍在認識論的範圍內，而不在本體論的範圍內。」《莊子新釋》頁三四八，湖北人民出版社，一九八三年九月第一版，湖北。崔大華先生云：「在莊子認識論中，認知特別是感性認識的相對性所引起的困惑，就在萬物殊性、萬物齊一兩個對立的理論觀念的疊合中，因獲得一點理解一種解釋而消融。」《莊子研究》頁二七七，人民出版社，一九九二年十一月第一版，北京。綜合上述各家的觀點，以認識論的立場來理解《莊子》〈齊物論〉，似已成大陸學人的共識。

註二：宣穎《南華經解》卷一，頁五一。廣文書局，一九七八年七月初版，臺北。

註三：劉笑敢先生云：「方死方生的論題，肯定了生與死的相互滲透，也肯定了生與死的相互轉化，方可方不可，方不可方可的說法，也肯定了正題與反題之間的統一性。」《莊子哲學及其演變》頁一九〇。

註四：馮友蘭先生云：「這些對立面都是經常互相轉化的。這種轉化的過程是沒有窮盡的，所以說『孰知其極』。並不是說沒有正，可是正就要轉化爲奇；並不是沒有善，可是善就要轉化爲妖。」《中國哲學史新編》第二冊，頁四一。

註五：崔大華先生云：「道的眞正被認識被接近，是在精神修養領域，而不是在認識領域。莊子認識論中最高的最後的問題，在認識以外的道德或精神修養領域內獲得解決。」《莊學研究》頁三〇一。

註六：侯外廬先生云：「老子雖承認這些矛盾在『有』的範疇內可以向其自身之對立物過渡，所謂『正復爲奇，善復爲妖』，但這種現象界的矛盾，到了本體界，就成了慈和的一致。」《中國思想通史》第一卷〈古代思想〉頁二七三。

註七：侯外廬先生云：「不在調和『大怨』的對立，而在消滅『大怨』的對立。不在『大小多少』的較量，而在『報怨以德』的無差別相。」《中國思想通史》第一卷〈古代思想〉頁二七七。

註八：馮友蘭先生云：「動是現象，靜是本質。靜是第一位的，動是第二位的。在《老子》中這一類的話很多。它說：『重爲輕根，靜爲躁君。』（廿六章）『牝常以靜勝牡，以靜爲下。』（六一章）這實際上是表示對事物變化運動的厭棄。」《中國哲學史新編》第二冊，頁四三。